U0876849

本书撰著和出版得到以下项目、基金和机构的支持，特此致谢！

○广东省哲学社会科学『十三五』规划特别委托项目：清末北美粤侨『红龙—中国』革命史料整理与翻译（GD16TW08-22）

○《广东华侨史》编纂委员会

○深圳大学中国经济特区研究中心『高水平大学建设项目』

○中山大学珠海历史文化重点研究基地资金

○美国斯坦福大学胡佛档案馆

『红龙—中国』

清末北美革命史料研究

恽文捷——著译

社会科学文献出版社
SOCIAL SCIENCES ACADEMIC PRESS (CHINA)

容闳照片

荷马·李照片

荷马·李佩剑像

To General Homer Lea
李將軍惠存
孫文敬贈
With compliments of
Sun Yat Sen

孙中山照片

布思照片

干城学校华人学员合影

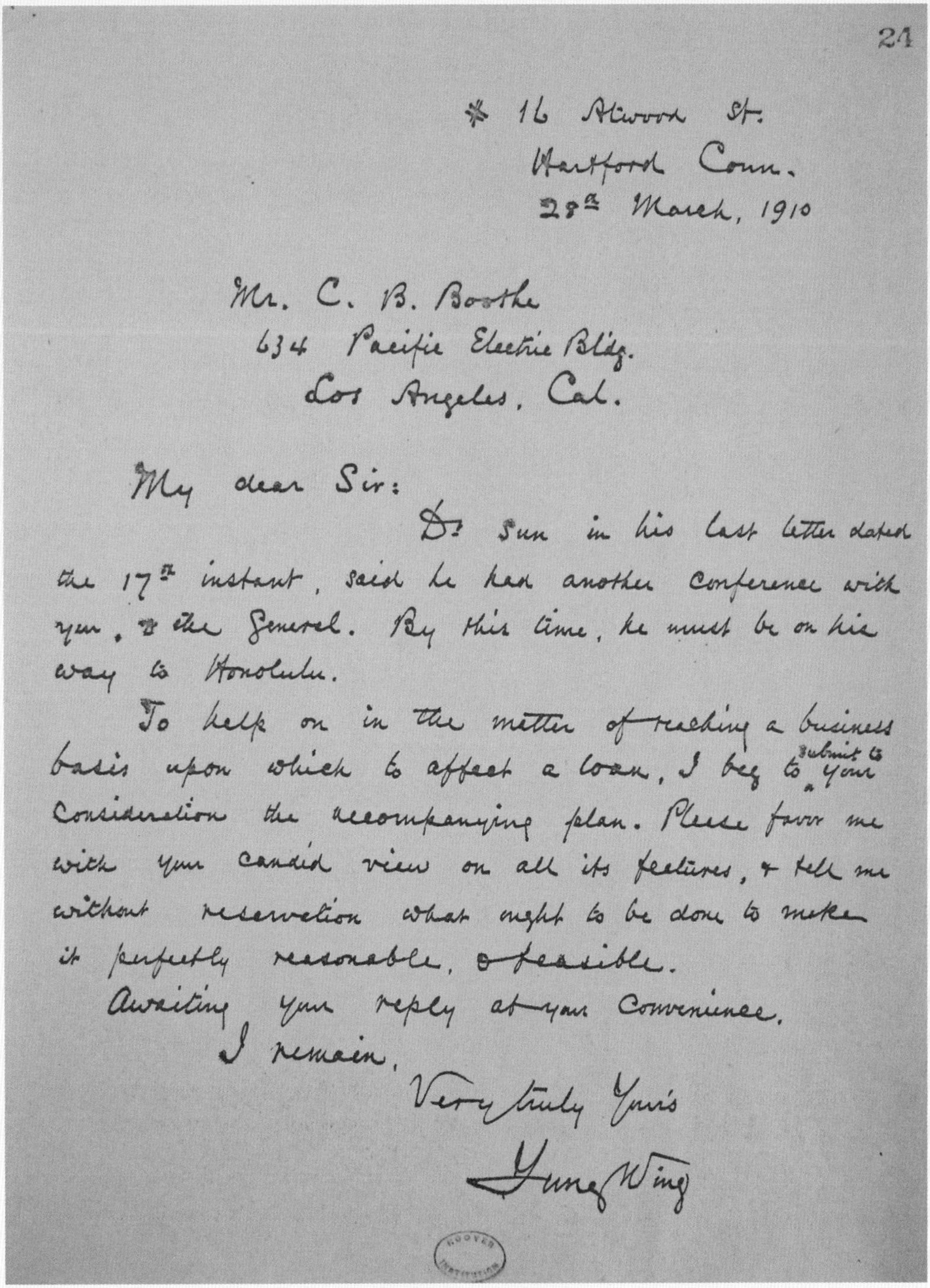
24

* 16 Atwood St.
Hartford Conn.
28th March, 1910

Mr. C. B. Boothe
634 Pacific Electric Bldg.
Los Angeles, Cal.

My dear Sir:

Dr Sun in his last letter dated the 17th instant, said he had another conference with you, & the General. By this time, he must be on his way to Honolulu.

To help on in the matter of reaching a business basis upon which to affect a loan, I beg to submit to your consideration the accompanying plan. Please favor me with your candid view on all its features, & tell me without reservation what ought to be done to make it perfectly reasonable, & feasible.

Awaiting your reply at your convenience.

I remain,

Very truly Yours

Yung Wing

HOOVER INSTITUTION

容闳致布思书信手迹

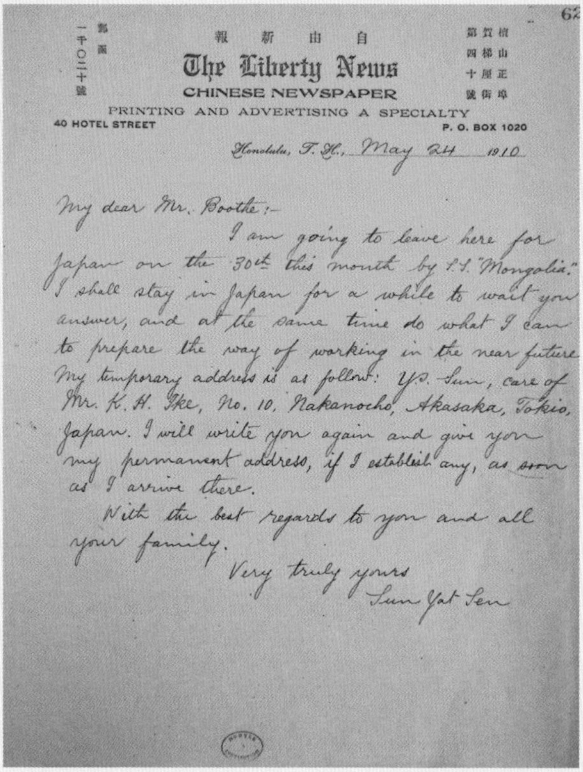
自由新報

檀山正埠
賀梯厘街
第四十號

郵函
一千〇二十號

The Liberty News
CHINESE NEWSPAPER
PRINTING AND ADVERTISING A SPECIALTY
40 HOTEL STREET
P. O. BOX 1020

Honolulu, T. H., May 24 1910

My dear Mr. Boothe:-

I am going to leave here for Japan on the 30th this month by S.S. "Mongolia." I shall stay in Japan for a while to wait you answer, and at the same time do what I can to prepare the way of working in the near future. My temporary address is as follow: Y.S. Sun, care of Mr. K.H. Ike, No. 10, Nakanocho, Akasaka, Tokio, Japan. I will write you again and give you my permanent address, if I establish any, as soon as I arrive there.

With the best regards to you and all your family.

Very truly yours
Sun Yat Sen

孙中山致布思书信手迹

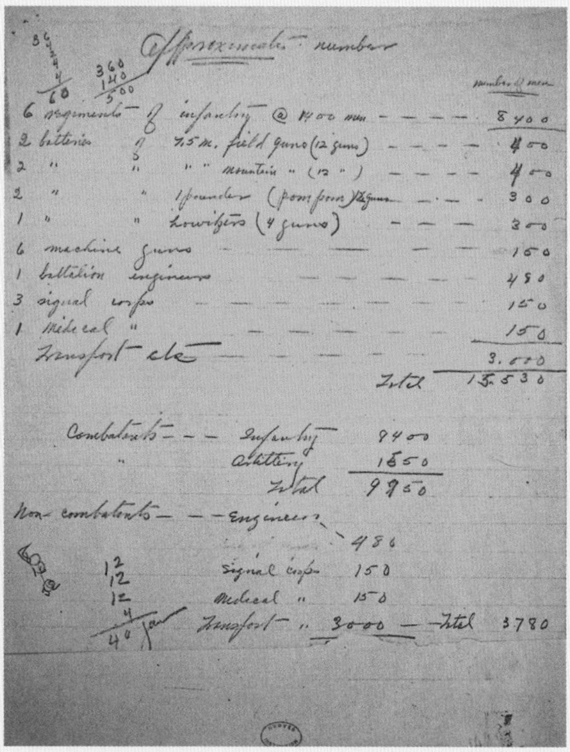
Approximate number

	number of men
6 regiments of infantry @ 1400 men	8400
2 batteries of 7.5 m. field guns (12 guns)	400
2 " " " " mountain " (12 ")	400
2 " " 1 pounder (pom pom) guns	300
1 " " howitzers (4 guns)	300
6 machine guns	150
1 battalion engineers	450
3 signal corps	150
1 medical "	150
Transport etc	3.000
Total	13.530

Combatants — Infantry 8400
" Artillery 1550
Total 9950

Non-combatants — Engineers 480
Signal corps 150
Medical " 150
Transport " 3000 — Total 3780

荷马·李军事方案手迹

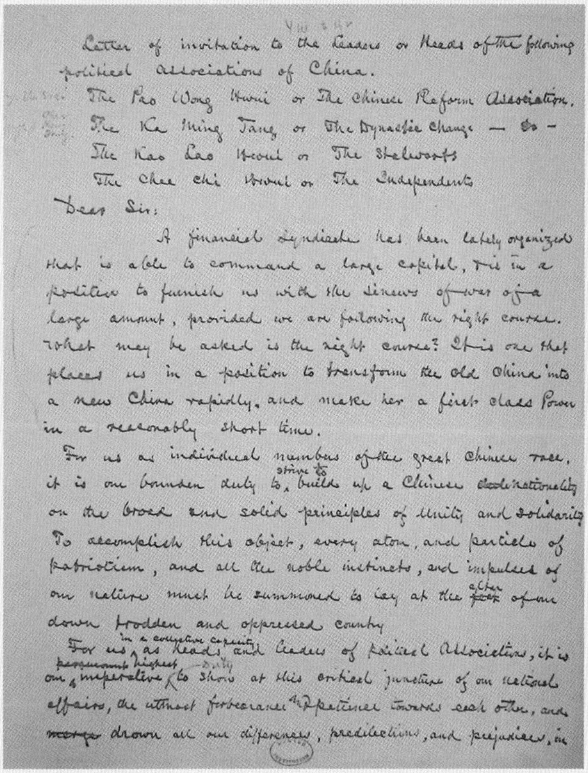

Letter of invitation to the Leaders or Heads of the following political associations of China.

The Pao Wong Hwui or The Chinese Reform Association.

The Ke Ming Tang or The Dynastic Change — do —

The Kao Lao Hwui or The Stalwarts

The Chee Chi Hwui or The Independents

Dear Sir:

A financial Syndicate has been lately organized that is able to command a large capital, & is in a position to furnish us with the sinews of war of a large amount, provided we are following the right course. What may be asked is the right course? It is one that places us in a position to transform the old China into a new China rapidly, and make her a first class Power in a reasonably short time.

For us as individual members of the great Chinese race, it is our bounden duty to strive to build up a Chinese Nationality on the broad and solid principles of Unity and Solidarity. To accomplish this object, every atom, and particle of patriotism, and all the noble instincts, and impulses of our nature must be summoned to lay at the altar of our down trodden and oppressed country.

For us, in a collective capacity, as heads and leaders of political Associations, it is our highest imperative duty to show at this critical juncture of our national affairs, the utmost forbearance and patience towards each other, and drown all our differences, predilections, and prejudices, in

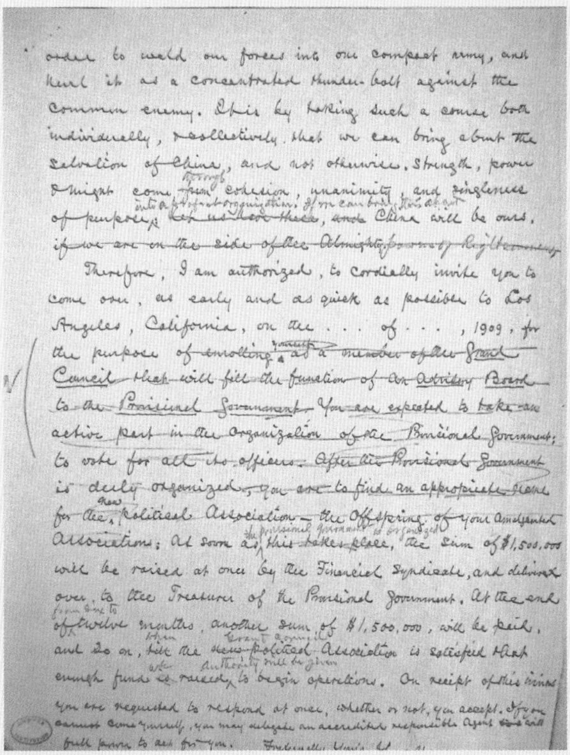

order to weld our forces into one compact army, and hurl it as a concentrated thunder-bolt against the common enemy. It is by taking such a course both individually, & collectively that we can bring about the salvation of China, and not otherwise. Strength, power & might come through cohesion, unanimity, and singleness of purpose into a perfect organization. If we can bring this about, and China will be ours.

Therefore, I am authorized, to cordially invite you to come over, as early and as quick as possible to Los Angeles, California, on the . . . of . . . , 1909, for the purpose of enrolling yourself as a member of the Grand Council that will fill the function of an Advisory Board to the Provisional Government. You are expected to take an active part in the organization of the Provisional Government; to vote for all its officers. After the Provisional Government is duly organized, you are to find an appropriate name for the new Political Association — the Offspring of your amalgamated Associations; As soon as the provisional government is organized, the sum of $1,500,000 will be raised at once by the Financial Syndicate, and delivered over to the Treasurer of the Provisional Government. At the end of from time to twelve months, another sum of $1,500,000, will be paid, and so on, till the Grand Council is satisfied that enough funds are raised, authority will be given to begin operations. On receipt of this invitation you are requested to respond at once, whether or not, you accept. If you cannot come yourself, you may delegate an accredited responsible Agent with full power to act for you.

Fraternally Yours [illegible]

容闳致会党函稿

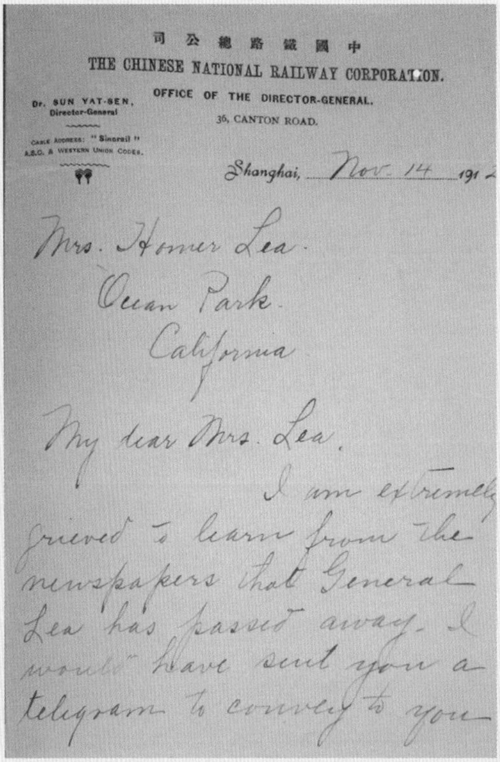

中國鐵路總公司
THE CHINESE NATIONAL RAILWAY CORPORATION.
OFFICE OF THE DIRECTOR-GENERAL.
36, CANTON ROAD.

Dr. SUN YAT-SEN,
Director-General

CABLE ADDRESS: "Sinorail"
A.B.C. & WESTERN UNION CODES.

Shanghai, Nov. 14 1912

Mrs. Homer Lea.
Ocean Park.
California

My dear Mrs. Lea.

I am extremely grieved to learn from the newspapers that General Lea has passed away. I would have sent you a telegram to convey to you

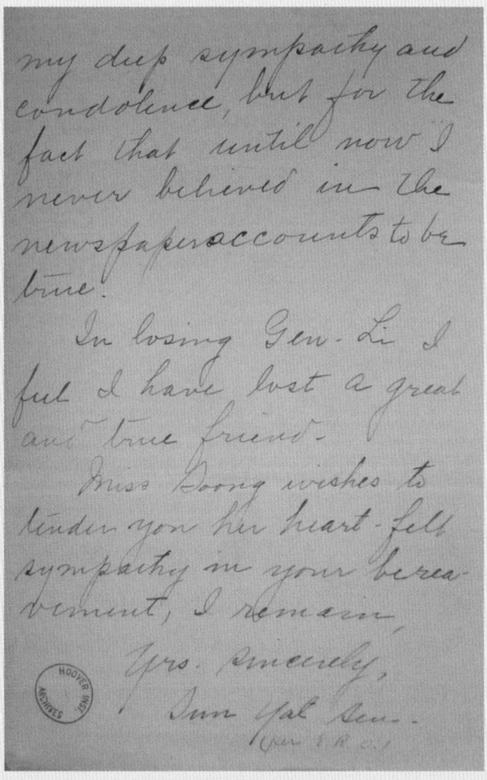

my deep sympathy and condolence, but for the fact that until now I never believed in the newspaper accounts to be true.

In losing Gen. Li I feel I have lost a great and true friend.

Miss Soong wishes to tender you her heart-felt sympathy in your bereavement, I remain,

Yrs. sincerely,
Sun Yat Sen.
(per S.R.C.)

HOOVER INST. ARCHIVES

孙中山致李夫人悼念信

内容简介

“红龙—中国”计划（Project Red Dragon-China，简称“红龙计划”）又被称为“红龙密谋”（Red Dragon Conspiracy），是辛亥革命爆发前夕中美革命志士联手秘密策划的旨在推翻清廷、建立民主共和政府的武装革命计划。该计划从1908年开始酝酿，一直持续到辛亥革命爆发。其核心成员，包括民国缔造者孙中山先生、中国著名的现代化先驱和旅美华侨容闳（Yung Wing）及其二子容觐彤（Morrison Brown Yung）和容觐槐（Bartlett Golden Yung）、美国革命志士荷马·李（Homer Lea）以及美国银行家布思（Charles Beach Boothe）和艾伦（Walter W. Allen）等人。该计划还将康有为和保皇会、袁世凯、唐绍仪、J. P. 摩根（John Pierpont Morgan）及其财团、海外华侨组织致公堂和国内的革命党、新军以及三合会与哥老会等反清秘密会社牵扯入内。

研究和翻译“红龙—中国”清末革命史料意义有三：首先，这些文献资料彰显了中国近代史里以容闳为代表的晚清中国现代化推动者们在清末从洋务和维新转向革命的心路历程和思想斗争；其次，文献清晰反映出以孙中山先生为代表的中国旧民主主义革命者为推翻帝制、创建共和寻求海内外支持的方式和方法，及孙中山先生在曲折的革命道路上与志趣相投的外国友人之间的精神支持与真诚友谊；最后，文献彰显了美国商界人士和资本财团在辛亥革命爆发前对中国民主革命的认知及利益考量，以及在美国的帝国主义、种族主义和排华法案阴影下以荷马·李和布思为代表的美国志士参与中国民主革命的动机、利益及其战略判断。这对加深从官方到民间多层次的中美关系史研究有所助益。

本研究由三部分内容构成。第一部分是对“红龙—中国”革命档案史料的研究成果，包括学术史、史料构成、过程研究与核心参与者的意图解析等；第二部分是对“红龙计划”核心档案《布思文书》的整理和全文翻译；第三部分是研究者搜集的与“红龙计划”相关的文献资料汇编和翻译。

·序一·

探究历史是一种情怀与责任

深圳大学中国经济特区研究中心主任　陶一桃

粗略翻阅了恽文捷博士的书稿，有感于其探索的精神与努力，更思考于其对历史研究的情怀与淡泊名利的学者品格。一个民族回顾历史的深度决定了它前瞻未来的广度。因此，从某种意义上说，对历史的研究不仅能更深刻的考证历史，探究历史事件的原委及人物的思想演变过程与心理特征形成的时代背景，更能对曾经的过去进行更加深入的研究，甚至是颠覆性的思考与研判。这种研究本身即是学术的，又是现实的。因为在我们生活着的今天、当下，总能看到某些似曾相识的历史的再现与重演。

所谓的"红龙—中国"反清革命计划，是指辛亥革命前夕，孙中山与支持其革命的部分美国人士携手合作，制定的一个庞大的募集军费、训练军队的革命军事计划。在为数众多的涉及孙中山先生的历史文献中，有关"红龙计划"的记载与论述并不是很多。因此，对"红龙计划"的研究既面临史料难觅的约束，又面临可探索和对话的学者相对稀缺的约束。正因如此，对"红龙计划"的研究不仅具有史学考证和发掘的意义，还具有对历史事件的发生及历史人物思想演进与形成的探索意义，更可以从历史发展的轨迹与历史所留下的痕迹中出感知伟大的胸怀，探究宏大事件背后观念的影响与力量，甚至探究辛亥革命自身无法避免的局限性。

与以往从事"红龙计划"研究的美国学者相比，恽文捷博士的研究有如下学术探索意义。

其一，对“红龙计划”前期的重要参与者，即居住在美国哈特福德市的华侨容闳介入“红龙计划”的动机、态度和考量进行了更为系统的研究，提出了一些新的解释，从而历史性地展现了容闳对推翻清政府后，在中国实施宪政还是共和制的矛盾态度。同时，他深入探讨了容闳对利用美国资本发动反清革命的疑虑。容闳是第一个毕业于美国耶鲁大学的中国人，是近代中国维新运动的先驱者和卓越的爱国华侨学者。作为一名改良派人物，他在经历了戊戌政变和庚子国难后，认为中国要独立自主和现代化，必须推翻腐朽的清政府，于是积极参加了反清革命活动。1908 年时，容闳已是 80 岁的老人，仍然不辞辛劳直接参与了“筹款计划”的制定。容闳的反清态度是鲜明的。同年冬，慈禧太后之死使容闳振奋不已。虽自知已是耄耋之年，但他还渴望有生之年能够看到清帝国的覆灭和新中国的诞生。恽文捷博士的研究不仅在既往研究的基础上更加生动地展现了容闳反清的斗志与激情，更加深刻地剖析了处于中西文化夹缝里的容闳，作为一脚踏上共和之地，一脚仍立足于帝制故土，踉踉跄跄摸索前行的革命者的内心深处的矛盾、挣扎与彷徨。

其二，对荷马·李参与中国革命的动机提出了新的解释，将其置入荷马·李全球战略理论中进行探讨和评价。

荷马·李是一个富有冒险精神和浪漫气质的美国人。他对中国怀有一种特殊的感情。荷马·李自幼立志从戎，因体检不合格，未能如愿，但仍酷爱并钻研军事学。美西战争爆发之际，他便高度关注、力图参与。19 世纪末和 20 世纪初，中国如火如荼的反帝反封建的改良与革命运动又极大吸引了这位几乎可以被称为“天生革命家”的冒险者的热情关注。八国联军侵华之时，荷马·李曾到香港、汉口和上海“勤王”，接触了不少保皇派和维新派人士，对清廷的腐败无能深恶痛绝。回美后，荷马·李立志仿效拜伦援助希腊独立革命的做法，把中国当成自己心目中的“希腊”。结识容闳后，荷马·李更坚定了为自己浪漫主义情怀中的“中国”之独立与自由而战的决心，并在保皇派支持下筹备训练一支旨在推翻慈禧太后的华侨军队。1904-1905 年，荷马·李帮助康有为组织和训练勤王军，并与美国政府、实业界积极接触，试图组织反对后党的中美联合军事征讨。似乎是历史的选择，荷马·李理所当然成为“红龙计划”的发轫者和主要策划者。考虑到筹集军费需要专业人士，荷马·李在 1908 年找到已退休的美国银行家布思，请其加入反清革命队伍。布思原本是纽约的一个银行家，退休后移居加州，在洛杉矶经商，仍与美国东部的金融家保持密切联系。不知是历史的必然还是偶然，布思也非常热心这一革命计划，而且还为“红龙计划”的实施专程去纽约会见了童年时的好友纽约银行家艾伦，请他共同参与筹款活动。与美国几家大银行关系熟稔的艾伦当即表示美国银行家比企业家更愿意支持中国的维新革命。

“红龙计划”的核心问题就是如何募集到资金。当时荷马·李估算需要500万美元来购买10万支枪和1亿发子弹，以帮助革命党在中国发动武装起义。为实现这个计划，荷马·李与布思等人还向美国金融圈和商界承诺，中国革命一旦成功，将在6个月内返还所有借款，并且提供在华采矿、铸币和铁路运营等特权作为投资回报。荷马·李等人比较乐观的估计，如果能获得美国工商界的贷款，中国革命将有望在18个月内成功。当然，对于美国人来说，这是一笔风险和利益都很大的投资，一旦成功，利益将远远大于投入。恽文捷博士的研究不仅深入挖掘了美国银行与工商界在“红龙计划”募集资金中的历史故事，而且深入分析了荷马·李个人的性格、价值观及其“革命热情”与“红龙计划”之间的内在逻辑关系。尤其是，剖析“红龙计划”附加条件的“革命贷款”及商人般的“胜利承诺”与荷马·李的美国全球战略主张之关系，对置身全球化今天的中国，无疑具有参考意义。

其三，尝试分析了荷马·李的种族主义思想和全球战略构想，及其对孙中山三民主义中的民族主义和辛亥革命外交战略与实践的影响。

从历史沿革上看，容闳与荷马·李和布思可谓老熟人。1908年10月布思与容闳在哈特福德寓所见面时，容闳已经对康有为产生不满，认为康并不是一个可以信赖的人，孙中山则是所有中国革命人士中最可信任之人。在容闳的影响和竭力推荐之下，荷马·李和布思很快抛弃了保皇派，转而谋求与孙中山合作。1908年12月初，容闳写信给荷马·李，建议他抓紧光绪帝和慈禧太后相继死去的大好时机，敦促其帮助革命党发动武装起义。若其能占领一个省，即可委任其为总督。他还建议荷马·李任联军总司令，信中同时附了一份中国秘密会党的名单，上面就有革命党孙中山的名字。

荷马·李和布思都认为，必须找到一位著名的中国政治领袖参与“红龙计划”，才能获得美国工商界的稳定支持。他们最初尝试通过容闳及其学生唐绍仪联络被清廷罢黜的袁世凯，未果。经过反复权衡和容闳的推荐，他们转向孙中山，认为孙中山的知名度高，而且没有个人野心，还是一位真正的实干家，组织过多次武装暴动，势力不断壮大，是最合适的领袖人选。如果对孙中山施以援助，将有很大机会实现“红龙计划”。计划制定之初，布思和艾伦他们拟筹借 500 万美元，等革命成功后，连本带息一并偿还。之后，布思把计划筹款金额提高到 900 万美元。艾伦于 1909 年 2 月向 J. P. 摩根提出这一计划，希望得到资助，遭到拒绝。于是，计划发起者们变更募款条件，准备以更多、更大的中国实业的经营特许权为贷款条件，来吸引美国财团与资本家们。然而，美国财团和资本家应者寥寥，致使“红龙计划”因筹款艰难而失败。

以往研究认为，“红龙计划”胎死腹中，没有取得任何收获。其原因是多方面的，其中之一与这项计划支持的目标人物——孙中山——直接相关。“红龙计划”发起者荷马·李、布思和艾伦与孙中山签署了旨在实现利益交换的《长滩协议》。孙中山虽然承诺革命成功后给予美国投资者以丰厚回报，同时借助美国资金来实现中国的工业化和现代化。然而，美国资本家终因对孙中山和中国革命的疑虑而拒绝投资，艾伦在《筹款计划》里提出的报偿条件、容闳的疑虑和 J. P. 摩根对“红龙计划”的答复可以说预示了孙中山通过借贷外国资本和让渡国家利益来发动革命的外交战略之固有缺陷。恽文捷博士对此进行了较为深入的探讨和分析，并通过“红龙计划”这个案例引导我们思考：近代中国政治革命独立性之可贵与民族工业发展和强大的真正支撑力量应当在哪里？所以，对这个问题的研究和考证也印证着当前中国道路选择的正确性。

让历史证明历史，让历史告诉未来。这是历史学的价值与意义，更是学者的良知与使命。

二〇二一年元月五日于桑泰丹华府

·序二·

清末革命研究的新史料

吴义雄

“红龙—中国”计划是辛亥革命时期一次跨越洲际的反清起义谋划。这个计划持续数年，中、美两国多位历史人物卷入，成为晚清革命运动中多方力量交织互动的一个富有特色的事例。中美革命志士在不同的背景下，尝试通过“红龙计划”这一纽带探讨合作反清的事业。它可能未如其他革命活动那样广为人知，因为这个计划尽管雄心勃勃，却无果而终，恰如一条神龙，偶现鳞爪而消逝在遥远的天际。尽管如此，容闳、孙中山与美国人荷马·李（Homer Lea）、布思（Charles Beach Boothe）等人在谋划过程中形成革命同志关系，在近代史上成就了中美革命者合作的一段佳话，甚至可以说是传奇。有关该计划参加者的诸多著述，如涉及孙中山、容闳、谢缵泰和美国人荷马·李的不少历史作品，都从不同角度加以提及。

不过，比较令人遗憾的是，相关著述在提到“红龙计划”时，大多语焉不详，对其发起、变化之始末，以及其中蕴含的多重影响因素，未能进行很好的梳理和呈现。这种状况在很大程度上是因为第一手文献的缺乏。其实，有关这一计划的档案史料相当完整地保存下来，庋藏在美国斯坦福大学胡佛档案馆。这批档案史料主要由该计划的核心参与者布思与荷马·李所保存的英文书信和其他多种文件构成。荷马·李在生前就很重视对其参与政治活动的相关资料进行分类和保管。他去世前，考虑到所藏资料涉及与包括孙中山在内的诸多国内外政要的会谈记录、密谋和密约，遂命其夫人将多数文件销毁。其中包括《红龙计划之长滩协议》原件。所幸，其好友布思将他们之间以及同容闳、艾伦（Walter W. Allen）和其他相关人士的书信和文件编号入册，加入布思家族档案之中，被学者们称为《布思文书》。荷马·李的继子约书亚·鲍尔斯（Joshua B. Powers）也在其母亲埃塞尔·李（Ethel Lea）遗留的文件中找到不少荷马·李的书信和著述手稿。这些文件构成了《鲍尔斯文书》的重要内容。《布思文书》和《鲍尔斯文书》在20世纪60年代都被捐给斯坦福大学胡佛档案馆，至今保存完好，是今日可见的"红龙计划"核心文件。

值得一提的是，这些档案中的部分文献，在1969年由斯坦福大学胡佛档案馆东方搜集馆主任马大任复制赠送给了国民党党史会。孙中山先生在美国参与了这个计划，并成为计划的核心人物。他与荷马·李之间建立了紧密联系。二人之间的往来函件经翻译后编入《国父全集》。大陆学界编辑出版的《孙中山全集》也收录了这些函件。相关文件的公布，在国内外从事孙中山与辛亥革命史研究的学者中引起相当注意，也催生了相关论文、著作等研究成果，从而在相关问题的研究方面产生了具有学术意义的推进。

但也应看到，直至今日，我国学界仍未对这些档案进行较为系统的整理和翻译，致使很多近代史研究者对晚年容闳从参与维新到支持革命的转变历程，对孙中山与美国政府、财团和民间追随者的关系，及孙中山在辛亥革命时期开展对欧美列强革命外交的战略和实践，难以进行深入完整的探究。也因为如此，相关史实叙述和问题阐释中的偏差，也难以得到有效的调整与纠正；有些研究者对"红龙计划"部分史料进行选择性解读的现象也在所难免；在此背景之下进行的人物研究，也难以呈现研究对象丰富而复杂的内心世界。因此，将与"红龙计划"相关的档案史料进行较为完整的整理、编译和研究，是一项很值得期待的工作。

鉴于上述情况，我和本书作者恽文捷在2017年委托相关人士，从胡佛档案馆获得了该馆所藏有关"红龙计划"的全部文件。之后数年里，我们对这些文献进行翻译和整理。承担主要翻译工作的是供职于深圳大学的恽文捷。他在工作之余，花费很大精力，终于将这些档案译为中文，并开展研究，撰写了针对"红龙计划"的研究报告。文捷这些年数度与我合作。2014年我们出版的《美国所藏容闳文献初编》一书所收的史料，多为容闳百余年前的手稿，辨读、翻译难度很大，这个工作主要由文捷进行。对于校对、查证等工作，他也出力甚大。此次“红龙计划”文献的翻译和研究工作，同样主要由他进行。这些文件中与容闳直接相关的部分，我们将其编入了《美国所藏容闳文献合编》一书。我个人对那部分的译文进行了校对。而本书收入“红龙计划”的全部史料，译、校等工作则由文捷独立进行，为此需要付出的时间和精力，是不难想见的。

本书由三个部分构成。以上所述“红龙计划”档案史料的中译文共约12万字，在第二、三部分；第一部分约8万字的内容，则是恽文捷根据这些档案史料进行专题研究的成果。其实，这个研究部分大致也由两个更小的部分组成。其一是对“红龙计划”文献保存状况之概述及有关这一计划研究史的梳理，这种基础性的工作对有兴趣关注这一革命计划之演变过程及相关文献的研究者来说，是很有意义的，可以说比较清晰地呈现了这批文献之来源及被研究使用之历程。研究者可以文捷撰写的这部分内容为基础，进一步探讨相关学术问题。其二是文捷在翻译、解读这些资料的基础上进行的几项专题研究。他分别以容闳、荷马·李和孙中山为中心来阐释这些文献的历史内涵。读后可以发现，他对这几位历史人物在“红龙计划”背景下进行的活动和展现的思想，提出了新的、很有学术价值的认识，可以呈现以往被忽略的或比较模糊的史实，也提供了理解这段历史和这几位人物的新视角。这些专题研究成果因此可以当作利用这批档案史料开展学术探讨的很好例证。

文捷在中山大学攻读历史学博士学位时，我是他的导师。这段时达数年的共处，以及在编译《美国所藏容闳文献初编》和《美国所藏容闳文献合编》期间的合作，使我了解到他将学术事业作为人生使命；而他自本科开始的跨专业背景和留学海外的经历，则使他具备了知识储备和多语种外语水平。这些也同样令我相信，他必定抱着同样的热诚和严谨的态度来从事“红龙计划”文献的翻译、编辑和研究工作，而他的学术功底和翻译水平也能够支持他达成高质量译编和研究工作的目标。文捷按照自己的学术见解，对这批史料进行了认真的整理和编排，从而可以清晰地呈现史料价值。从史料内容、编译质量和研究深度三方面看，本书的出版，无疑能从一个具体角度推动辛亥革命史、中美关系史以及孙中山、容闳等历史人物的相关研究。相信此书定会受到学术界的欢迎。

“红龙计划”涉及20世纪初中美两国的诸多人物。他们各自具有独特的社会背景，故要对其留下的文献进行精确翻译，具有相当难度。虽然相关文献大致保存下来，但通读这些资料可以发现，必定还有一些文件未能包括在这两种人物档案之中，由此带来的非完整性也会对全面理解现存文献的内容构成挑战。而且，在本书所收入的档案史料之外，与“红龙计划”相关的文献，如相关人物公开发表的各种作品、相互之间的其他通信等，仍散见于当时报纸、私人收藏及其他载体之中，有待于继续搜寻。是故，本书作者最期待的应该是学界同仁的批评、指教和建议，以使研究工作臻于完善。

2021 年 2 月 2 日于中山大学

目 录

Contents

第一部分 “红龙—中国” 革命档案史料研究 …………………… 001

一 “红龙—中国”计划 …………………………………… 001

二 “红龙计划”研究综述 ……………………………… 002

1. 中美学界研究概况 …………………………………… 002

2. 代表性研究成果评析 ………………………………… 003

三 “红龙计划”史料构成及保存状况 ………………… 019

四 “红龙计划”过程研究 ……………………………… 023

1. 容闳——从参与维新到走向革命 …………………… 024

2. 荷马·李——全球战略构想里的中国革命 ………… 042

3. 孙中山——寻求英美政商支持中国革命 …………… 078

五 余论：当事各方意图简评 …………………………… 091

第二部分 “红龙计划” 核心档案

——《布思文书》资料编译 ……………………………… 097

一 容闳与布思通信 ……………………………………… 097

1. 容闳致布思（1908 年 10 月 9 日）………………… 097

2. 容闳致布思（1908 年 10 月 21 日） ……………… 098

3. 容闳致布思与荷马·李（1908 年 12 月 5 日）…… 098

4. 容闳致布思（1908 年 12 月 6 日）………………… 099

5. 容闳致布思（1908 年 12 月 14 日） ……………… 100

6. 布思致容闳（1908 年 12 月 28 日） …… 102
7. 容闳致布思（1909 年 1 月 4 日） …… 103
8. 容闳致布思与荷马·李（1909 年 1 月 16 日） …… 104
9. 布思致容闳（1909 年 1 月 16 日） …… 105
10. 容闳致布思（1909 年 1 月 25 日） …… 106
11. 布思致容闳（1909 年 2 月 2 日） …… 108
12. 布思致容闳（1909 年 2 月 13 日） …… 109
13. 容闳致布思（1909 年 2 月 19 日） …… 110
14. 容闳致布思（1909 年 2 月 22 日） …… 112
15. 布思致容闳（1909 年 3 月 6 日） …… 113
16. 容闳致布思（1909 年 6 月 5 日） …… 115
17. 布思致容闳（1909 年 6 月 11 日） …… 116
18. 容闳致布思（1909 年 9 月 14 日） …… 117
19. 布思致容闳（1909 年 10 月 2 日） …… 118
20. 容闳致布思（1909 年 10 月 20 日） …… 119
21. 布思致容闳（1909 年 12 月 23 日） …… 120
22. 容闳致布思与荷马·李（1910 年 3 月 4 日） …… 121
附件：容闳致孙中山（1910 年 2 月 16 日） …… 122
23. 容闳致布思（1910 年 3 月 16 日） …… 123
24. 容闳致布思（1910 年 3 月 28 日） …… 124
附件：贷款方案 …… 124
25. 容闳致布思（1910 年 5 月 26 日） …… 126
26. 容闳致布思（1910 年 11 月 10 日） …… 127
二　布思与艾伦通信 …… 128
1. 世纪编码公司致布思（1908 年 10 月 28 日） …… 128
2. 布思致艾伦（1908 年 11 月 18 日） …… 129
3. 艾伦致布思（1908 年 11 月 19 日） …… 130
4. 艾伦致布思（1908 年 11 月 25 日） …… 132
5. 艾伦致布思（1908 年 12 月 7 日） …… 134
6. 布思致艾伦（1908 年 12 月 23 日） …… 137

7. 布思致艾伦（1908 年 12 月 28 日） …………………… 137
8. 布思致艾伦（1909 年 1 月 2 日） ……………………… 138
9. 艾伦致布思（1909 年 1 月 4 日） ……………………… 139
10. 艾伦致布思（1909 年 1 月 6 日）……………………… 140
11. 艾伦致布思（1909 年 1 月 11 日） …………………… 141
12. 艾伦致布思（1909 年 1 月 12 日） …………………… 141
13. 艾伦致布思（1909 年 1 月 21 日） …………………… 142
14. 布思致艾伦（1909 年 1 月 25 日） …………………… 144
15. 艾伦致布思（1909 年 1 月 29 日） …………………… 145
16. 艾伦致布思（1909 年 2 月 1 日）……………………… 149
17. 布思致艾伦（1909 年 2 月 3 日）……………………… 152
18. 布思致艾伦（1909 年 2 月 3 日）……………………… 155
19. 艾伦致布思（1909 年 2 月 6 日）……………………… 157
20. 艾伦致布思（1909 年 2 月 6 日）……………………… 159
21. 艾伦致布思（1909 年 2 月 10 日） …………………… 160
22. 艾伦致布思（1909 年 2 月 11 日） …………………… 160
23. 布思致艾伦（1909 年 2 月 12 日） …………………… 161
24. 艾伦致布思（1909 年 2 月 13 日） …………………… 162
25. 艾伦致布思（1909 年 3 月 1 日）……………………… 164
26. 艾伦致布思（1909 年 3 月 19 日） …………………… 165
27. 艾伦致布思（1910 年 3 月 14 日） …………………… 166
28. 艾伦致布思（1910 年 3 月 31 日） …………………… 168
29. 艾伦致布思（1910 年 4 月 4 日）……………………… 170
30. 艾伦致布思电报（1910 年 7 月 12 日） ……………… 170
31. 布思致艾伦（1910 年 7 月 19 日） …………………… 171
32. 艾伦致布思（1910 年 7 月 23 日） …………………… 172
三　孙中山与布思通信……………………………………… 173
1. 同盟会总理孙文签署颁发之中国同盟会驻国外
全权财务代办英文委任状（1910 年 3 月 14 日）……… 173
2. 孙文致布思（1910 年 3 月 21 日）……………………… 173

3. 孙文致布思（1910 年 4 月 5 日） …… 174
4. 布思致孙文（1910 年 5 月 12 日） …… 174
5. 孙文致布思（1910 年 5 月 24 日） …… 175
6. 孙文致布思（1910 年 6 月 22 日） …… 176
7. 布思致孙文（1910 年 6 月 25 日） …… 177
8. 孙文致布思（1910 年 7 月 15 日） …… 177
9. 孙文致布思（1910 年 9 月 4 日） …… 178
10. 布思致孙文电报（1910 年 9 月 26 日） …… 180
11. 布思致孙文（1910 年 9 月 26 日） …… 180
12. 布思致孙文（1910 年 10 月 21 日） …… 181
13. 孙文致布思（1910 年 11 月 8 日） …… 182
14. 孙文致布思（1910 年 12 月 16 日） …… 183
15. 孙文致布思（1911 年 3 月 6 日） …… 183
16. 布思致孙文（1911 年 4 月 13 日） …… 184
四　布思与荷马·李通信 …… 185
1. 荷马·李致布思（1908 年 4 月 7 日） …… 185
2. 荷马·李致布思（1908 年 8 月 26 日） …… 186
3. 布思致荷马·李（1908 年 9 月 11 日） …… 186
4. 荷马·李致布思（1908 年 9 月 21 日） …… 187
5. 荷马·李致布思（1908 年 10 月 5 日） …… 188
6. 荷马·李致布思（1908 年 11 月 17 日） …… 189
7. 荷马·李致布思电报（1910 年 6 月 21 日） …… 190
8. 荷马·李致布思（1910 年 6 月 26 日） …… 190
9. 荷马·李致布思（1910 年 9 月 25 日） …… 191
五　布思与查尔斯·B. 希尔通信 …… 192
1. 布思致希尔（Charles B. Hill）（1911 年 1 月 12 日） …… 192
2. 希尔致布思（1911 年 3 月 3 日） …… 194
六　布思与其他人通信 …… 195
1. 布思致康有为（1909 年 6 月 14 日） …… 195
2. 施耐德致布思（1910 年 6 月 21 日） …… 196

七 容闳与荷马·李通信 …… 197
1. 容闳致荷马·李（1908 年 12 月 4 日）…… 197
八 孙中山与荷马·李通信 …… 198
1. 孙文致荷马·李（1910 年 2 月 24 日）…… 198
2. 孙文致荷马·李（1910 年 4 月 10 日）…… 198
3. 荷马·李致布思，日期为 1910 年 9 月 25 日，包括孙逸仙于 1910 年 8 月 11 日从槟榔屿发给荷马·李书信一通。参见四号布思与荷马·李通信文件夹第 9 件（1910 年 8 月 11 日）…… 199
4. 孙文致荷马·李（1910 年 9 月 5 日）…… 200
九 荷马·李对反清革命之评估及其与艾伦通信 …… 201
1. 荷马·李“将军”对反清革命的成本估算（1909 年夏）…… 201
2. 荷马·李致艾伦（1910 年 6 月 13 日）…… 204
十 “布思文书”所附“红龙计划”相关文件 …… 205
1. 容闳手书致中国会党领袖邀请函（稿）（1908 年 12 月 5 日）…… 205
2. 容闳所拟致中国会党领袖之邀请函（打印整理版）…… 206
3. 容闳提交艾伦之《建议备忘录》（1909 年 1 月 12 日）…… 207
4. 容闳给艾伦之中国政界重要人物及会党组织名单（1909 年 1 月 18 日）…… 208
5. 《筹款计划》（1909 年 1 月 21 日）…… 209
6. 《筹款计划（1 号修订案）》（1909 年 1 月 27 日）…… 210
7. 人物介绍（1909 年 2 月 1 日）…… 212
8. 容闳向艾伦提交之备忘录——《中国之所求》（1909 年 2 月）…… 213
9. 秘密会社 …… 214
10. 中国驻美代表 …… 215
11. 美国驻外代表 …… 215
12. 中国政府组织 …… 216
13. 口岸 …… 216

14. 地名 …………………………………………………………… 218
15. 各直省列表 ………………………………………………………… 218
16. "红龙—中国"计划之革命力量基础（1910年3月12日）
…………………………………………………………………… 219
17. 红龙革命计划财政支持之基础 ………………………………… 220
18. 财政安排备忘录（1910年3月14日） ……………………… 221
十一 "布思文书"所附剪报 ……………………………………………… 224
1.《纽约先驱报》有关唐绍仪访美报道（1909年1月
24日） ………………………………………………………… 224
2. 周五《泰晤士报文学增刊》对荷马·李《无知之勇》的
评论（1909年12月17日） ………………………………… 225
3. 剪报：《荷马·李"将军"》 ……………………………………… 227
4. 剪报：辛辛那提号巡洋舰自瓦列霍开赴中国
（1911年11月16日） ………………………………………… 228

第三部分 "红龙计划"相关资料汇编 ………………………… 231
一 孙中山与荷马·李暨夫人通信补遗 ……………………………… 231
1. 孙文致荷马·李（1910年2月24日） ……………………… 231
2. 孙文致荷马·李（1910年3月24日） ……………………… 232
3. 孙文致荷马·李（1910年5月9日） ………………………… 232
4. 孙文致荷马·李（1910年5月24日） ……………………… 233
5. 孙文致荷马·李（1910年8月11日） ……………………… 234
6. 孙文致荷马·李（1910年9月29日） ……………………… 235
7. 孙文致荷马·李（1910年11月7日） ……………………… 235
8. 时间不详（约为1910年12月）孙文致荷马·李电报 …… 237
9. 孙文致荷马·李（1911年8月10日） ……………………… 237
10. 孙文致荷马·李（1911年9月25日） ……………………… 238
11. 孙文致荷马·李电报（1911年10月31日） ……………… 239
12. 孙文致荷马·李电报（1911年11月1日） ………………… 239

13. 孙文转抄荷马·李之陈其美来信［1911 年 11 月（农历九月）］ …… 239
14. 孙文致荷马·李夫人（1912 年 6 月 27 日） …… 240
15. 荷马·李致孙文（1912 年 7 月 27 日） …… 241
16. 孙文致荷马·李（1912 年 10 月 13 日） …… 241
17. 孙文致荷马·李夫人（1912 年 11 月 14 日） …… 242
18. 荷马·李夫人致孙文（1913 年 8 月 12 日） …… 243
19. 孙文致荷马·李夫人（1913 年 12 月 23 日） …… 244
20. 荷马·李夫人致孙文（1914 年 5 月 1 日） …… 245
21. 孙文致荷马·李夫人（1914 年 6 月 17 日） …… 246
22. 孙文致荷马·李夫人（1914 年 9 月 13 日） …… 247
23. 孙文致荷马·李夫人（1914 年 12 月 31 日） …… 248
24. 孙文致荷马·李夫人（1915 年 11 月 20 日） …… 248
25. 孙文致荷马·李夫人（1916 年 1 月 11 日） …… 249
26. 孙文致荷马·李夫人（1916 年 10 月 19 日） …… 250
27. 孙文致荷马·李夫人（1921 年 8 月 5 日） …… 251
28. 孙文致荷马·李夫人（1922 年 2 月 11 日） …… 251

二 孙中山日本友人池亨吉致荷马·李信 …… 252
1. 1911 年 6 月 1 日 …… 252
2. 1911 年 11 月 10 日 …… 254

三 容闳致谢缵泰信（摘自谢缵泰《中华民国革命秘史》） …… 255
1. 容闳致谢缵泰（1911 年 12 月 22 日） …… 255
2. 容闳致谢缵泰（1911 年 12 月 29 日） …… 257
3. 谢缵泰评论容闳 …… 258

四 孙中山邀容闳归国函（1912 年 2 月） …… 258

五 荷马·李著作构想《中国的再次觉醒》（The Reawakening of China）（1906 年 8 月 7 日） …… 259

六 荷马·李的“中国盛衰循环论” …… 264

七 荷马·李未刊论文《保卫中国》（The Defences of China）（1906 年） …… 265

八　荷马·李未刊论文《新中国的红色黎明》（The Red Dawn of the New China）（1907 年修订版） …………………………… 279
九　相关政府文件…………………………………………………… 291
1. 1912 年 4 月 16 日美国众议院第 50 号共同决议案祝贺辛亥革命胜利………………………………………………… 291
十　容闳英文别名…………………………………………………… 292
名词表 …………………………………………………………… 293
一　人名表………………………………………………………… 293
二　地名译名对照表……………………………………………… 296
三　报纸杂志、职务和组织机构名表…………………………… 299
后　记 …………………………………………………………… 302

·第一部分·

“红龙—中国”革命档案史料研究

一　“红龙—中国”计划[①]

“红龙—中国”计划（Project Red Dragon-China，以下简称“红龙计划”）又被称为“红龙密谋”（Red Dragon Conspiracy），是辛亥革命爆发前夕中美革命志士联手秘密策划的旨在推翻清政府、建立民主共和政府的武装革命计划。该计划从1908年开始酝酿，一直持续到辛亥革命爆发。其核心成员，包括民国缔造者孙中山先生、中国著名的现代化先驱和旅美华侨容闳及其二子容觐彤和容觐槐、美国革命志士荷马·李以及美国银行家布思和艾伦等人。该计划还将康有为和保皇会、袁世凯、唐绍仪、J.P.摩根及其财团、海外华侨组织致公堂和国内的革命党、新军以及三合会与哥老会等反清秘密会社牵扯入内。

相对其他国外保存的清末中国革命活动史料而言，“红龙计划”档案比较系统、自成体系，能够较为充分地展现参与各方的动机和意图，尤其可以体现美国参与反清革命的人士和资本财团对待中国民主革命的真实态度。因此，“红龙—中国”革命档案史料具有一定特色，值得深入研究、整理和

① 本书第一部分“‘红龙—中国’革命档案史料研究”参考的档案文献均用脚注注明。为方便读者将参考或引用之处与本书第二部分和第三部分纳入的档案译文相对照，兹采用如下脚注格式：参考或引用的书信或文章名称及其写作日期用中文标注，所属《布思文书》或《鲍尔斯文书》等归类档案名和保存机构“胡佛档案馆”用英文原文标明，特此说明。

翻译。

“红龙—中国”清末北美革命史料研究和翻译的意义有三。首先，这些文献资料彰显了中国近代史里以容闳为代表的晚清中国现代化的推动者在清末从洋务和维新转向革命的心路历程和思想斗争；其次，文献清晰反映出以孙中山先生为代表的中国旧民主主义革命者为推翻帝制、创建共和寻求海内外支持的方式和方法，及其在曲折的革命道路上与志趣相投的外国友人之间的精神支持与真诚友谊；最后，文献彰显了美国商界人士和资本财团在辛亥革命爆发前对中国民主革命的认知及其利益考量，以及在美国的帝国主义、种族主义和排华法案阴影下以荷马·李和布思为代表的美国志士参与中国民主革命的动机、利益和战略判断。这对加深从官方到民间多层次的中美关系史研究有所助益。

二　“红龙计划”研究综述

1. 中美学界研究概况

“红龙计划”在中美两国历史学界都曾引发关注。两国学者都发表了相关论文和学术著作对其进行研讨。不过，中美两国学者的关注对象和研究焦点有所不同，阐释方法也颇有区别。他们对相关人物和事件历史意义与影响的判断和评价亦差异显著。

在中国学界，台湾的中国近代史与国民党党史研究者早在 20 世纪六七十年代便因辛亥革命研究和孙中山研究的拓展而对“红龙计划”有所讨论。当时有部分孙中山先生的相关书信被翻译刊发。大陆学者则从 80 年代起开始重视对容闳的现代化贡献、康有为和保皇会的海外活动以及孙中山为辛亥革命在海外筹资事宜的研究。少数大陆学者翻译了部分海外学者的英文论文，对“红龙计划”的梗概予以介绍。不过，时至今日，海峡两岸仍没有对“红龙计划”相关文献进行全面和系统的整理、译介与研究，以致我国学界对孙中山和容闳于辛亥革命前夜在美开展反清革命的史实认知方面仍有不足。

美国学者关注“红龙计划”则与美国军事史和中美关系史研究密切相关。天生畸形、早逝和从未受过正规军事教育的荷马·李，因其在 1909 年——太平洋战争爆发前 32 年——以专著形式提出“日美必战论”而在美国军事史里拥有一席之地。与康有为、保皇会、美国侨社、容闳和孙中山均有紧密合作关系，且不远万里来华从事反清活动，被康有为任命为保皇会在美军事预备学校“干城学校”（Western Military Academy）的“将军”，在辛亥革命期间成为孙中山的军事顾问等诸多传奇经历，使荷马·李在欧美“东方主义”神秘认知的影响下，成为媒体笔下如英国“阿拉伯的劳伦斯”一般的传奇人物。其在辛亥革命前与中国民主革命领袖共同密谋，意图筹款发动起义以推翻清朝专制政府的“红龙计划”，则非常符合美国某些人的自由主义和理想主义信念。于是，在西方个人主义者和冒险家通过改变东方来实现自我价值的“拜伦式浪漫主义者”的语境里，荷马·李受到了一些美国历史学者的重视和研究。

此外，美国学界一些具有中国文化背景的学者出于探索东亚现代化道路和研究中国历史进程的需要，对晚清50年从洋务到维新再到革命的剧烈转折中的保守主义、改良主义和激进革命思潮的相互撞击发生浓厚兴趣，进而将讨论延伸到外部因素如中美关系对中国社会变革发生的影响方面。其中，容闳因“中国留学美国第一人”的身份和一生徘徊于中美之间、为中国现代化贡献毕生精力而成为极具特色的历史人物。更进一步，容闳先后参与或介入了太平天国起义、自强运动、戊戌变法、庚子中国国会和清末革命等晚清重大历史事件，其活动轨迹贯穿了洋务、维新和革命，是走在时代前列的、引领中国现代化发展方向的典型的时代弄潮儿。“红龙计划”相关档案则是容闳从保皇维新转向反清革命的明证。部分美国学者遂在费正清有关近代中国“冲击—反应”学说的影响下，尝试通过“红龙事件”的解读来讨论容闳、康有为和孙中山以及北美华侨和华人会党与非官方的美国资本界、商界和民间人士之关系，进而解析美国社会和个人对中国维新与革命运动的支持与推动作用。

2. 代表性研究成果评析

中国学界对“红龙计划”的关注与辛亥革命研究、孙中山研究和容闳研究的开展密切相关。长期以来，我国大陆学界多将容闳视为改良主义者，相关研究基本根据《西学东渐记》[①] 之叙事脉络，主要围绕其为江南制造局采购机器、提出和执行留美幼童教育计划、处理秘鲁华工事宜和参与维新

① 容闳：《西学东渐记》，徐凤石、恽铁樵原译，张叔方补译，湖南人民出版社，1981。

运动等事迹进行讨论。对《容闳自传》中刻意回避而没有笔之于书的参与反清革命之史实，则较少涉及。不过，我国台湾的中国近代史学者因国民党党史和孙中山研究需要，以及获取美国新出档案的便利性，很早便对“红龙计划”有所讨论，从而引起中国大陆和美国学界的研究兴趣。

1）吴相湘和黄季陆的研究

中国学界较早提及容闳晚年革命活动和“红龙计划”的学者是著名近代史学家吴相湘。他认为容闳首提“红龙计划”、策划武装革命，并力主排斥康有为、支持孙中山。此观点在我国学界流传甚广。

吴相湘于1970年6月在台湾《传记文学》第十六卷第六期上发表文章《容闳最有意义的一生》。次年，他将该文略做修订、添加章节标题后以《容闳欣见民国肇建》为题刊登在传记文学出版社1971年出版的《民国百人传》第一册里，并把与“红龙计划”相关的部分命名为：“红龙计划　协助革命”。

他在文中说，1908年11月得到慈禧太后和光绪帝逝世的消息后，“容闳即于12月4日，寄信李荷玛（即荷马·李）促即采取武装起义行动，如能取得一省，即任命为总督。翌日，容闳又寄信李荷玛抄附中国各秘密会社名单，其中有革命党孙文。容闳建议邀请各会社领袖来美共商组织临时政府内阁及顾问委员会”①。

他还写道：

> 一九〇九年一月，容对康有为已表示不满，寄信及与美国友人面谈均谓康“并非一安全可信赖之维新人物”，对康自华侨捐得款项作为私用，更认为“自己伤害嘲弄自己”。对孙文则认为一很重实际的人物，为广东之干城，如加以支援，其计划当可实现。当提出一“红龙计划”（Red Dragon-China）估计约需美金五百万元，十万支枪，一亿弹药。而李荷玛估计则需美金约五千万元。
>
> 其时，孙文先生旅居新加坡。与容通信频繁，十年十二月廿二日，孙氏应容之邀到达纽约。一九一〇年二月十六日，容以书面致孙提出进行步骤：

① 吴相湘：《民国百人传》第一册，传记文学出版社，1971，第332页。

（一）自银行贷借一百五十万至二百万元作活动基金。

（二）成立一临时政府，任用有能力之人以管理占领之城市。

（三）任用一有能力之人统帅军队。

（四）组训海军。

孙旋到达旧金山转往洛杉矶与李荷玛及波司（Charles B. Boothe，即查尔斯·布思）进行会谈多次。容闳日必寄信李荷玛、波司支持孙之立场，并强调告李荷玛等，希望迅速筹款，以便孙之计划付诸实行。四月，孙经檀香山到日本，约集同盟会重要干部会商，取得十七省代表签署拥护孙为革命领袖之文书后即离日赴新加坡槟城。其后，孙、容与李荷玛、波司间往返通信讨论，惜贷款事终无成议。但容尽力促使美国人认识了解孙先生，功不可没。①

吴相湘此说的史料根据有二：其一是“红龙计划”核心人物查尔斯·布思之子劳伦斯·布思（Laurance Boothe）于1965年4月赴台旅游观光期间，送给台湾中国国民党党史会和“国史馆”的孙中山与布思在1910–1911年间的12份通信副本，其中2份为孙中山致荷马·李信件，9份为孙中山致布思信件，1份为孙中山以中国同盟会总理名义给布思的“中国同盟会驻国外全权财务代办英文委任状”②；其二是黄季陆1969年春收到美国斯坦福大学胡佛研究所东方搜集馆（Asian Collection of the Hoover Institution）主任马大任于1月9日寄来的10件史料文献，其中包括7封孙中山致荷马·李信函副本和1910年3月14日会议记录。1969年，黄季陆将这些信件整理翻译，写成《国父军事顾问——荷马李将军》③ 一书，由“国史馆”刊印，并在同年的《传记文学》上刊文介绍④。这些信件的英文原文和译文后被收录于中国国民党中央委员会党史委员会于1973年编订出版的《国父全集》

① 吴相湘：《容闳最有意义的一生》，《传记文学》第十六卷第六期，传记文学杂志社，1970，第10页。

② 丁士廉：《美人布兹赠予国父珍贵信函印本》，台湾《中央日报》1965年4月4日第4版；黄季陆：《国父军事顾问——荷马李将军（初稿）》，“国史馆”，1969，第34–35页。

③ 黎东方：《〈双十、荷马李将军的故事〉序》，《传记文学》第十七卷第三期，传记文学杂志社，1970，第67页。

④ 黄季陆：《中国革命之友荷马李将军：其生平、著作及其与国父相识之经过》，《传记文学》第十四卷第四期，传记文学杂志社，1969，第6页。

第三册和第五册（英文著述）中。此外，根据文章内容，吴相湘应当参考了《布思文书》（*Charles Beach Boothe Papers*）中的《1908年12月4日 容闳致荷马·李》、《1908年12月5日 容闳致布思与荷马·李》、《1909年1月12日 艾伦致布思》、《1910年3月4日 容闳致布思与荷马·李》、《1910年3月16日 容闳致布思》和《1910年3月28日 容闳致布思》等信件。

当时，胡佛研究所在20世纪60年代末刚刚获得荷马·李继子约书亚·鲍尔斯（Joshua B. Powers）所赠其母埃塞尔·李（Ethel Lea，荷马·李的夫人兼秘书）所藏文献《鲍尔斯文书》（*Joshua B. Powers Collection*），以及劳伦斯·布思赠予的《布思文书》等资料。约书亚·鲍尔斯捐赠文件时，提出的条件是盼胡佛研究所能够帮助实现荷马·李的遗愿——死后葬在中国。马大任等胡佛研究所工作人员遂向台湾方面转达了荷马·李的遗愿，并获得蒋介石的认同和支持。蒋介石批示协助将荷马·李夫妇的骨灰从美国暂厝台湾，待日后再移灵南京紫金山中山陵附近。于是，1969年4月19日，荷马·李夫妇被以优礼卜葬于台北阳明山公墓。[①] 这一事件正是推动吴相湘和黄季陆发表上述文章以纪念容闳、荷马·李、孙中山和辛亥革命的重要动因。

吴相湘对容闳晚年革命事迹的重视和黄季陆对辛亥革命前孙中山在美活动的研究将容闳从改良转向革命以及革命派尝试利用美国资本发动革命的史实引入学界视野，因而赋予"红龙计划"以历史意义。然而，吴、黄二位学者当时获得的资料有限，难以构建有关容闳、孙中山、荷马·李和布思策划革命活动的全面解读，无法对当事人的动机和意图进行深入解释。又因意识形态和党派政治影响，他们对历史人物颇多褒扬之词，认为容闳是该计划的主导者，从而忽略了各方的现实考量与利益交换等问题。

2）袁鸿林的研究

改革开放后，大陆近代史学者袁鸿林于1981年和1983年分别在《史学月刊》和《近代史研究》发表了《关于容闳的晚年》和《容闳述论》两篇论文，并翻译了美国学者郑麒来（Key Ray Chong）1972年刊发的专门讨论"红龙计划"的英文论文《一项流产的美中有关中国革命的计划（1908－

---

① Lawrence M. Kaplan, *Homer Lea: American Soldier of Fortune*, The University Press of Kentucky, 2010, pp. 208, 210－212.

1911）》，刊载于1983年出版的《国外研究辛亥革命史动态》（第二辑）上，从而使大陆学界得悉《布思文书》和“红龙计划”。

袁鸿林利用在美国搜集的中国近代史研究资料和英文汉学文献推进了我国的容闳研究，并对容闳的贡献及其历史地位进行重新评价。其中，对晚年容闳事迹的重视促使其勾勒了“红龙计划”梗概。在冯自由《中华民国开国前革命史》、谢缵泰《中华民国革命秘史》①、罗香林《早期留学美国的容闳与中华民国创建之关系》② 和郑麒来几篇文章的基础上，袁鸿林参考美国学者弗雷德里克·沙邦（Frederic L. Chapin）1950年哈佛大学的荣誉学位论文《荷马·李与中国革命》未刊打字稿③，以及数封容、孙、李、布思和艾伦在1909－1910年间的通信，论证容闳“有一个值得称道的晚节，他始终顺乎历史潮流的滚滚向前而不断前进，这是非常难能可贵的”④。

通过解析“红龙计划”，袁鸿林对晚年容闳的评价为我国学界有关容闳的研究奠定基础。他认为：

> 容闳在社会实践方面从投身维新进而到参加革命，在政治思想上由主张君主立宪而拥护民主共和，其活动和思想的主流显著地体现了近代爱国主义和学习西方的时代精神。
>
> ……
>
> 容闳另一方面的重大局限，是对西方资本主义国家抱有严重的错误认识和幻想。……这种迷梦不只是容闳在做，当时先进的中国人都在做。康有为曾向光绪皇帝推荐李提摩太当清政府的顾问大臣，孙中山也一直在努力争取英、日、美、法的外交支持和经济援助。康、孙对容闳的一些主张和方案都是赞成的。这些都说明中国资产阶级有很大的局限：它缺乏力量，因而软弱；它缺乏经验，因而幼稚。⑤

---

① Tse Tsan Tai, *The Chinese Republic: Secret History of the Revolution*, The South China Morning Post, 1924.

② 罗香林：《早期留学美国的容闳与中华民国创建之关系》，《东方杂志》复刊（台湾）第9卷第5期，1976年。

③ Frederic L. Chapin, *Homer Lea and the Chinese Revolution*, A. B. honors thesis, Harvard University, 1950.

④ 袁鸿林：《容闳述论》，《近代史研究》1983年第3期，第150－151、155页。

⑤ 袁鸿林：《容闳述论》，《近代史研究》1983年第3期，第153、156－157页。

此后大陆学界的容闳研究，如张海林的《王韬评传，附容闳评传》[①] 和石霓译注的《容闳自传——我在中国和美国的生活》[②]，以及章开沅、雷颐、李喜所、李吉奎、任贵祥、丁旭光、罗福惠和段云章等学者研究容闳的文章，内中所谈涉及“红龙计划”者，信息基本均采自上述吴相湘和袁鸿林的论文。他们对晚年容闳从改良转向革命的评价，也基本与袁鸿林相同。

3）弗雷德里克·沙邦的研究

美国学界对“红龙计划”的关注则源于荷马·李研究，后拓展到中美关系史和中国近代史研究领域。荷马·李在世时，即因其著作《朱笔》（*The Vermillion Pen*）、《无知之勇》（*The Valor of Ignorance*）和《撒克逊之日》（*The Day of Saxon*）的撰写和出版，以及参加反清活动与辛亥革命而受到美英军界、出版界和新闻媒体的关注。他去世后，相关纪念文章也仅仅关注他作为军事战略作家和孙中山军事顾问之事，对于保密的“红龙计划”则几乎没有涉及。

1941 年底珍珠港事件爆发后，日本和美国在太平洋鏖战。因在《无知之勇》中预言了日美战争，荷马·李的著作再度受到美国军界和社会的重视。其生平事迹也引起一些媒体作家的关注。其中，克莱尔·布思（Clare Boothe）于 1942 年 3 月在《周六晚报》（*Saturday Evening Post*）上发表《您曾听说过荷马·李吗?》（*Ever Hear of Homer Lea?*）两篇文章，后成为新版《无知之勇》和《撒克逊之日》的序言。因其内容真伪并存，荷马·李的继子阿尔伯特·鲍尔斯（Albert Powers）和曾经协助荷马·李训练干城学校学员的安塞尔·奥班尼翁（Ansel E. O'Banion，又译为莪班尼恩）并不满意。他们遂联合作家卡尔·葛礼（Carl Glick）以安塞尔·奥班尼翁的回忆自述为基础撰写了《双十：莪班尼恩上尉关于中国革命的故事》[③]，于 1945 年出版。其中，奥班尼翁对辛亥革命前夜其协助荷马·李和孙中山进行的筹款和革命活动进行了非常夸大的描述。然而，该内容成为美国学界研究荷马·李与中国革命的第一部较为系统的作品——弗雷德里克·沙邦的《荷

① 张海林：《王韬评传，附容闳评传》，南京大学出版社，1993，第 459-463 页。

② 容闳著，石霓译注《容闳自传——我在中国和美国的生活》，百家出版社，2003，第 11 页。

③ Carl Glick, *Double Ten: Captain O'Banion's Story of the Chinese Revolution*, New York: Whittlesey House, 1945.

马·李与中国革命》（*Homer Lea and the Chinese Revolution*）——的重要参考资料。[①]

沙邦写成于1950年并获得哈佛大学A.B.荣誉论文称号的《荷马·李与中国革命》是当时对荷马·李最全面的研究作品。这篇论文对孙中山、荷马·李和布思的筹款计划有详细描述。该论文虽然没有使用“红龙计划”这一名词，但披露了该计划的诸多细节。然而，由于沙邦使用的资料不全，且大量采用安塞尔·奥班尼翁上尉自述，致使相关章节内容虽多，却充满错误信息。过于夸大和传奇性的叙述使该书很多部分类似小说而非历史。1952年，沙邦将其增订后欲在加利福尼亚大学出版社出版，遭到拒绝。[②]

沙邦写作该论文缘起于美国陆军军官查尔斯·凯茨（Charles O. Kates）的鼓动。凯茨自1939年起便搜集资料，想撰写荷马·李传记，遂联系约书亚·鲍尔斯和阿尔伯特·鲍尔斯。二战结束后，凯茨在1947年找到葛礼，想与其共同撰写荷马·李传记，但遭到拒绝。1948年底，凯茨认识了有意研究荷马·李的哈佛大学学生沙邦，两人一拍即合。约书亚·鲍尔斯也把新近发现的其母荷马·李夫人所藏数匣荷马·李的通信和文件提供给他们作为参考。沙邦遂得以阅读部分关于“红龙计划”的原始档案。[③]

同该书其他部分类似，沙邦对“红龙计划”的描述和解析存在很多史实错误。其要者如下：首先，他没有看到全部《布思文书》，尤其是容闳的相关书信，并不知道容闳参与计划并先于孙中山与荷马·李和布思等人进行了密商，反而认为是荷马·李与孙中山发起了相关革命策划事宜；其次，他错误地将安塞尔·奥班尼翁作为“红龙计划”中执行荷马·李命令的核心人物。沙邦叙述说，奥班尼翁按照荷马·李的安排在1909年夏天帮助孙中山偷渡入美。其后，他还根据孙和李的计划从美国偷渡了6名密使到厦门、澳门和汉口，在神户安插了一名叫作大本（Taymoto）的间谍，并履行与孙中山的约定，携带18万美元现金到中国从事革命活动。此外，沙邦还

① 黎东方：《〈双十、荷马李将军的故事〉序》，《传记文学》第十七卷第三期，传记文学杂志社，1970，第67-70页。

② Feburary 24, 1953, “Letter of Jonh Schaffner to Joshua Powers”, *Joshua B. Powers Collection, 1876-1969*, Hoover Institution Archives.

③ Lawrence M. Kaplan, *Homer Lea: American Soldier of Fortune*, the University Press of Kentucky, 2010, p. 208.

说，奥班尼翁根据李的指令在中美之间大量走私革命者和军火，以落实革命方案；最后，尽管看到了艾伦终止合作的信，沙邦仍错误解读，把因筹款失败而胎死腹中的“红龙计划”视为成功的革命行动，并作为美国人主导中国革命的史实加以夸大评价。①

虽然拥有诸多硬伤，沙邦的论文却为“红龙计划”研究奠定了基础。首先，沙邦确立了荷马·李研究的基本框架，并将“红龙计划”放在辛亥革命的语境里进行解读，后续作品基本在此框架内展开；其次，沙邦较早使用了约书亚·鲍尔斯所藏的孙中山、荷马·李、布思和艾伦之间的信件和革命文献，因而对“红龙计划”有所管窥，对当事人各自的意图有所探讨；最后，他将荷马·李的全球战略理论与其参与中国民主革命的动机和行为联系到一起加以考察，为深度解读“红龙计划”相关文献提供了参考。

4）郑麒来和尤金·安斯切尔（Eugene Anschel）的研究

胡佛档案馆于20世纪60年代末获得布思家族和鲍尔斯家族捐赠的文献后，新档案的出现引发美国学者的兴趣。美国韩裔学者郑麒来和美籍德裔独立学者尤金·安斯切尔迅速开展了相关研究。

1972年，中美关系缓和，得克萨斯技术大学学者郑麒来在研究了胡佛档案馆相关档案后，于《太平洋历史评论》学刊上发表论文《一项流产的美中有关中国革命的计划（1908-1911）》，详细讨论了“红龙计划”的经过。郑麒来写作该文章的目的不仅在于分析和讨论新出史料，更在于探索美国人介入近代中国改良和革命的史实、方式和影响。他之所以如此，一方面是为50年代开始流行的“美国为什么会失去中国”这个老问题寻找新答案；另一方面，则想通过历史案例总结经验教训，为中美关系的新发展提供参考。

郑麒来的论文是首篇系统分析讨论《布思文书》与《鲍尔斯文书》的研究作品。它大幅推进了学界对“红龙计划”的认知，根据史料订正了许多以往夸大甚至是错误的叙述，厘清了事件的发展脉络和人物关系，对当事者各自的动机及其之间产生的冲突也有较为客观的分析，并将整个事件置入清末中美关系的大环境内进行考察。不过，由于各种原因，该文并没

① Frederic L. Chapin, *Homer Lea and the Chinese Revolution*, A. B. honors thesis, Harvard University, 1950, pp. 229-258.

有深入解析“红龙计划”史料明确展现的中美文化冲突和美国的种族歧视等问题，以及革命者的民族主义与个人主义之间的微妙关系及其利益交换，还有在西奥多·罗斯福总统“帝国主义大棒政策”和塔夫脱（William Howard Taft）总统“金元外交”政策下美国财阀对中国革命的真实态度及其利益判断。①

1984年，郑麒来通过“美国大学出版社”出版了打印机字体版的《美国人与中国的改良和革命，1898－1922：民间人士在外交中的角色》（*Americans and Chinese Reform and Revolution*，1898－1922：*the Role of Private Citizens in Diplomacy*）一书。同年，安斯切尔也出版了他的专著《荷马·李、孙逸仙与中国革命》（*Homer Lea*，*Sun Yat－Sen*，*and the Chinese Revolution*）。两书有很多相似之处，却又有所不同。其相似之处在于，两书均以荷马·李和孙中山在清末的革命事迹为研究主线，对1898－1912年间两人在中美的活动进行了详细考察。其中，“红龙计划”和辛亥革命都是两书的关注重点。因此，两书附录都转抄了部分《布思文书》和《鲍尔斯文书》文件。

两书不同之处则甚多，要点如下。

首先，郑麒来意在讨论美国社会对康有为、梁启超和孙中山探索中国现代化路径的支持。因此，把以荷马·李和布思为代表的美国非官方人士作为核心研究对象。安斯切尔则紧紧围绕荷马·李的生平和思想进行写作，其作品堪称李的传记。虽然二人均研究了“红龙计划”，但目的和视角的不同使他们对该计划参与方意图的分析和评价亦有所不同。

其次，前文所提美国逐渐失去对中国革命影响力这一问题，促使郑麒来在中美关系史的框架里研究美国政府和民间人士对孙中山和中国革命的不同态度，及其导致孙中山寻求苏联支持的具体原因和过程；安斯切尔则在历史人物传记的框架内从事实、思想和利益方面研讨荷马·李参与中国革命的真实意图，以便给予美国传奇人物荷马·李恰当的历史评价，驱散笼罩在其身上的光环和疑云。因此，郑麒来作品对孙中山与美国关系的考察延长至1922年，并对其与荷马·李遗孀和其他美国民间人士的合作与友

① Key Ray Chong, “The Abortive American－Chinese Project for Chinese Revolution, 1908－1911”, *Pacific Historical Review*, Vol. 41, No. 1 (Feb., 1972).

谊进行了解析。两部作品所涉时段遂有所不同。

最后，文化差异导致郑麒来和安斯切尔对"红龙计划"档案里容闳等人的信件进行了不同解读，随之而来的是对人物和历史事件评价的分歧。安斯切尔注意到容闳在革命筹款计划中向布思提出了开采广西银矿和向中国引进苎麻转丝技术两件"牟利"事宜的提议，还注意到容闳对发动武装革命推翻清政府可能给中国带来进一步内乱和外患的疑虑，因而对容闳的品格和动机发生怀疑，称"前后一致不是容闳的强项"。安斯切尔基本上认同"红龙计划"当事人艾伦对容闳"开明自利"的批评，认为该计划运作时，容闳不仅已经对中国形势不甚了解，更与海内外的反清力量缺少政治联系，其本人也缺乏坚定的政治原则。他评价荷马·李选择容闳参与"红龙计划"是一个错误。荷马·李本身也并非如沙邦等宣扬的那样处于反清革命的关键领导地位，而是"位居边缘，没能有效参与到中国的革命政治中"[①]。

郑麒来则相信荷马·李、布思、艾伦、容闳和孙中山五人之所以在推进"红龙计划"时没能紧密合作，主要由于他们彼此的个人目的和利益妨碍了计划的落实。他认为"与那些最先对中国发生兴趣的美国人群相对应，李可以被视为代表了雇佣兵（Mercenary）的利益，艾伦则代表了商人（Merchant）的利益。相反，布思、容闳和孙中山在其热忱方面带有更多的传教士（Missionary）精神，而采用的方式方法则不够实际。"他确信荷马·李从未能够获得美国政治圈决策层的青睐和信任，因此也不能获得美国的官方职位以利用政府资源实现其理想。[②]

郑麒来和安斯切尔的英文著作虽然对《布思文书》等相关档案进行了较为全面的考察，大幅推进了学界对"红龙计划"与荷马·李的了解，但他们的问题意识、研究角度和解析方式也存在局限性，兹总结如下。

从问题意识来说，自利玛窦以来，了解、影响和改变中国是西方学界关注中国的动力根源。因此，在彼时欧美学界流行的费正清关于中国和东亚研究"冲击—反应"思想的影响下，外人对中国革命的促动成为上述两

① Eugene Anschel, *Homer Lea, Sun Yat-Sen, and the Chinese Revolution*, Praeger Publishers, 1984, pp. 132-133, 137.

② Key Ray Chong, *Americans and Chinese Reform and Revolution, 1898-1922: the Role of Private Citizens in Diplomacy*, Lanham, M. D.: University Press of America, 1984, p. 136.

位作者研究兴趣的出发点。外国政府和社会如何干预和影响中国政局的走向也是当时很多西方的中国研究者们关心的问题。一度流亡并寻求西方协助的政治变革者康有为、梁启超、容闳和孙中山遂成为欧美学者们的聚焦对象。他们对西方文明的态度和对中国现代化的追求符合美国学界“改变中国”的基本心理。研究与他们合作的美国人士，对成功和失败的合作案例进行考察，则可以探索有效影响中国的方式和方法，持续推进美国的中国研究和有关中美关系的理论与实践。

怀有郑麒来所谓“传教士般热忱”的美国汉学家以及部分中国研究者虽然在探讨西方文明对中国现代化的启迪和促进方面成就斐然，但其立场和出发点却存在缺陷。其显著者是受到“西方中心主义”影响，未能平等对待东方文明，承认世界文明多元发展的现实。尽管许多美国汉学家对中国长期保持同情和友善的态度，他们却难以消除美国社会一直存在的“黄祸论”和种族歧视。“传教士般的热忱”和理想主义也妨碍其建立对中国的真正客观的理解。因此，当中国在西方文明的影响下根据自身特点和需要找到现代化路径、综合国力迅速提高但没有按照美国学者设想的路径发展时，部分美国的中国研究者便失去了解中国的动力和友善的态度，对中国的期许转变为失望、恐惧甚至是排斥，进而陷入冲突和对抗心态之中、不能自拔。

从研究角度来说，两位作者的写作主要关注英语读者，尤其是美国汉学圈里对辛亥革命和中美关系史感兴趣的学者。他们刻意回避对“红龙计划”文献所涉及的当时美国的排华法案、种族歧视和帝国主义等负面问题进行深度解读，以及讨论美国资本财团在谋取东亚利益方面的现实主义行径。其中亦牵扯美国政府和社会人士利用清政府的软弱、腐败和中国政治精英的分裂来侵犯中国主权，扩张美国国家、集团和个人利益的问题。这与晚清中国所受殖民主义压迫和中国民族主义的觉醒密切相关，在容闳和孙中山的书信里亦有所反映，具体表现为容闳对在中国开展武装革命的反复和犹豫，及其对中国产业发展的关心。由于视野局限，安斯切尔在对这些书信内容进行解释的时候，缺乏对历史人物的全面了解，进而对容闳意图的理解形成偏差。

从解析方式来说，美国汉学界往往有意无意夸大美国影响中国的能力，以便在美国社会中构建有利于中美合作交流的舆论氛围。此举固然出于好意，但也因其刻意的忽略而容易造成歧义和误解。美国的"红龙计划"阐释史，一直过分夸大了荷马·李或其他美国参与者对反清革命所起的作用，并忽视了以下事实：在保守主义和激进主义交织的清末革命年代，由激进派、传统主义者和地方实力派构成的中国内部各阶层的意志、动机和需求才是推动社会变革的主要力量。域外因素可能成为中国革命的启发者和催化剂，但绝难变成中国现代化的舵手和领航员。

安斯切尔认为荷马·李是整个"红龙计划"的主导者，康有为、梁启超、容闳和孙中山是其为实现自身目的在不同时期寻找的中国合作者。郑麒来虽然略有不同，将康、孙、梁、李放在较为平等的地位上进行研究，但仍以李为著作叙事线索的中心。实际上，"红龙计划"只是辛亥革命前孙中山海外筹款活动的一部分，甚至构不成重要部分。当时，由于种族和政治等因素，容闳和孙中山无法与美国的政商界建立有效联系，其筹款工作的重点仍是海外华侨社会。另者，孙中山在辛亥革命时期虽名为革命党领袖，实际上缺乏对海内外革命力量的有效统辖和管理，更无法与能够左右中国政局的袁世凯等实力派相比。同样，荷马·李在美国政军学界也是一个非常边缘的人物，只是因才华和思想为少数慧眼伯乐所抬爱，但其身体条件和资历均不堪一展雄心。从一开始，他有关中国革命的战略和构想即严重脱离中国现实，只能是纸上谈兵。后人对他与中国关系的赞誉实多源自孙中山在中国革命史里的地位，以及二战爆发后中美合作的现实需要。

正因如此，劳伦斯·卡普兰在对荷马·李的进一步研究中用"美国雇佣兵"（American Soldier of Fortune）而非惯用的"将军"来定位传主并命名其著作。

5）劳伦斯·卡普兰（Lawrence M. Kaplan）的研究

美国国防部军事历史学家劳伦斯·卡普兰于 2010 年出版的传记《荷马·李：美国雇佣兵》（*Homer Lea：American Soldier of Fortune*）是迄今为止学界出版的最新和最详细的荷马·李传记。卡普兰在安斯切尔传记的基础上进一步完善了对荷马·李生平事迹与思想理论的考察。他对荷马·李参与保皇会和中国革命活动的一些存疑之处进行了考证，并辟专章研究了"红龙计划"。

值得一提的是，卡普兰接受了郑麒来把荷马·李归类为"雇佣兵"的说法。郑麒来认为中美关系史里与中国打交道的美国人士大体上可以分为三类：商人团体（Traders）、传教士团体（Missionaries）和雇佣兵团体（Mercenaries）。商人团体是指从事对华贸易的美国人，其代表是1898年成立的旨在促进亚洲贸易的美国亚洲协会（American Asiatic Association）成员。一些著名的美国外交官和政客，如柔克义（William Woodville Rockhill）、海约翰（John M. Hay）、田贝（Charles Harvey Denby）和康格（Edwin H. Conger）等均为美国在华商人团体的重要支持者。传教士团体主要指在华传播基督教的美国人士，但其事业和影响力并不局限于宗教事务，反而在向中国传入现代医学知识和现代教育方面获得更多的认可和支持。①

至于“雇佣兵”，其英文为Mercenary和Soldier of Fortune。英文字面意义主要是指为获得金钱或其他个人利益而从事军事冒险活动的个人，尤其指为他国政权服务的职业军人。郑麒来将荷马·李与曾在李鸿章麾下率领洋枪队（常胜军）作战的美国人华尔（Frederick Townsend Ward）和白齐文（Henry Andrea Burgevine）相提并论，认为他们的在华军事活动都没有得到美国政府的官方认可和支持，充满了自主性和民间色彩，其行为和结果也往往与美国对华政策不协调。因此，他把为了个人理想和目标以及为实现自我而投入中国革命运动的荷马·李称为“雇佣兵”。

另者，卡普兰刻意使用“雇佣兵”一词来将荷马·李与美国的正规军人区别开来。这样不仅突出了荷马·李的民间色彩和非专业性，更是对康有为所封“将军”和孙中山所用“军事顾问”头衔的呼应。作者由此出发，意图详细探讨荷马·李介入中国事务的真正动机和目的，以及荷马·李的战略思想对其参与中国革命行为的影响。作为传记，卡普兰的叙事线索与安斯切尔类似，是按照荷马·李的生平展开论述，尤其侧重于其与保皇会和革命党之合作。不过，卡普兰参考的资料更为丰富，甚至包括对荷马·李后人以及相关人物的直接访谈。卡普兰在刻画荷马·李时，非常强调其特立独行之处。他说：

> 荷马·李的一生要比罗曼斯小说更加独特和富有异域情调。他克服了畸形身体和病弱给其伟大抱负带来的妨碍。作为极具天赋的大学

① Key Ray Chong, *Americans and Chinese Reform and Revolution*, 1898-1922, pp. 3-6.

> 肄业生，他将自身技能提升到相当高度，在世界舞台上为自己塑造了角色。在其祖父、父亲和叔伯们拓荒传统的影响下，他热衷于冒险和接受征服新领域的挑战。他在实现自身目标的方式上几乎无所顾忌；对李来说，结果即能证明手段正确。在从事冒险之时，他采取因地制宜的准则，在一些事件里没有过分的言行不一，而在另一些事件里则受到传统的荣誉准则和操守的约束。他通过与中国的改良和革命运动发生关系而获得了神秘冒险家的声誉，这部分源自他从不如实记录或向他最亲近的人坦率承认其所作所为的真实情形。①

卡普兰对“红龙计划”的解析在两处颇有特色：一是对当时美国财团和商界关于中国市场和对华投资态度的探讨；二是将“红龙计划”置入荷马·李的全球战略理论中加以解读。

卡普兰认为，造成“红龙计划”失败的原因，除了计划本身的问题外，策划者未能获得美国财团支持的原因与清末中美关系的现实情形有密切关系。尽管西奥多·罗斯福总统坚持主张列强在华机会均等的“门户开放”政策，但其维持东亚力量均势的政策代价甚高，且伤及美国国家利益。美国为了阻止俄国的扩张主义而支持日本，经常以牺牲中国的利益为代价。清末十年，美国无视中国领土完整和主权，对日进行了一系列单方面的妥协和让步，包括在日俄战争后承认日本对朝鲜和南满的霸权等决策。这些都使中美关系中摩擦和对立的因素增加，从而影响了美国商界和财团发展亚洲事务的意愿。

此外，美国政府在1904年单方面决定延长《排华条约》，导致1905年中国社会抵制美货风潮。当时，美国商界向政府施压，要求西奥多·罗斯福逼迫清政府终止抵制运动。美国政府遂采用大棒政策，以武力威胁中国政府。虽然威胁奏效，但也使许多海内外的中国人，尤其是商界人士对美国政府的帝国主义和霸权主义有了更深刻的认识。这加剧了中国社会对美国政府的不信任甚至是反感。在此情形下，因投资牵扯大国政治而在中国吃过亏的美国财团自然不愿“在一个不确定的地区冒险投入大量资金”，更

① Lawrence M. Kaplan, *Homer Lea: American Soldier of Fortune*, pp. 212-213.

不愿通过革命的方式来“创造一个用来做生意的政府”。[①]

最为有趣的是，卡普兰揭示出，支撑荷马·李全球战略和国际秩序思想的是在19世纪末20世纪初西方非常流行的种族主义和社会达尔文主义。这些理论恰恰与荷马·李同情、支持和全身心投入中国的改良与革命的具体行动之间存在悖论。这个悖论凸显了荷马·李的特立独行，尤其是其与同时代美国人的区别。虽然卡普兰没能完美解释这个悖论，但他对荷马·李著作《无知之勇》、《撒克逊之日》和构思中的《斯拉夫蜂拥扩张》（*The Swarming of the Slav*）的评论则进一步发展了安斯切尔的解读。

荷马·李在与其革命同志策划“红龙计划”期间，出版了讨论美日关系的《无知之勇》（1909），写成了《撒克逊之日》（1912），并构思了《斯拉夫蜂拥扩张》（未完成）。支撑这三本书理论框架的是种族、国家和文明之间的竞争与优胜劣汰。荷马·李强调，民族和国家如同自然生物一样，遵循适者生存和盛衰转换的规律。战争和扩张是国家进化的必要条件。其决定力量不是物质财富的多寡，而是国家和民族的尚武精神能否得到维持。他认为以盎格鲁—撒克逊民族为主体的大英帝国和美利坚合众国在20世纪初已经被资本主义、重商主义、拜金主义和多元种族所侵蚀，民众缺乏爱国主义和足够的军事准备，必将受到推崇尚武精神、军国主义和民族一致性的日本、德国和俄罗斯的威胁与冲击。因此，安斯切尔将荷马·李与阿尔弗雷德·马汉（Alfred Thayer Mahan）、亨利·卡伯特·洛奇（Henry Cabot Lodge）和西奥多·罗斯福等人一并归类于“新美利坚帝国主义”鼓吹者，甚至认为李的思想与希特勒有诸多相似之处。[②] 然而，荷马·李选择了当时面临严重民族危机、军事实力弱小的中国作为合作对象。对此，安斯切尔的解释是：身体残疾使荷马·李愿意接近当时政治力量较弱的华人，这种寻求补偿的心理动力促成荷马·李在行动上超越了当时美国社会泛滥的种族歧视。他通过投身中国革命来试图将中国改造成一个他所盛赞的体质和政治方面的强大的民族国家，以实现自身价值。[③]

卡普兰则认为，在日俄战争前，美国政府为了巩固对菲律宾的统治和

① Lawrence M. Kaplan, *Homer Lea: American Soldier of Fortune*, pp. 152-153.

② Eugene Anschel, *Homer Lea, Sun Yat-Sen, and the Chinese Revolution*, p. 184.

③ Eugene Anschel, *Homer Lea, Sun Yat-Sen, and the Chinese Revolution*, pp. 195-196.

应对欧洲列强的竞争，在远东提出“门户开放”政策，并以维护中国政治和领土主权完整为名拉日本制衡俄、英、德的扩张。日俄战争结束后，英国削减其远东海军，日本加速在华经济扩张并提出了“将亚洲从西方殖民主义手里解放”的舆论宣传。美国与日本争夺太平洋主导权的战略态势逐步浮现。美国社会开始出现以日本为假想敌的“黄祸论”。荷马·李的《无知之勇》即吸收综合了此类“黄祸论”的各种观点，并用军事社会达尔文主义加以包装。同时，他还受到美国历史和政治学家布鲁克斯·亚当斯（Brooks Adams）1895 年出版的《文明及其衰败的律法》（*The Law of Civilization and Decay*）一书的深刻影响，将所谓文明、国家和种族的聚散循环规律用于自己的著作中。他一方面对日本的武士道和军国主义充满敬意，从日本在远东对俄战争的胜利中看到自己的社会达尔文主义理论得到验证；另一方面又对日本的崛起充满敌意，批评美国的资本主义，并希望激发盎格鲁—撒克逊的民族主义和尚武精神，以便在太平洋与日本一决高下。中国遂成为荷马·李为英美寻找的战略盟友。他意图在创建民主共和中国的过程里扮演关键的军事角色，以构建新的世界秩序。中国遂在其战略中成为保障盎格鲁—撒克逊东亚利益的平衡力量。①

卡普兰从荷马·李战略思想出发对“红龙计划”的解读，有助于学界理解容闳、荷马·李、布思、艾伦和孙中山秘密拟定的《筹款计划》、《贷款方案》和《长滩协议》里的相关利益交换条款。不过，他以荷马·李为中心的叙事使其论述存在两大局限。首先，他没能对“红龙计划”酝酿期间中国国内革命形势的发展和权力格局进行清晰描述，遂在讨论中美关系方面得出了中国迫切求助于美国的简单结论，而忽视了清廷、袁世凯集团、地方实力派、保皇会和革命党对列强的复杂态度以及列强之间相互制约和竞争的国际环境；其次，受方法论约束，他对容闳和孙中山参与“红龙计划”的意图和策略的分析也过于偏重其为筹集革命资金寻求外援方面，忽视了他们作为民族主义者寻求中国独立和富强的最终目标，及其对西方帝国主义和种族主义的忧虑与防范。这使其相关章节对两人的刻画显得较为单薄而刻板，甚至存在误读。

① Lawrence M. Kaplan, *Homer Lea: American Soldier of Fortune*, pp. 136-137.

三　“红龙计划”史料构成及保存状况

“红龙计划”的核心文件主要由容闳、孙中山、荷马·李、布思和艾伦等参与者的书信、记录、日记和策划方案构成。周边史料则涵盖了与该计划相关的报纸报道和杂志文章，以及当事人在密谋策划期间撰写的讨论中外局势的论文和著作等。这些周边史料非常有助于揭示当事人参与和策划反清革命行动的意图和构想。

容闳素有记英文日记的习惯，常将每天经手的重要事件和与人联络的信息记录在案。遗憾的是，到目前为止，除了保存在康涅狄格州立图书馆的《1902 年日记》外，容闳本人在美国的书信备份和日记均不知所终。1902 年容闳定居美东哈特福德后，虽然身在大洋彼岸，却一直保持与中国大陆、南洋和北美的门生故旧、保皇会人与革命党人的书信和电报联系，并在 1905 年深度介入了康有为访美事宜。从容闳与布思、荷马·李的通信看，容闳没有秘书和打字机。其信件均为手写，只有个别重要文件委托其在纽约工作的次子容觐槐代为打印。因此，容闳难以为其所发信件保留手写或打印副本，而其所藏来信则和日记等文件一同散轶，仍有待学者发掘。

孙中山的英文书信则散落各处。我国出版的多种孙中山全集，如中华书局版《孙中山全集》（1981）、国民党党史委员会编订的《国父全集》（1985 年增订本）和人民出版社版《孙中山全集》（2015）等，均致力于搜集整理已出和新出的孙中山相关资料。其中，《国父全集》，尤其是尚明轩主编的人民出版社版《孙中山全集》收录了《布思文书》和《鲍尔斯文书》所藏孙中山发给布思、荷马·李及荷马·李夫人之英文电报和信件。两部文集均录入了孙中山电报和信件的英文原文，并翻译成中文。

实际上，作为“红龙计划”策划者之一的荷马·李，本来保存有大量与孙中山的往来函件，及其在长滩会谈中为制定“红龙计划”达成的协议文本。其妻子兼秘书埃塞尔·李是一位能干的打字员和资料员，曾协助荷马·李撰写了《无知之勇》和《撒克逊之日》。在日常通信方面，她负责将荷马·李的手写、口述或速记稿整理成信件发出，荷马·李签字署名即可。夫妇对孙中山的来信亦颇有收藏整理。然而，荷马·李去世前，担心他们收藏的文件资料在其身后被公布，会影响其自身以及相关友人的声誉，并可能使部分人士陷入法律和政治纠纷。他遂嘱咐妻子埃塞尔·李在其死后将所藏文件悉数焚毁。埃塞尔·李如其所愿，除保留少数文献外，将荷马·李的大部分通信和手稿付之一炬。[①] 目前，孙中山与荷马·李之间的通信仅有少量保存在荷马·李继子的家族档案《鲍尔斯文书》中，其中并不包括孙中山与荷马·李和布思在洛杉矶达成的关键协议。该文本规定了反清革命成功后，孙中山及其革命政权对美国财团的财政支持予以报偿的具体方案。该协议布思也有，但并未收藏在《布思文书》中。

能够较为详细展现“红龙计划”内容的是布思家族捐赠给胡佛档案馆的《布思文书》，以及荷马·李继子捐赠的《鲍尔斯文书》。

《布思文书》全称《查尔斯·比奇·布思文书》，是查尔斯·布思的家族档案，内中资料时代跨度从1850年至1976年。资料主要是查尔斯·布思及其后代积累和整理的，目前藏于加利福尼亚斯坦福大学胡佛档案馆。该套档案有3函，长1.2延长英尺（linear feet）。其中，第1函是手稿、打字稿和剪报原件；第2函是第一函的复印件；第3函是荷马·李的两部著作以及各种有关劳伦斯·布思、孙科和加利福尼亚历史协会的文件。

第1函内有12个文件夹，纳入了1908-1911年“红龙计划”的重要通信。其中，1号文件夹收入从1908年10月9日至1910年11月10日期间容闳与布思通信26件；2号文件夹收入1908年11月18日至1910年7月23日期间布思与艾伦通信31件（其中一件含世纪编码公司致布思信）；3号文件夹收入1910年3月14日至1911年4月13日期间孙中山与布思通信17件（其中1910年6月22日两份文件相同，分别为孙中山致布思信件的手稿和打字版）；4号文件夹收入1908年4月7日至1910年9月25日期间布思与荷马·李之间通信9件；5号文件夹收入1911年1月12日和1911年3月3日布思与查尔斯·B. 希尔（Charles B. Hill）之间通信2件；6号文件夹收入1909年6月14日布思致康有为信件1件，1910年6月21日T. 施耐德（T. Schneider）致布思电报1件；7号文件夹收入1908年12月4日容闳致荷马·李信件1件；8号文件夹收入1910年2月24日至1910年9月5日期间孙中山致荷马·李信件3件；9号文件夹收入1909年夏荷马·李对中国局势评估文章1件，1910年6月13日荷马·李致艾伦信件1件；10号文件

① Carl Glick, *Double Ten: Captain O'Banion's Story of the Chinese Revolution*, p. 277.

夹收入 1908 年至 1910 年 3 月 14 日期间容闳、艾伦、布思与荷马·李所拟“红龙计划”草案文件 7 件；11 号文件夹收入 1909 年 1 月 24 日至 1911 年 11 月 16 日期间剪报 4 件；12 号文件夹收入 3 篇有关孙中山、容闳和“红龙计划”的文章，分别是刊登在 1912 年《民主党人时报》（*Times-Democrat*）上介绍孙中山的整版照片文章《美国基督徒，中国大总统》（“American Christian, President of China”）、发表在 1965 年 34 期第 3 号《太平洋历史评论》上的小埃德蒙·H. 华希（Edmund H. Worthy, Jr.）所撰论文《容闳在美国》（“Yung Wing in America”）和刊登在 1966 年 10 月 13 日《洛杉矶时报》（*Los Angeles Times*）上的文章《揭示美国人对中国起义的策划：胡佛纪念塔所藏信件讲述 1908 年之革命密谋》（“Americans' Plot for Chinese Revolt Revealed: Letters at Hoover Tower tell of 1908 Conspiracy”）重印件。

作为一名成功的商人，布思有非常良好的商业素养和文案整理习惯。他将积累的“红龙计划”文件加以妥善的编号、整理和保存。其中，除了收到的文书信件外，他还让秘书把他发出的信件打印成副本保留，从而使整个革命计划的发展脉络以及参与各方的思考判断较为清晰地展现在研究者面前。按照艾伦致布思信中所言，艾伦也对他同计划参与各方的往来信件进行了编号存档。但艾伦的相关文书尚未面世，或已散轶。因此，《布思文书》当之无愧成为“红龙计划”的核心文献。

值得注意的是，如前所述，荷马·李去世前，曾遗嘱销毁不利于他曾参与的各种政治行动的当事人的全部文件资料。相信此遗嘱不仅限于其至亲，当亦传达给他的好友。因此，《布思文书》所藏布思与孙中山的通信开始于 1910 年 3 月 21 日，截止于 1911 年 4 月 13 日，远短于布思与孙中山交流的时间段。根据容闳与布思信中所谈信息，1909 年 12 月底孙中山抵达纽约时，容闳即电报布思告知消息，并建议在美东见面会商。布思则邀请孙中山赴洛杉矶面谈。1910 年 2 月 10 日，孙中山抵达旧金山。[1] 当月 21 日，荷马·李致信孙中山邀请见面会谈，孙 24 日回信说处理完旧金山事务后即赴洛杉矶。容闳在 1910 年 3 月 4 日致布思信中即说明孙中山已于 2 月底 3 月初赴洛杉矶与布思、荷马·李会商两次。虽无成熟之革命计划，但已订立重要协议，其中包括暂停反清活动，向美国财团谋求革命资金和给提供

① 《孙中山全集》第 4 卷，人民出版社，2015，第 140 页。

资金的美国财团以回报等事宜。1910 年 3 月 14 日，中国同盟会委任布思为驻国外唯一财务代表，制作委任状并寄给布思。这个委任状即是孙中山、荷马·李和布思 1910 年 3 月所订革命协议的证明。

作为正式的政治会谈，布思与荷马·李自然有与孙中山所订协议之文字资料。然而，这份文件在《布思文书》和《鲍尔斯文书》里付之阙如。应当是事后布思与荷马·李顾及维护孙中山名誉而加以销毁。此外，《布思文书》所藏布思与孙中山 1911 年 4 月的最后一封信讨论了退还同盟会财务代表委任状事宜，布思当时正尝试从其他渠道为孙中山的革命活动筹款。两人在辛亥革命爆发前夜当有进一步联系。相关文件亦不知所踪。《布思文书》所藏其与荷马·李的通信截止于 1910 年 9 月 25 日，当时两人正设法推进"红龙计划"，应有大量磋商。此后两人之通信缺失当与荷马·李之遗嘱有关。

《鲍尔斯文书》全称《约书亚·B. 鲍尔斯文件集》，是荷马·李的继子约书亚·鲍尔斯于 1968 年捐献给胡佛档案馆的文献资料合集。该文书所收资料分为以下几类：第一类是 1901－1929 年荷马·李及其夫人埃塞尔·李的通信集；第二类是 1937－1962 年约书亚·鲍尔斯和阿尔伯特·鲍尔斯兄弟的通信集；第三类是 1906－1913 年荷马·李已刊和未刊著作文稿集；第四类是 1961－1968 年间约书亚·鲍尔斯的文稿集；第五类是 1905－1952 年间荷马·李夫妇和鲍尔斯等人搜集的文件集；第六类是各种文件汇总，其中有许多有关保皇会干城学校的照片和历史资料。

《鲍尔斯文书》由 7 个手稿函、2 个文件盒，以及 1 本长 4.8 延长英尺的相册组成。其所藏资料是研究荷马·李的重要文献。捐赠者约书亚·鲍尔斯生于 1892 年，是埃塞尔·李与其前夫之子。荷马·李去世后，埃塞尔·李将大部分资料焚毁，但遗留了部分文书并珍藏之。她去世后这些资料被鲍尔斯继承。鲍尔斯本人对荷马·李的事迹也颇感兴趣，写有简短的荷马·李生平稿件。

《鲍尔斯文书》收藏的残存资料里有荷马·李夫妇与美国侨领、康有为、黄兴、池亨吉和孙科等人的少量通信。除了照片外，其中颇为珍贵的是保留了从 1910 年 3 月 24 日至 1922 年 2 月 11 日孙中山与荷马·李夫妇的 27 件通信，以及策划"红龙计划"期间荷马·李撰写但从未刊发的讨论清末中国国防和内政问题的论文《保卫中国》和《新中国的红色黎明》，还有荷马·李对著作《中国的再次觉醒》的构思。结合荷马·李的已刊著作，这些资料为研究者剖析这位传奇人物的世界观、中国观、种族和地缘政治思想，研讨其政治观念对策划“红龙—中国”反清革命实践的影响提供了宝贵资料。

曾经与容闳合作策划1902年广州起义的谢缵泰在1924年通过《南华早报》出版的英文版《中华民国革命秘史》（*The Chinese Republic: Secret History of the Revolution*）里，录入了1911年12月19日、22日和29日容闳发给他的两封信和一封致革命党各派系的公开信。内中，容闳表达了对孙中山的支持，以及对推翻清廷之后中国政局的忧虑。他尤其担心中国革命造成的内部分裂和党争会引发列强对中国的进一步瓜分和压榨。这与《布思文书》中容闳态度的摇摆和最终退出“红龙计划”形成呼应。

除上述资料外，美国驻华领馆报告、当时关注中国局势以及容闳与荷马·李等人发表有时事评论文章的美国报纸杂志，如《纽约先驱报》、《哈特福德快报》（*Hartford Courant*）、《范·诺登杂志》（*Van Norden Magazine*）、《日落杂志》（*Sunset Magazine*）和《评论回顾》（*The Review of Reviews*）等文献，均值得研究。此类报告和媒体文章共同塑造了当时美国人的东亚认知，这些认知对美国各界的中国观和决策行为有相当影响。

四 “红龙计划”过程研究

欲深入理解“红龙计划”的缘起和发展，就必须从其三大核心策划者——容闳、荷马·李和孙中山参与晚清维新运动谈起。在19世纪末，三人都曾希望通过支持维新变法来促使中国走上独立富强的现代化道路。然而，戊戌政变使他们看清慈禧太后治下清廷的顽固、颟顸、腐朽和残酷。庚子事变则进一步摧毁了他们心中的改良之梦。这不仅愈发坚定了孙中山的革命理想，更导致长期致力于通过推行西学东渐和洋务运动来寻求中国自强的容闳，发生了从支持改良到倾向革命的心路历程之转变，并见诸行动。居住于太平洋东岸的美国青年荷马·李，亦在此时产生对中国维新和革命运动的同情。他加入加利福尼亚洪门致公堂，受托前往中国从事反清工作。于是，容、李、孙三人在清末的政治活动，发展脉络时分时合，并与康有为、梁启超和保皇会的北美活动产生纠葛，最终汇聚于“红龙计划”

和辛亥革命的历史洪流之中。

因此，欲追溯"红龙计划"缘起，就必须研讨3人自戊戌政变后的政治活动线索，找到三条线索最终汇合于民主革命的原因。要剖析布思和艾伦参与"红龙计划"的动机、立场和态度，则应将其所代表的美国商界和资本财团，置入清末中美关系和美国官方与业界的东亚与中国政策背景中进行探讨，并结合20世纪初美国华人和华侨所处社会环境以及当时西方流行的种族主义、社会达尔文主义、军国主义和殖民主义思潮来分析，从而较为清晰地解读"红龙计划"的发展过程及其历史意义。

1. 容闳——从参与维新到走向革命

在"红龙计划"密谋者中，容闳的态度是最为复杂的，也因此受到其他参与者的误解和批评。这与他一生致力于中国进步的指导思想、行动和经历密切相关，亦充分反映了清末爱国华侨和华人在中美之间作为文化桥梁和现代化推动力的重要作用。以容闳为代表的爱国华侨们对晚清政局和国际形势的看法，及其对中国积贫积弱问题根源的剖析和对祖国未来的构想，均深刻展示了中国传统文化和西方现代观念之间的矛盾、冲突与融合。拥有多元文化体验和世界眼光的国人在清末民初大变革时代对这些观念的分析、批判、选择、取舍、扬弃和改造，则充分体现了中国古老文明自我革新的旺盛的生命力。

容闳一生始终不渝坚持的事业，在于通过学习西方和西学东渐来实现中国的进步。自耶鲁毕业归国后，他并未按照资助人和导师们的意愿从事传教工作，也没有通过变身买办来发家致富，而是积极投身到晚清的现代化工作之中。为此，他先后与太平天国干王洪仁玕和湘军统帅曾国藩会谈，向两者提出军事、政治、财政和教育的现代化构想。洋务运动领袖曾国藩因中国军事自强的需要对容闳的工业和教育计划予以切实支持，委托其购买海外母机以筹建江南制造局，并筹备出洋肄业局。[①] 这使容闳深度介入晚清政治，并开始影响中国的发展方向。

容闳在1868年呈递给江苏巡抚丁日昌和和总理衙门军机大臣文祥的"四条建议"中，较为系统地提出了培养人才、开发矿藏、修建铁路和开办

① Yung Wing, *My Life in China and America*, New York: Henry Holt and Company, 1909, pp. 109, 150-153.

轮船招商局等实业救国理念，以及创办由中国人完全控制的企业和保持中国司法独立的民族主义主张。[①] 其后，实业救国和民族主义一直是指导容闳政治实践的核心原则，并深刻体现在他对“红龙计划”的参与和策划之中。

甲午战争后，容闳于1896年开始着手设立“中国国家银行”和建造铁路特许权计划，均失败。这使他深刻认识到晚清官场的腐败、政府外交的软弱和国家主权面临的严重危机。[②] 于是，进行政治改革的想法促使其参与到光绪皇帝和康有为、梁启超发起的维新运动中。戊戌政变时，在京的容闳亦被清廷搜捕通缉。他逃至上海租界，与保皇派同仇敌忾。1900年义和团运动期间，容闳于当年3月末到新加坡和康有为谋划在广东与长江中游的保皇会起事事宜。3月31日、4月2日和3日，他又在香港与谢缵泰和杨衢云密谈建立“由基督徒领导之政治联盟”起义事宜。按谢缵泰所说，当时容闳尚未与孙中山谋面，并认为孙过于鲁莽轻率。4月4日，容闳又由香港启程赴美联络。谢缵泰则在当日致信孙中山促其与容闳在日本会面。[③]

不久，唐才常趁清廷与八国联军开战，于7月26日在上海成立中国国会，推选容闳担任“中国国会议长”（President of the Chinese National Association）之职，严复次之。通过唐才常的“自立会”，容闳和康梁继续合作，“尝试联络和利用长江一带的兵官及哥老会”[④]。容闳和严复等人所拟之中英双语《中国国会宣言》可被视为容闳从自强和改良走向反清革命的转变起点。

容闳在该《宣言》中声称：清廷必将覆亡，希望八国联军重立光绪帝。若光绪驾崩，中国国会将筹办临时政府、推举临时主席，物色适当人选在中国实行君主立宪制，以便进行全面社会改革。[⑤] 正如其所说，推翻清廷、筹建临时政府和实行君主立宪是1900年后容闳海内外政治行动的总目标。

---

① Yung Wing, *My Life in China and America*, pp. 170–175.

② Yung Wing, *My Life in China and America*, pp. 232–238.

③ Tse Tsan Tai, *The Chinese Republic: Secret History of the Revolution*, The South China Morning Post, 1924, p. 18.

④ 容应萸：《自立军起义前后的容闳与康梁》，《历史研究》1994年第3期，第16页。

⑤ Doc. 163, Acting Consul-General Warren to the Marquess of Salisbury. – (Received October 1.) (No. 119 Confidential.); Doc. 164 Inclosure in Doc. 163, *A Menifesto*, British Docujments on Foreign Afairs – Reports and Papers from the Foreign Offcie Confidential Print: From the Mid – Nineteenth Century to the First World War, Asia, 1860–1914, Part 1; 唐越：《容闳中国国会宣言足本全译并注》，《徐州师范大学学报》（哲学社会科学版）2012年第4期。

于是，除了实业救国外，是否应以政治革命的方式来实现中国的进步，开始成为容闳思考和计划的核心问题。“红龙计划”较为清晰地展现了容闳关于这两大问题的态度和构想，以及他与中国内地哥老会等会党组织的联系。

“自立军起义”失败后，容闳遭到张之洞的通缉，于1900年9月1日从上海经日本避居香港和澳门。赴日途中，他与积极参与自立军事务的族弟容开（星桥）和孙中山同乘“神户丸”号轮船。9月3日抵达长崎后，化名“泰西”的容闳投宿南山手町库利夫旅馆，并立即与同日抵达长崎的唐才常胞弟唐才质联系见面。根据日本外务省档案所载日本密探报告，容闳在海上和长崎旅馆里与孙中山及其日本支持者密谈多次。9月4日，容闳接受九州日之出新闻社记者采访，批评英国政府对清廷的态度不明确。其后，容闳于9月7日由长崎乘船赴香港，容开则随孙中山赴东京拜会犬养毅，最后在9月17日从长崎赴香港。[①]

这是容闳着手支持反清革命的开端，可能也是他与孙中山合作的开始。在港澳滞留期间，他与保皇会和革命党均保持联系。1901年春，容闳赴台湾与时任日本驻台湾总督儿玉源太郎会面。有学者认为他造访日本总督的目的可能与1900年9月孙中山赴台会晤儿玉商讨购买军火之事有关。[②] 此说虽未经直接史料证实，但容闳当时的确参与到谢缵泰、李纪堂和洪门会党首脑洪全福的广州起义准备之中。谢缵泰在1901年9月26日与李纪堂会晤策划夺取广州并建立临时政府，拟以容闳为总统，以洪全福为军事统帅。[③] 1902年初，容闳住在澳门，容星桥暂居香港，两人联络紧密。同年5月16日，容闳从香港出发，经横滨赴美。他在横滨与梁启超和冯镜如会晤，6月5日抵达檀香山，6月11日到旧金山，6月14日到洛杉矶，6月21日到达哈特福德。他在美国与梁启超、叶恩和徐勤等保皇派人士保持书信联系，并继续与在香港的容开和谢缵泰筹划起义，还同刚从耶鲁工程专业毕

---

① 容应萸：《自立军起义前后的容闳与康梁》，《历史研究》1994年第3期，第21-22页；桑兵主编《孙中山史事编年》第1卷，中华书局，2017，第287-289页；罗刚编著《中华民国国父实录》第1册，正中书局，1988，第553-554页。

② 容闳著，石霓译注《容闳自传——我在中国和美国的生活》，百家出版社，2003，第309页。

③ Tse Tsan Tai, *The Chinese Republic: Secret History of the Revolution*, The South China Morning Post, 1924, p. 20.

业的次子容觐槐一起物色适合野战的新式枪支。[①]

1902 年 8 月 13 日，谢缵泰致信容闳，请他在美国组建反清革命军政府（*junta*），并争取美国朋友和同情者的合作与支持。容闳则在 9 月 21 日回信说：“我在美国已经做好准备，将尽我的能力满足你们在中国的需要。请尽早将暗号和密码寄来。这对于我们的联络是不可或缺的。”11 月 17 日，容闳收到谢缵泰寄到哈特福德的挂号信，内附密码本。11 月 20 日，容闳用挂号信回复谢缵泰。[②] 虽然谢缵泰和洪全福的广州起义最终因泄密失败，但谢缵泰请容闳在美国建立反清军政府的建议，对容闳参与“红龙计划”的态度和策略产生了直接影响。

经过甲午战争、戊戌政变和庚子事变等一系列军事失败和政治挫折的冲击，20 世纪初的容闳愈发认为以实业救国的现代化努力应优先让位于政治变革。通过对自身数十年洋务工作的经验总结，容闳已经意识到，没有政治制度的进步，中国军事和社会经济的现代化改革缺乏坚实依托，即使开展亦难以维系。这是他对光绪皇帝表示深切同情并支持康、梁维新和保皇的深层次原因。《中国国会宣言》即表达了容闳等先进行政治改革，再推动法律、社会、经济、财政、文化和教育改革的构想和实践路线图。

不过，在帝党和维新派尽数被清洗的世纪之交，反对后党实际上就是反对被保守的慈禧太后和满洲勋贵们把持的清廷。欲扩大反清力量来源，就必须团结所有对清廷不满之人。于是，容闳继续保持与谢缵泰和孙中山等主张“排满”的革命派之联络。盖因当时革命派骨干多有华侨和留学的跨文化背景，受到新思想、新观念和国际局势的感召与影响，并不局限于传统政治思维，而对中国前途的思考有较为广阔的视野和前瞻性。他们与容闳的经历有较多契合之处，因此在政治主张上亦颇有交集。这是容闳愿意了解和支持革命者的主要原因。

学者容应萸认为：“直到 1900 年左右，中国国内仍未出现‘革命派’、

① 参见《容闳 1902 年日记》，Connecticut State Library，四月九日、四月十九日、四月二十九日、五月六日、五月九日、五月十六日、六月三日、七月十一日、七月十三日、七月二十一日、八月二日、八月五日、八月六日日记。

② Tse Tsan Tai, *The Chinese Republic: Secret History of the Revolution*, The South China Morning Post, 1924, p. 22；《容闳 1902 年日记》，Connecticut State Library，十月十八日、十月二十一日。

‘立宪派’的区分。”这是由于当时清廷的反对者中阵线并未分明。提倡反清的未必赞同革命；赞成勤王的也未必否定革命。因此，她将两者统称为“改革派”。[①] 容闳即是“改革派”的典型代表。

不过，此时容闳对中国未来政治制度的构想及其民族主义思想仍不系统。他认为清朝势必覆亡，中国新政府当施行立宪帝制；政府行政却又要成为“公民政府之典范”，成就“民有、民治、民享的伟大宗旨”。这种过于理想化的目标与中国的历史和现实国情，以及西方的专制、立宪与共和的政治理论与实践均有较大出入。同时，他和严复等人虽有爱国情怀，但尚未参透列强殖民主义本质，仍然对英美等国政府存在较大幻想，寄希望于通过外力干预使清政府转变立场，从而延续中国的维新运动。上述问题不仅遭到英国驻沪署理总领事霍必澜（Pelham L. Warren）的批评，称“容氏知识渊博，但为人不切实际，满脑子幻想”，[②] 更造成容闳政治思想的内在矛盾，最终体现在他对“红龙计划”态度的反复以及给艾伦造成的深刻误解上。

谢缵泰筹划“广州起义”事败后，容闳滞留美国哈特福德并继续与保皇会和革命党保持联系。根据现有史料，他在1903-1907年间的政治活动与保皇会北美活动和康有为对美国的访问有关。

由于参与戊戌变法和庚子国会的关系，容闳一直支持康梁和保皇会的涉外活动。据学者高伟浓研究，1898年戊戌政变后，康有为赴日本向大隈重信内阁求救。不久，山县友朋组阁，迫使康有为离日。“康乃由容闳任书记和翻译，于1899年3月22日由横滨乘‘和泉丸’下太平洋赴加拿大。”[③] 1901年，康有为致信谭良（谭张孝），抱怨荷马·李和容闳不了解保皇会筹款情形。他们所提的计划难以施行：“孔马哩（即荷马·李）及容纯甫（即容闳）辈皆纯乎西风，开口辄问我会千数百万，某军械宜买几百万，某轮船宜买几百万。不知我会大如蚊血，小若蚁旋，即汝所经各埠所捐，多则千数，小乃数百。以从蚊之血而供大象之一啖且不足矣，如孔马哩所言，

① 容应萸：《自立军起义前后的容闳与康梁》，《历史研究》1994年第3期，第23页。

② 唐越：《容闳中国国会宣言足本全译并注》，《徐州师范大学学报》（哲学社会科学版）2012年第4期，第7-8页。

③ 高伟浓：《二十世纪初康有为保皇会在美国华侨社会中的活动》，学苑出版社，2009，第10页。

不类于梦话乎？”[①] 估计当时因荷马·李参与保皇会活动之事，容闳即已通过康有为和梁启超等人与之结识。

虽然康有为对容闳筹款购买军械勤王的建议并不认同，1902 年 12 月 11 日，他在印度决定命康同璧游学美国后，仍然请容闳照料康同璧。根据 2013 年新出之康同璧 1904-1906 年旅居美国康涅狄格州时遗留的《康同璧南温莎旧藏》披露的信件，容闳在三年期间与康同璧和康有为保持联系，并参与了保皇会的会牌制作、筹款以及康有为与美国总统西奥多·罗斯福的会面事宜。康有为 1905 年访美时，曾想请容闳将其自传翻译成英文，以备宣传之用。1905 年 6 月 16 日（另有资料说为 15 日），康有为、容闳、荷马·李、周国贤与谭良在十二点半首次拜见罗斯福总统。6 月 24 日，容闳陪同康有为再次拜见罗斯福总统。同年 7 月 15-19 日，康有为父女与荷马·李等人又到哈特福德访问，并参观柯尔特公司和耶鲁大学，购买了 2000 多发的长短枪子弹，价值高达 3 万多美金。[②] 这应该是容闳与北美保皇会关系发展的蜜月期。

不过，由于北美保皇会和革命党在宗旨和华侨筹款等诸多方面存在矛盾，康有为对孙中山和革命党非常忌惮。1904 年 12 月 4 日，在美国各地进行革命宣传、筹款和洪门注册的孙中山访问哈特福德。次日，筹备访美的康有为即因孙中山在纽约而叮嘱康同璧对其美国之行保密，并购买防弹衣甲，以防孙中山暗杀。同时，他还让康同璧与其弟子，纽约《中国维新报》负责人汤铭三密图暗杀孙中山。[③] 当时，蔡元培主编的上海《警钟日报》也在 1904 年 9 月 8 日和 10 月 17 日引用日本新闻发文报道康、孙两党矛盾，说“孙现创立报馆三间，己身则以鸟约（纽约）为本部，凡前为康有为保皇会员者，今殆尽化为革命党。康党之领袖大生嫉妒，谋暗杀孙，事未发而其谋已显，孙幸得免于祸云。”“今日致公堂与维新会冲突甚激烈，康同璧女士及欧某至各埠游说运动，务以拒绝革命党为事。而孙逸仙医士亦遍

① 方志钦主编《康梁与保皇会》，天津古籍出版社，1997，第 32 页。

② 参见 1905 年 2 月 14 日、5 月 1 日、5 月 20 日、8 月 29 日、10 月 16 日容闳致康同璧信“康同璧南温莎旧藏”；张启祯、张启礽：《康有为在海外·美洲辑：补南海康先生年谱（1898-1913）》，商务印书馆，2018，第 36、75-76、84-85 页。

③ 张启祯、张启礽：《康有为在海外·美洲辑：补南海康先生年谱（1898-1913）》，商务印书馆，2018，第 55-56 页。

游各埠，意在解散保皇会，并欲筹饷五十万金云。”①

康有为知道容闳与孙中山和革命党的关系，1905 年 10 月 20 日，康有为致信康同璧，命其利用容闳约见孙中山以便遣人刺杀之：

> 顷得铭三电，云孙文复到纽约。前得卓如书，言孙文因吾会难，势运东学生（入京）谋害皇上，我已电北京泄之。宁我事不成，不欲令彼事成也。此人险毒已甚，今复来此，必专为谋我。我还纽本无事，不过为开银行耳，然立于险地，实非宜（且拒约事泄），故决不东还，即入墨矣。今拟到新藟约铭三或季雨来一见，授以事乃行，到时或电汝来一见，亦未定。此人不除之，（与我）必为大害。已授意铭、雨，并复呼岳崧出也。惟铭、雨二人皆胆小而多疑，又不能出手，恐败事。趁其来美（美律甚宽），最好除之。幸文惕有财权，可任大事（波利磨敢死部四十余人皆其至交）。岳崧与汝甚好（或汝令纯甫密约此贼，而彼等伏而去之），汝可与岳、文密谋勉厉之，最我财力，必除之。如不在纽，则跟踪追剿，务以必除为主，皇上与我乃得安。铭、雨有他疑，汝密主之可也。余待后命。此与次女。两浑 九月廿二日。②

容闳夹在康、孙两党之间，对勤王和反清的宗旨均有所了解。他同情光绪皇帝，但知道不推翻清廷无法寻求中国之进步。对他而言，无论是保皇还是革命，只要经过改革的中国政府能够保障国家主权免遭列强侵蚀，能够发展实业振兴国民经济，他均乐意助力之，但绝不愿意陷入康、孙之间的个人恩怨和党争之中。其后，真正促使他与康有为决裂并向布思等人推荐孙中山者，是受到康有为将华侨捐款挪为私用和保皇会财政丑闻频出等一系列事件的影响。

如高伟浓所说，康有为等人从 1903 年起正式以“振兴中国之商务，挽回外溢之利权”为名组建“中国商务公司”，希望通过集资和投资的方式逐利商场。他的集资对象是支持保皇会的华侨，集资方法是以认领股票的形

---

① 桑兵主编《孙中山史事编年》第 1 卷，中华书局，2017，第 419-420 页。

② “康同璧南温莎旧藏”，光绪三十一年九月二十二日康有为致康同璧信。

式“招股”。而所有活动，均打着“保皇救国”的旗号。[①] 保皇会的商业集资活动一度受到北美各阶层华侨的大力支持，筹得巨款用于实业和投资。然而，随着叶恩香港经商失败诸案、康有为在墨西哥炒地亏空案、兴办银行破产案和振华公司在美招股案引发保皇会内讧甚至自相残杀，该会内部腐败情形逐步为世人所知。这使康有为和保皇会在海外华侨心目中的形象遭受沉重打击，全面破坏了华侨社会对保皇会的信任和支持。

作为与康有为有密切联系甚至可能曾参与北美保皇会组织和筹款活动的容闳，由于一贯热心实业，对保皇会的集资和投资活动必然非常关注，也能够较早得知其内部运作的问题和财政丑闻。同许多美国华侨一样，他对康有为的信任和支持，在 1908 年末因保皇会投资失败告终。这是他在“红龙计划”中坚持不愿与康有为合作并对其为人大加叱责的主要原因。

不过，容闳本人对在华投资和兴办实业的兴趣始终未有削弱，因此在“红龙计划”中向艾伦、布思与荷马·李提议对“苎麻转丝”和“广西银矿”两项业务进行融资，造成艾伦对他参与革命意图的误解。

对保皇会活动失去兴趣后，容闳于 1908 年 9 月底接到荷马·李发自加利福尼亚长滩的书信。荷马·李向容闳介绍了布思，并告知布思将于 10 月 5-10 日间赴哈特福德与其会面。10 月中旬，布思抵达哈特福德，并于 18 日离开。他受荷马·李委托与容闳商讨两件事情：一是有关中国抵制美货运动问题。荷马·李认为该运动在广东地区使美国的棉花、棉纺织品和跨太平洋运输行业遭受沉重打击，有意通过容闳来影响粤商集团。他则趁此机会向西奥多·罗斯福总统谋求美国驻广州总领事职位，以便实现其中国革命理想。二是关于联合中国各反清会党力量发动革命的计划。在此方面，荷马·李需要容闳帮助他获得会党领袖和南方实力派的信任与支持。因此，他请布思与容闳面谈，希望说服容闳他的构想和行为“旨在为中华帝国谋取终极利益”。同时，他还想通过布思了解容闳的态度，即：如果荷马·李能够成功筹集革命资金或者美国驻广州总领事的职位，容闳能否助其一臂之力，促使广东乡绅支持革命。[②]

---

① 高伟浓：《二十世纪初康有为保皇会在美国华侨社会中的活动》，学苑出版社，2009，第 282-285 页。

② 1908 年 9 月 21 日荷马·李致布思，1908 年 10 月 5 日荷马·李致布思，*Charles Beach Boothe Papers*，1850-1976，Hoover Institution Archives。

在哈特福德，布思向容闳详细介绍了荷马·李的革命构想。其中包括荷马·李有意组建负责起义事宜的“军政局”（Grand Council）、负责筹款和统合参与各方政治活动的“资政会”（Advisory Board），以及革命成功后组建的“临时政府”等组织。这些组织有意吸纳活跃于中国内地和海外华人社会的反清团体，尤其是成员众多的会党组织，以壮声势和力量。其基本运作模式，有似于1900年唐才常的自立军起义。了解到这些信息，容闳与布思一拍即合，积极投入联络和邀请各会党领袖的工作中。

1908年11月中旬，光绪皇帝和慈禧太后先后去世。该消息在美国侨界引发轰动，也给“红龙计划”的密谋者们注入一针兴奋剂。容闳在1908年12月初，拟写了邀请保皇会、革命党、哥老会和自立会领袖来美国洛杉矶协商组建反清革命联合会的函稿，并发给布思与荷马·李。函稿主旨是整合反清力量、筹资组建财团、成立组织机构和开展民族革命。容闳认为布思与荷马·李有能力组建财团并可立即从美国资本家处筹集数百万美元贷款以开展革命。革命成功后，由各会党成员组建的临时政府将以岁入和关税来偿还贷款和利息。美国资本家还将拥有在中国开设铁路、银行、铸币、矿业的特许权。容闳本人有意担任临时政府总统，并希望荷马·李成为联合军统帅和陆军总长，布思担任临时政府的资政会主席和财政总长。同时，容闳还建议派次子容觐槐作为代表赴华逐个拜访各会党领袖，以便考察这些人对革命的价值并说服合适的人参加。

布思与荷马·李收到容闳函稿后，进行了会商。他们认为当前最大的难题是如何说服美国资本家接受他们的革命方案并提供贷款。原因有二：首先是美国资本家们对中国的局势变化缺乏深入了解，因此非常谨慎；其次是他们还没有制定能够让出资者满意的投资保障方案。于是，他们指派布思的密友、居住在纽约的金融咨询专家艾伦作为融资代表与容闳进行合作与磋商。艾伦有筹资组建古根海姆勘探公司的实操经验，与纽约和伦敦的一些大金融世家保持联系，可以和容闳一起在美国东部向英美企业家和资本家融资。同时，荷马·李有信心说服康有为和保皇会投资支持革命。布思还向艾伦保证，因计划组建的资政会是由抵制美货运动的发起者和负责人构成的，一旦资政会成立，抵制美货运动自然终止。美国企业家和资本家的贷款将能够在实际行动开始后6个月内获得回报。这样一来，布思与荷马·李在美西，容闳和艾伦在美东，4人可以协同为反清革命寻找财政支持。

容闳和艾伦对布思与荷马·李的撮合建议均报以积极回应。艾伦研究1903-1907年美国外贸出口数据后，认为中国的抵制美货运动对美国的粮食、棉花、红铜、包装业务和石油等制造业出口影响不大，这与荷马·李的判断颇为不同。艾伦于是认为他们的筹款对象不应该是美国的制造业企业家，而应该集中于依靠资本投机盈利的银行家。

得到双方许可，布思开始着手安排容闳和容觐槐与艾伦会晤。他同意容闳派容觐槐赴华联络的建议，要容闳向艾伦提供保证，以便筹集容觐槐履行任务所需资金。他还告诉容闳，艾伦忠诚守信、头脑冷静，但性格“相当直率，喜欢单刀直入而非以外交官的方式循序渐进”。同时，他向艾伦介绍了“红龙计划”的进展状况，还建议艾伦与容觐槐共同赴华，尽早获得资金保障。此外，他特别告知艾伦，容闳的性格与艾伦截然不同，尽管其思想行为受到美国文化影响，但本质上还是中国人，举止有些拘谨，喜欢循序渐进；虽然名扬中外，但从不轻易显山露水。与容闳交流，艾伦需要稍具耐心，理解东方人的沟通方式。

1909年1月初，美国报纸报道了摄政王载沣罢黜袁世凯的消息。容闳、艾伦、布思与荷马·李均感震惊。容闳认为拉拢袁世凯参与“红龙计划”的机会到来，遂有意与其他密谋者见面会商，并认为应当将康有为排除出“红龙计划”。1月12日，他派遣居住在纽约的容觐槐拜访了艾伦，向艾伦提交了一份由容闳撰写的《建议备忘录》。容觐槐同艾伦商讨了当前形势，以及反清革命胜利后中国的国体问题。艾伦认为共和制度不适用于中国。1月16日，容闳致信布思，详细说明了他对新形势的看法。他认为拥有政治和军事实权的袁世凯被清廷罢黜，给反清计划创造了一个空前契机。“红龙计划”应当从联络康有为和保皇会以及与其有关的会党组织转向与袁世凯和北洋集团合作。容闳判断遭罢官的袁世凯必然怨恨清廷，可能同情甚至加入反清革命。他们正好利用袁世凯的影响力来策动北洋新军反清。于是，容闳推迟了与艾伦会晤的时间，写信给曾是留美学生且为袁世凯亲信的唐绍仪。唐绍仪当时正奉袁世凯之命作为特使出访华盛顿，谋求美国政府和商界的财政贷款。容闳请唐绍仪到哈特福德会晤，讨论反清事宜。同时，容闳也给袁世凯发了一封信，请袁世凯以送孩子到美国留学为名携家眷赴美协商。布思同意容闳的想法，并告知，美国公使柔克义正因袁世凯被罢黜一事与清廷交涉。尽管他不赞成美国公使的做法，但这无疑有利于容闳的新构想。

1909年1月18日，容闳赴纽约和容觐槐一同到莫雷山宾馆拜访了艾伦。此前，容闳一直在哈特福德等唐绍仪。结果唐绍仪到哈特福德后刻意回避容闳，稍做停留便离开了。容闳遂决定赴纽约会见艾伦。他们会谈了一个半小时。容闳给艾伦一份中国政界重要人物和会党组织的名单。他们详细研究了“红龙计划”可能争取的合作对象，包括袁世凯、康有为和孙中山。

容闳认为袁世凯是诚实能干的改革者和睿智的政治家，他被罢黜使清政府失去国之栋梁，将导致中国政局不稳、列强对清廷失去信心。摄政王主掌的政府崇满抑汉、保守反动，不获人民支持。作为清政府改革派领袖的袁世凯，下野后面临朝廷和政敌的双重威胁。袁世凯对北洋新军有绝对控制力，设法使其离华赴美则可能促使他加入反清事业。

关于康有为，容闳则认为他是“一个不切实际的理论家、狂想者和纸上谈兵的改革者”。康有为自私自利，并不在乎中国的变革，只关心自己的政治权力。他不仅出于嫉妒而诬陷袁世凯毒杀光绪帝，以便确保自己在中国改革派里的领导地位，更从槟榔屿给北京发电报，策划刺杀袁世凯。此外，康有为以保皇和维新为名从美国华侨处筹集了80万美元资金，却为个人目的将之侵吞，用于在墨西哥投资置地，还把资产挂在康同璧名下。他的所作所为使人心尽失。

孙中山则是三人中最可靠的反清合作者。他多次起义，有两次几乎攻占广州，是反清革命力量的象征，在广东和南洋颇负盛名。不过，容闳认为孙中山不够稳重，总是在准备就绪前仓促举事，因此屡遭挫败。

艾伦基本同意容闳的判断和评价。但他审慎看待袁世凯罢官的后果，认为影响还没有充分显现。对于康有为，他认为可能在另一个方向上与之结盟。

三人继而估算发动反清起义的开支和筹款事宜。他们估算容觐槐赴华联络需要6000-10000美元经费，“红龙计划”则需要筹集至少500万美元资金。其中200万美元用于购买重达4000余吨的军械弹药。还有相当部分资金要用于游说和策反活动。艾伦最后估计所需资金可能高达900万美元，并将900万美元作为筹款目标。事后，他咨询了一位美国从事起义和颠覆活动的专家，认为“红龙计划”的难点是筹集资金，于是根据会谈内容在容闳《建议备忘录》基础上撰写了《筹款计划》。容觐槐也提交给艾伦一份《财团回报方案》。艾伦提出为筹款组建“联合辛迪加”，由中外两个辛迪加构成。其一为“海外辛迪加”，主要是美国财团，负责筹集革命所需5/9的资金；其二为“华人辛迪加”，主要由中国各会党组成，筹集剩余4/9的革命资金。这一主张获得容闳赞同。[①]

不过，针对容闳1月12日提交的《建议备忘录》所述内容，艾伦认为辛迪加的筹款活动需要秘密开展，以防列强干涉。革命成功后利益分配也应秘密进行。因此不主张在华盛顿、伦敦和东京组建游说团体。此外，他和容闳的分歧主要体现在以下两个方面。

第一，容闳认为革命应先从广东发起，在广东建立共和政权后将革命扩展至全中国。艾伦则认为应当进行充分准备，时机成熟后在中国各地全面起事，一鼓作气推翻清朝。

第二，容闳认为推翻清政府后，应当在中国建立一个类似巴拿马共和国的共和政权，由参与革命的会党领袖任职。艾伦则强调中国不适用共和政府。他认为君主立宪制更适宜当时的中国。

关于美国财团投资的保障和回报，容闳提出以广州关税作为抵押和还债基金，同时以一定年限在革命政府控制地域内独占性地开办银行、铁路和采矿特许权作为回报。艾伦则将其细化，建议用中国岁入作为偿还“联合辛迪加”900万美元革命投资的保障，年利率为10%。此外，“联合辛迪加”还拥有在中国“覆盖全部领土并含有可分配权”的铁路特许权、银行特许权、铸币特许权，以及煤矿、贵金属和半贵金属之采矿特许权。利润按照辛迪加成员资本入股额度进行直接比例分配。最为重要的是，艾伦强调“联合辛迪加”中的“海外辛迪加”应具有所开展全部事业的控制权。只有中方向“海外辛迪加”购买其成员的全部和每一份股份、充分保障其权利和利息后，“海外辛迪加”才会解除控制权。同时，“海外辛迪加”成立后，中方“不得与任何他人、财团、公司或国家缔结誓约或协议”，“联合辛迪加”任何时候不得采取行动以任何方式削减任何个人、财团、公司

① 1909年1月12日 容闳提交艾伦之《建议备忘录》，*Charles Beach Boothe Papers*，1850-1976，Hoover Institution Archives。

或国家合法获得之权利。[①]

1909年1月28日，容闳、容觐槐和艾伦再次会面，共进午餐并进行了长达4个小时的进一步协商。艾伦与容闳父子见面前夕，制作了"红龙计划"的《筹款计划（1号修订案）》，进一步明确和细化了革命成功后"联合辛迪加"获得的回报，意图垄断中国的铁路建设和经营权39年、中央发行银行和各省会及口岸分行建设运营权数年、特许铸币权和经营权25年，以及一定年限的对数省的煤矿、贵金属和半贵金属的采矿特许权。艾伦在会谈时将此修订案的副本提交容闳父子审阅。[②]

容闳和艾伦回顾了太平天国起义造成的严重破坏，认为起义组织者必须对占领区的保障、控制和管理等问题制订预案，可以利用会党来开展此类工作，还可以通过会党来筹集革命经费。同时，由于曾在华推动"金元外交"的美国铁路大亨哈里曼（Edward Henry Harriman）1905年投资开发和经营南满铁路的计划失败，美国资本圈对在中国进行风险投资持审慎态度。"红龙计划"所需900万美元的融资工作开展困难，还可能面临唐绍仪赴美借款的竞争。

会谈中，容闳向艾伦提出，开展革命的同时可以在中国投资实业，一来可以成为革命活动的掩护，二来可以为革命提供资金。容闳提出了两条投资渠道：一是在广西兴办银矿；二是购买美国某人发明的"苎麻转丝"技术，在中国投资生产"高仿丝"和"混合丝"以谋取暴利。容闳希望艾伦为他筹集10万美元开展这两项业务。[③]

通过这次交流，艾伦对容闳的动机、能力和影响力产生怀疑。他给布思写信，认为去国八年的容闳年事已高、体力有限，与国内反清力量没有保持系统联络。他相信容闳对中国局势并不十分了解，其能动员的力量也仅限于开办留学教育时的门生故旧。

特别重要的是，艾伦对容闳参与革命的意图产生了怀疑。他用"开明

---

① 1909年1月21日《筹款计划》，*Charles Beach Boothe Papers*，1850-1976，Hoover Institution Archives。

② 1909年1月27日《筹款计划（1号修订案）》，*Charles Beach Boothe Papers*，1850-1976，Hoover Institution Archives。

③ 1909年1月29日 艾伦致布思，*Charles Beach Boothe Papers*，1850-1976，Hoover Institution Archives。

自利”来概括容闳的品格，认为容闳只具备“有限的爱国主义”，并把这一论断推广到对华人民族性的评价上。他描述容闳节俭、精明、异想天开，自认为有“帝王之气”，想要飞黄腾达。因此，他决定修改《筹款计划》，其宗旨是防止他筹集的资金被容闳或其他中国人挪用。他说，“我不变的目标是：如果我受命筹集所需数额款项，就由我来使用，除非我找到某个我认为更加诚实的人，那时，我才会以最慷慨大度的方式将责任交付给他”。其根本原因乃是受到当时西方社会流行的种族主义影响，艾伦不相信中国有真正的“爱国主义”存在。[①]

容闳对艾伦在《筹款计划（1号修订案）》提出的投资回报条款并不满意，尤其是“海外辛迪加”对反清革命全部事业拥有控制权的规定。艾伦觉察到了容闳的反应，遂请容闳亲笔写下对他们谈论各事的总体看法。事后，他将所有文件随1月29日和2月1日两封信寄给布思作为汇报。容闳也在1月25日致信布思，告知争取袁世凯的重要性，并再次强调康有为不可信赖。[②]

布思了解到艾伦与容闳交流产生的问题。他与荷马·李协商后，在2月3日致信艾伦，再次点明容闳性格非常含蓄低调，不宜用美国人惯常的开门见山的方式打交道。布思认为容闳有能力把中国各个反清派系团结在一起。他说，容闳虽然年迈，没有中年人的体力，但精力充沛，已经通过行动证明其具备非凡的勇气。他还告诉艾伦，容闳的爱国主义是博大而非“有限的”。从青年时期开始，他把整个一生都献给了爱国主义思想，会根据中国的需要放弃自身利益。容闳对提及反清运动、信息来源和会党领袖非常谨慎是源自在生死存亡之秋保护相关人士的警觉。他从另一个角度评价了美国投机商在中国买卖铁路特许权之事，告知艾伦，荷马·李对“红龙计划”所需款项的估算为150万美元。同时，他建议艾伦利用唐绍仪奉袁世凯之命与J. P. 摩根协商借款之事，设法和容闳一同会见唐绍仪，以便与袁世凯建

---

① 1909年1月29日 艾伦致布思，1909年2月1日 艾伦致布思，*Charles Beach Boothe Papers*, 1850-1976, Hoover Institution Archives。

② 1909年1月25日 容闳致布思，*Charles Beach Boothe Papers*, 1850-1976, Hoover Institution Archives。

立切实联系。[①]

稍后，布思在 1909 年 2 月 2 日和 13 日致信容闳，希望容闳设法与袁世凯建立联络。同时，他告知容闳，有关广西银矿事宜应与保皇会骨干欧榘甲联络，一同到洛杉矶处理。欧榘甲等人在 1907 年 12 月曾到广西拜见张鸣岐，设立振华实业公司以开采贵县天平山银矿，并于 1908 年在美招股筹集 300 万美元开发费用。[②] 容闳则回信说他并不认识欧榘甲，但是他在古巴工作的长子容觐彤则被振华公司邀请到广西进行矿脉勘测。不过，容闳对受到康有为和保皇会影响的振华公司非常警惕，不愿布思向欧榘甲等人提起他。[③]

容闳进而向布思提出了他认为一箭双雕的计划。首先，他建议利用振华公司聘请容觐彤担任采矿总监的机会组织一个包括容闳、荷马·李、艾伦和容觐槐在内的考察团，以采矿事业为掩护到广东和广西联络反清势力，并在中国各地进行为期 3 个月的周游考察。其次，他希望将“苎麻转丝”技术引入中国，在广州和上海办厂。其盈利可以为反清事业提供资金。上述计划共需要资金 10 万美元，容闳希望布思能够筹集。[④]

同时，容闳按照见面协商的约定在 1909 年 2 月 10 日前向艾伦提交了他对会谈内容和艾伦所撰《筹款计划（1 号修订案）》的文字意见，作为备忘录并冠名为《中国之所求》（*Wants of China*）。[⑤]

在《中国之所求》里，容闳阐述了艾伦有关中国政体的意见，认为中国悠久的帝制及其专制主义传承与道统难以通过改朝换代来打破。美国的民主制仍属小众，处于试验阶段，无法成为其他国家效仿的可靠先例。为保障新中国的团结和政治凝聚力，民主制和独裁制妥协的产物——英式宪政君主制或许可以用于东方。虽然中美在国土面积、自然资源、人力资源

---

① 1909 年 2 月 3 日 布思致艾伦 两封信，*Charles Beach Boothe Papers*，1850－1976，Hoover Institution Archives。

② 参见高伟浓《二十世纪初康有为保皇会在美国华侨社会中的活动》，学苑出版社，2009，第 348、363-364 页。

③ 1909 年 2 月 2 日 布思致容闳，1909 年 2 月 13 日 布思致容闳，1909 年 2 月 19 日 容闳致布思，*Charles Beach Boothe Papers*，1850-1976，Hoover Institution Archives。

④ 1909 年 2 月 22 日 容闳致布思，*Charles Beach Boothe Papers*，1850－1976，Hoover Institution Archives。

⑤ 1909 年 2 月 10 日 艾伦致布思，*Charles Beach Boothe Papers*，1850－1976，Hoover Institution Archives。

和国家潜力等方面有诸多相似之处，但中国不适用美式民主。主要原因有二：一是中国人民缺乏现代科学教育；二是中国没有类似美国的宗教——基督教。因此，在中国建立共和政府，需要具备上述与西方国家相同的要素。①

布思对容闳所提广西银矿和“苎麻转丝”两件事进行了调查，发现以广西开矿为名在美国资本界筹资非常困难，盖因当时美国的资本家们对在遥远、陌生和难以掌控地区的投资非常谨慎。而“苎麻转丝”技术仍不成熟，很有可能是当时美国流行的一个骗局。他在3月6日写信将相关信息告诉容闳，并说在美西这边许多保皇会员因康有为的问题转而投向支持革命的致公堂。布思、荷马·李与致公堂领袖们保持联系。他希望容闳能够加强与艾伦合作，并按照“红龙计划”最初方案，与会党领袖们共同推进反清事宜。②

其实，早在1909年2月2日，艾伦在纽约就为“红龙计划”拜见了美国大资本家J. P. 摩根。他力图说服摩根为“红龙计划”提供财政支持。然而，摩根否决了艾伦的提议，清楚表示：“我准备与地球上任何已经建立的政府打交道，但我不能着手创造一个用来打交道的政府。”2月4日，艾伦又找到他曾约谈的美国颠覆专家。该人士在美国资本圈打探消息后，也发现没有融资机会。针对此，艾伦反思，认为美国资本界对支持中国革命冷淡的原因有二：首先，是“红龙计划”缺乏一位在中国有足够政治影响力和资源的合作者，容闳不具备革命必需的影响力和资源，如果能拉拢袁世凯就可以改变现状；其次，当时的美国商界，尤其是运输和包装业界正投入全力以控制南美、英国和欧洲大陆的市场，无暇顾及中国。因此，艾伦建议将合作重点放在中国的反清会党力量方面，利用华人本身的力量来开展反清革命。不过，艾伦仍坚持必须由美国人来掌握“红龙计划”和反清革命的总体指挥权。他在2月13日给布思的信中向荷马·李和布思强调他们需要谨记自己在《筹款计划》《筹款计划（1号修订案）》中提出的方案，由美国资本财团提供200万美元，中国各组织筹集200万美元。他认为这样的比

① 1909年2月 容闳向艾伦提交之备忘录——《中国之所求》，*Charles Beach Boothe Papers*，1850-1976，Hoover Institution Archives。

② 1909年3月6日 布思致容闳，*Charles Beach Boothe Papers*，1850-1976，Hoover Institution Archives。

例可以巩固美国财团对中国革命的掌控权，中方参与者则可以分享利益。①

而容闳对艾伦的方案一直暗持异议。这严重妨碍了他与艾伦的沟通合作。他从纽约返回哈特福德后，便将主要精力用于撰写回忆录，并希望通过布思将美国资本引入中国实业并赴华进行调研。然而，布思并不能提供相关资金。经过将近 3 个月的沉寂和思考后，容闳在 1909 年 6 月 9 日致信布思，阐述了对武装革命造成巨大破坏的担忧。因此，他主张先到中国对清政府实施新政的情形进行实地调研，之后再决定是否发动革命。他说：

> 经过对此事进一步思考，我认为不经过详细研究、了解全部情况则本人难以承担之。该事业牵涉巨大但难以言表的责任。一旦启动，数百万人的生命安全会因此面临危险。在现代社会，革命也许能够在不把整个国家卷入无政府混乱漩涡的情况下得以推行。就中国而言，在当前情况下，以和平手段解决有关国家变革和重建的整个问题，也许可以不通过极端暴力手段达成，那些手段无一没有掺入比罪恶本身更难以根除的社会和政治恶行。②

容闳有关反清武装革命态度的反复固然与清廷的新政有关，更出于他对革命导致中国内乱，进而引发列强瓜分的忧虑。他在 1909 年 10 月 20 日致信布思说：

> 我希望中国不需要另一次革命，从旧中国向新中国的转变可以通过和平方式实现，而不必经历火与剑的考验。然而，这并不可能。如日本、法兰西、英吉利、德意志和俄罗斯那样不断扩张且咄咄逼人的国家，就像猛禽扑食那样紧紧盯着伟大的中华帝国以寻找机会下手。满洲已经落入日本的魔爪。美国想要抗议最近签署的《中日协定》，但

① 1909 年 2 月 6 日 艾伦致布思，1909 年 2 月 13 日 艾伦致布思，*Charles Beach Boothe Papers*, 1850–1976, Hoover Institution Archives。

② 1909 年 6 月 5 日 容闳致布思，*Charles Beach Boothe Papers*, 1850–1976, Hoover Institution Archives。

除非抗议有强大的陆军和海军作为坚强后盾，否则毫无用处。[①]

这时，他对清政府的无能和腐朽已经绝望，宣称正是清政府的腐败阻挡了中国向伟大国家的进步。“因此，摧毁该政府成为必需——这是最高使命在道德上的必需。”[②]

1909 年 12 月 22 日，容闳给布思发电报，告知孙中山已经抵达纽约。[③]他还按照布思的建议安排艾伦与孙中山会晤。纽约会谈后，他让孙中山赴洛杉矶与荷马·李和布思继续协商“红龙计划”筹款事宜。[④] 急需革命资金的孙中山如容闳所愿，在洛杉矶与艾伦、荷马·李和布思进行了会晤。容闳给予孙中山需要筹集至少 350 万美元革命经费等四项建议后，便退居幕后，让孙中山与美国人继续推进“红龙计划”。[⑤]

不过，举荐了孙中山的容闳并没有彻底脱离“红龙计划”。他仍然非常关心孙中山与美国资本家商讨的贷款方案。[⑥] 有了与艾伦交流的经验，他担心孙中山与美方缔结的贷款协议过于损害中国利益，于是在 1910 年 3 月 28 日致信布思，提出了自己拟定的《贷款方案》。其中，容闳建议向美方借贷 5 笔、每笔 200 万美元、总额为 1000 万美元的 10 年期贷款，年利率为 15%。补偿方式为任命财政辛迪加成员担任海关专员，征收占领省份的进出口关税 15 年，并可发售债券。此外，财政辛迪加还拥有在中国的苎麻贸易、云山木浆、石油贸易和电报站业务的为期 15 年的垄断权。临时政府可以每年拨出某省全部岁入的固定比例作为国债来偿还贷款，在 10 年内或贷款到期前任何时候选择部分或者全额偿还。容闳一并提出了共和制临时政府架构建议，并推荐荷马·李担任陆军部长、容觐槐担任财政部长。其余的总

① 1909 年 10 月 20 日 容闳致布思，*Charles Beach Boothe Papers*，1850－1976，Hoover Institution Archives。

② 1909 年 10 月 20 日 容闳致布思，*Charles Beach Boothe Papers*，1850－1976，Hoover Institution Archives。

③ 1909 年 12 月 23 日 布思致容闳，*Charles Beach Boothe Papers*，1850－1976，Hoover Institution Archives。

④ 1909 年 12 月 23 日 布思致容闳，1910 年 3 月 4 日 容闳致布思与荷马·李，1910 年 3 月 14 日 艾伦致布思，*Charles Beach Boothe Papers*，1850－1976，Hoover Institution Archives。

⑤ 附件：1910 年 2 月 16 日 容闳致孙中山。

⑥ 1910 年 3 月 16 日 容闳致布思，*Charles Beach Boothe Papers*，1850－1976，Hoover Institution Archives。

统和副总统等职位则由外国顾问指导下的中国代理人担任。①

不过，容闳对共和的态度并不坚决。在 1910 年 11 月 10 日给布思的信中，他对清廷预备在 1913 年召开国会的承诺予以评价。他认为民主制度并不能解决中国的政治和社会问题。中国不适用共和政体或宪政政府和国会，而应采用"有限君主制"。最重要的是通过良好的设计来改革中国的财政、行政和考试制度，从而为政府选拔"最能干和道德纯粹之人"。贸然施行共和制度可能如同法国大革命那样使中国陷入混乱。②

容闳的上述观念及其矛盾亦体现在辛亥革命爆发后他给谢缵泰的书信和致民国各党派的公开信里。1911 年 12 月下旬，他告诉谢缵泰和革命党各派系，要小心袁世凯集团篡夺革命成果，民国各派必须团结以防止列强干预中国内政，同时要警惕党争把中国带入内战深渊。③

1912 年 2 月，担任中华民国临时政府大总统的孙中山致信容闳，请其回国襄助建设。容闳虽有意报效国家，却于同年 4 月 21 日病逝于美国，享年 84 岁。谢缵泰评价容闳是"真正的爱国者"，但"生不逢时"。

2. 荷马·李——全球战略构想里的中国革命

荷马·李是美国军事思想史里的一位奇人。他被视为传奇人物有两大原因：首先，他在戊戌政变后加入北美致公堂，后帮助康有为和保皇会开办"干城学校"，培养军事人才，再发起"红龙计划"密谋反清，并于辛亥革命爆发后成为孙中山的"军事顾问"，遂在美国社会的大众传媒圈里披上了"东方主义"的神秘面纱；其次，他撰写的《无知之勇》和《撒克逊之日》两本书预言了美日太平洋战争和英美两国未来将面临的挑战。这使承载他思想理论的著作在二战期间重获麦克阿瑟等美国军政要人的重视，成为畅销书。荷马·李也因此成为美国的军事预言家。

荷马·李超人的胆略和卓越的眼光在其畸形身体和短暂生命的衬托下显得格外引人注目。尽管中美学界对他的评价褒贬不一、分歧较大，但在

---

① 1910 年 3 月 28 日 容闳致布思，*Charles Beach Boothe Papers*, 1850-1976, Hoover Institution Archives。

② 1910 年 11 月 10 日 容闳致布思，*Charles Beach Boothe Papers*, 1850-1976, Hoover Institution Archives。

③ 1911 年 12 月 22 日 容闳致谢缵泰，1911 年 12 月 29 日 容闳致谢缵泰，Tse Tsan Tai, *The Chinese Republic: Secret History of the Revolution*, The South China Morning Post, 1924, pp. 26-29.

20世纪初这个欧美种族主义盛行和帝国主义高涨的年代，荷马·李作为一个美国人，能够保持对中华民族的同情心，从其全球战略构想出发，主张帮助中国抵御列强侵略，并认真研究中国的历史文化，积极投身于孙中山领导的旧民主主义革命事业，不仅精神和勇气可嘉，其思想也值得深入研究。

荷马·李于1876年12月17日生于美国科罗拉多州丹佛市。他的母亲在其3岁时病逝。父亲阿尔弗雷德·埃尔斯金·李（Alfred Erskine Lea）曾当过淘金者，后从政，在科罗拉多博尔德郡（Boulder County）担任财政官一职。荷马·李4岁左右开始出现脊椎弯曲和身体畸形的病症。这不仅使他一生饱受病痛的折磨和不便，更使他在参与其所热爱的军事事业时，要付出比一般人更大的努力。①

荷马·李高中一年级结束后举家搬迁到洛杉矶。他非常热爱军事史，有英雄崇拜心理。他对亚历山大大帝、朱利阿斯·恺撒、拿破仑、尤利西斯·格兰特将军和罗伯特·李将军等军事家的生平传记倒背如流。他的高中离唐人街不远。荷马·李遂得以经常到洛杉矶唐人街与华人交流。于是，神秘的东方，尤其是中国，就成为荷马·李尝试冒险的梦想之地。同时，荷马·李的家人与洛杉矶华人基督教长老会牧师伍盘照（Ng Poon Chew）熟识。荷马·李遂得以接触致公堂并学习了一些粤语和汉字。②

荷马·李在1896年6月高中毕业。他开始本想考入哈佛大学，并因此学习拉丁文法、希腊文法、法语、英语和数学。但父亲面临的财务困难使他转而入学居所附近的西方学院（Occidental College），并于1897年进入刚成立六年的斯坦福大学（Leland Stanford Jr. University in Palo Alto）。在斯坦福大学，尽管荷马·李身体残疾，他对战争哲学的热爱却给他的老师和同学们留下深刻印象。时任斯坦福大学校长的和平主义者大卫·斯塔·乔丹（David Starr Jordan）博士说：荷马·李这个“驼背的小矮子”是“有着特质的青年——良好的记忆力、丰富的想象力、沉着的脾性，沉迷于尚武主义和战争”。美西战争爆发后，荷马·李也参加了军事训练，但终因身体条

① Lawrence M. Kaplan, *Homer Lea: American Soldier of Fortune*, the University Press of Kentucky, 2010, pp. 11-12.

② Lawrence M. Kaplan, *Homer Lea: American Soldier of Fortune*, pp. 20-21.

件太差未能参军。他的一些同学则加入了加利福尼亚国民卫队，被派往菲律宾参战。大学期间，荷马·李的健康状况恶化，终于在1899年5月被迫请假，结束了学业。[①]

1899年7月，康有为建立北美保皇会后，扬言建军反对后党以营救光绪帝。荷马·李得知消息，认为可以在中国发动革命来实现自己的抱负。他通过伍盘照的介绍，认识了著名保皇派侨领谭济骞（Tom Tsai Hin），加入旧金山保皇会。保皇会之所以接纳荷马·李，实看重他的美国白人身份。在美国种族歧视和排华风潮高涨的世纪之交，能获得美国白人的支持，自然为保皇会求之不得。同时，由于伍盘照也是北美致公堂成员，荷马·李遂通过他加入致公堂。此后，除了拿破仑之外，荷马·李所崇拜的军事伟人又增加了一位——洪武大帝朱元璋。[②]

在旧金山的华人社群里，荷马·李是以“军事专家”的身份出现的。尽管他并没有进过军校，其军事知识均为自学，但保皇会极其缺乏掌握西方现代军事知识的人才，遂将其延揽入幕。1900年3月16日，荷马·李应旧金山保皇会之邀，讨论了在香港或澳门发动武装保皇起义之事。他设法说服谭济骞，以“外国顾问”的名义将其秘密派往中国筹备起义事宜。然而，此事遭到泄露。同年4月22日，《旧金山电讯》（*San Francisco Call*）刊文公布了荷马·李保皇起义的计划，迅速引起清朝驻旧金山领事何佑的注意，并上报清廷。[③]

虽然事情泄露，荷马·李仍于1900年6月22日搭乘“中国”（China）号汽船与恩平人张拱胜前往中国。7月11日途经日本横滨时，他得到横滨保皇会安排他拜访康有为的推荐信。[④] 荷马·李于数日后抵达香港，与香港保皇会成员会晤后即赴新加坡拜见康有为。[⑤] 荷马·李在7月末返回香港，参加了港澳保皇会的起义策划活动。然而，香港保皇会对荷马·李的能力

① Eugene Anschel, *Homer Lea, Sun Yat-Sen, and the Chinese Revolution*, Praeger Publishers, 1984, pp. 5-6.

② Eugene Anschel, *Homer Lea, Sun Yat-Sen, and the Chinese Revolution*, p. 7-9; Lawrence M. Kaplan, *Homer Lea: American Soldier of Fortune*, p. 33.

③ Eugene Anschel, *Homer Lea, Sun Yat-Sen, and the Chinese Revolution*, p. 9-11.

④ 麦礼谦：《从华侨到华人——20世纪美国华人社会发展史》，三联书店（香港）有限公司，1992，第184页。

⑤ 方志钦主编《康梁与保皇会》，天津古籍出版社，1997，第27页。

并不完全信任。虽礼遇之，却并没有付以重托。荷马·李则有意借保皇会实现其军事梦想。此时，他开始思考与孙中山联合，组建一支美国雇佣军从澳门发动反清起义。

对于荷马·李和港澳保皇会的一举一动，清政府和香港总督卜力（Henry Arthur Blake）都加以密切关注。7月29日，何佑领事向美国报界披露，荷马·李与保皇会密谋在中国南部各个口岸组建一支40000人的维新军以进攻北京。不久前，清军在广州已经截获其中4000人。香港总督卜力则向英国外务部递交了有关荷马·李活动的报告。他汇报说，荷马·李建议将康有为和孙中山的武装力量联合起来，先在澳门组建一支由美国雇佣兵领导的总数为25000人的军队。攻占广州后即以广州为根据地北伐，占领长江以南所有省份，同时将革命目标通告列强并承诺保护列强在华利益。卜力说，荷马·李认为应当趁八国联军在华北作战之时发动起义，以减少外国干涉。因此，荷马·李在7月30日偕同孙中山领导的革命党成员与康有为的代表在澳门会面，讨论联合事宜。然而，康有为的代表拒绝联合。革命党和保皇会当时均没有必需的武装力量来实现荷马·李的军事计划。①

撮合不成，荷马·李遂于7月底离开澳门，到两广地区招徕人马。1900年8月13日，荷马·李被保皇会“封”为“将军”，获得一根权杖作为军衔象征。他得知保皇会在山西大同起事和八国联军攻占北京、慈禧太后逃亡陕西的消息后，决定到汉口参加自立军起义。然而，快到汉口时，他得到起义失败和唐才常被杀的讯息。虽然一度设想去绑架慈禧太后，但危急的局势终于迫使荷马·李避居上海。学者安斯切尔根据旧金山保皇会干事长Tong Chong的记述，认为荷马·李在上海期间有可能与容闳相识并会面。

实际上，早在1900年3月赴新加坡会见康有为之时，容闳便得知，有人建议旧金山保皇会征召美国退役军人组建一支为数500人的雇佣军来华，以协助保皇会起义。容闳遂将此事告知新加坡英国警督。但相关文件中容闳并未提及荷马·李之姓名。②

荷马·李于1900年10月返回广东。保皇会和革命党的活动虽然仍在进行，但遭到清政府的残酷镇压。他不得不于1900年末离开中国。1901年1

---

① Lawrence M. Kaplan, *Homer Lea: American Soldier of Fortune*, pp. 43–44.

② Eugene Anschel, *Homer Lea, Sun Yat-Sen, and the Chinese Revolution*, p. 24.

月，在横滨停留期间，他通过在中国认识的日本军事家山县友朋的介绍，于1月13日拜见了日本前总理和外相大隈重信。同情改革的大隈重信与荷马·李讨论了东亚国际关系和日本的地缘战略。这对荷马·李《无知之勇》所表述的世界观造成一定程度的影响。1901年3月末，荷马·李离开日本，于4月初返回美国加利福尼亚。[①]

亚洲之行以及参与保皇会的起义策划加深了荷马·李对中国维新改革的同情。与日本军政要人的谈话则促使他思考东亚的战略形势，并开始将日本和俄国视为中国的主要侵略者以及美国的竞争者。于是，荷马·李以革命推动中国独立和现代化，并通过中美联合来应对日俄扩张的太平洋战略构想开始酝酿。

荷马·李的庚子中国之行也使他获得美国媒体的关注。荷马·李则利用媒体把自己塑造成华尔和戈登式的“东方冒险者”，以及率领美国雇佣军“勤王”的中国“将军”，并继续努力在美国组建军队以便发动反清革命。然而，自立军起义失败后的保皇会陷入分裂。康有为改走温和路线。他的思想遂与荷马·李和容闳产生隔阂，也就有了前述1901年康有为向谭良抱怨荷马·李和容闳的文字。虽经媒体宣传，荷马·李在美国西部声名鹊起。但他的很多同学并不相信荷马·李对自己参加保皇党起义的描述，也不承认他的“将军”身份。因此，荷马·李组建军队的想法一直难以落实。

不过，保皇会在北美争取支持的活动需要荷马·李的参与。庚子事变后，中外各界普遍倾向支持维新而非“革命”的大环境也使荷马·李必须依托保皇会，才有可能一展抱负。于是，荷马·李开始与北美保皇会的领导们协商，提出一个有利于保皇会发展的新计划——在美国为保皇会培养军事人才和军官，以便将来有效开展“勤王”活动。

荷马·李的构想如下。首先，利用保皇会的资金和美国的军事教育资源在美国培养一批维新军的现代军事骨干人才。人才就绪后，就将他们派遣到中国内地，一方面指导保皇会控制的武装力量，另一方面渗透入清军之中，刺探情报并设法策反。时机成熟后，乃发动政变击溃后党，解救光绪皇帝并执掌军权。荷马·李本人在计划中负责指挥维新军。

为保皇会培养现代军事人才的计划受到洛杉矶保皇会的认可。为了寻

① Lawrence M. Kaplan, *Homer Lea: American Soldier of Fortune*, pp. 45-52.

找合适的美国军事教官，荷马·李在1902年致信美国陆军部，请求派遣一位资深军官帮助他对在美华侨开展军事训练。陆军部将这一请求转给美军驻菲律宾司令官沙菲少将（Adna R. Chaffee）。莎菲将军遂向荷马·李推荐了骑兵上士安塞尔·奥班尼翁。

通过保皇会的全球华人网络，荷马·李对中国国内政治事件保持紧密关注。1903年6月，《苏报》案发，章炳麟、邹容被上海租界工部局逮捕。荷马·李在8月致信美国总统西奥多·罗斯福，说被捕者与自己相识，为保皇会成员。保皇会在义和团运动期间维持了长江流域和华南一带的秩序。他请求罗斯福总统支持英国处理此事的政策，敦促上海租界勿将章炳麟等人移交清廷。①

然而，荷马·李为保皇会建军的计划在美国并非没有竞争者。1903年，梁启超访美为保皇会进行动员和筹款工作。其间，一位名叫福近卜（Richard A. Falkenberg）的美国旧金山投机者和冒险家找到梁启超，声称自己在1900年保皇会筹款发动起义的时候被授命为“将军”。10月5日，梁启超在旧金山的一场宴会上宣布福近卜为“中华帝国维新军总司令”，签署委任状并盖上保皇会大印。② 10月22日，梁启超抵达洛杉矶，受到隆重接待。荷马·李组织了欢迎仪式，并请来洛杉矶市长施耐德（Mayor Snyder）、国民警卫队将军普莱斯科特（General Prescott）和洛杉矶商会领袖参加迎接。梁启超与荷马·李会晤后，同意了荷马·李的军官训练计划。

荷马·李于是开始利用保皇会的声望、财力和人脉实施自己的军事计划。他首先需要为维新军建立一个军官培养系统，招纳青年人接受军事训练，成为军事人才。1904年1月2日，保皇会授予荷马·李一枚金质奖章。奖章上镌刻有“中华帝国维新军大元帅咸马李”字样。同年4月30日，荷马·李在洛杉矶保皇会馆举行仪式，设立“洛杉矶军官公司”。他任命西点军校肄业生乔治·韦斯特（George W. West）为维新军上尉和军事教官，加利福尼亚国民卫队上尉小弗兰克·普莱斯科特（Frank C. Prescott Jr.）为中尉和助理教官。军官公司成立后第二周开始训练。荷马·李在《洛杉矶时

① Lawrence M. Kaplan, *Homer Lea: American Soldier of Fortune*, pp. 64-65.

② Lawrence M. Kaplan, *Homer Lea: American Soldier of Fortune*, pp. 66-72；高伟浓：《二十世纪初康有为保皇会在美国华侨社会中的活动》，学苑出版社，2009，第252页。

报》（*Los Angles Times*）的采访中，解释了创办军官公司的动机，说“仅仅是由于许多中国人想要学习军事技艺，这正如相当数量的青年白人一样。动机只是源自他们的尚武精神。”①

1904年夏，安塞尔·奥班尼翁成为荷马·李的助手和军事教官。他协助荷马·李实施了计划的第二阶段：扩张。他首先设法获得洛杉矶市政府的任命，成为唐人街副警长。荷马·李以此为掩护开始在唐人街招生并开展训练。他将自己训练的这支准军事力量称为“中华帝国军”（Chinese Imperial Army）。他一方面着手在保皇会活跃的美国城市设立分部，另一方面设法使自己的组织获得合法性。

1904年11月28日，荷马·李在律师朋友约翰·约克（John M. York）的帮助下，获得了加利福尼亚州政府颁发的开设私立学校“干城学校”（Western Military Academy）的许可证。荷马·李打算用“干城学校”做幌子，依此模式在美国21个城市以不同名称来开设分校。最后能够拥有一百多名教职人员，在全美国培养大约2000名中国维新军官。为达到此目的，荷马·李为找到五名支持中国保皇运动的人物，组成了“干城学校”董事会。他们是：贸易局局长约翰逊（G. G. Johnson）、律师佩奇（Roger S. Page）、银行家阿吉巴尔德·韦（Archibald C. Way）、艾斯克（Newman Essick）和阿尔顿（John Alton）。②

“干城学校”设立在洛杉矶麻且秀街416号（416 Marchessault Street），有两间屋子。前厅高悬开办许可证，放置有书架和课桌，主要上文化课。其课程设置以斯坦福大学课程体系为蓝本。后庭较大，是军事训练场，还配备有新式步枪等教学用武器。所有班级上课时间从每天晚上八点开始，延续到次日凌晨一点至二点。

“干城学校”的真实目的是为保皇会“勤王”和推翻慈禧太后做准备。这违反了美国的法律。因此，荷马·李打了法律擦边球，以办学为名行军事培训之实。为了招纳有志报国的美国爱国华侨，干城学校和保皇会在唐人街进行了一定范围的宣传。洛杉矶华人遂将此地称为“兵器厂”。为了保密，上课之时，奥班尼翁总将大门紧锁。如果遇到检查，就让学生们在前

① Lawrence M. Kaplan, *Homer Lea: American Soldier of Fortune*, p. 77.

② Lawrence M. Kaplan, *Homer Lea: American Soldier of Fortune*, pp. 80-81.

厅伪装成课堂学习。

荷马·李的教学目的是以现代军事操练法来训练学员并建军。他从陆军军操开始，计划逐步纳入炮兵、骑兵、工程兵、信号兵和医疗兵的教学科目。他将“军队”按地域划分为4个步兵团，每团由12个连队构成，分布如下。

第一步兵团驻扎于加利福尼亚，包括洛杉矶、旧金山、弗雷斯诺（Fresno）、萨克拉门托、奥克斯纳德（Oxnard）、文图拉（Ventura）、圣塔芭芭拉（Santa Barbara）、汉福德（Hanford）、贝克斯菲尔德（Bakersfield）、圣贝纳迪诺（San Bernardino）和圣地亚哥（San Diego）的干城学校学员。

第二步兵团包括丹佛（Denver）、凤凰城（Phoenix）、芝加哥（Chicago）、圣路易斯（St. Louis）和匹兹堡（Pittsburgh）的干城学校学员。

第三步兵团包括美东地区的波士顿、哈特福德、费城、巴尔的摩和纽约干城学校学员。

第四步兵团包括美国西北地区的波特兰（Portland）、西雅图、斯波坎（Spokane）、塔科马（Tacoma）和沃拉沃拉（Walla Walla）的干城学校学员。

上述步兵团构成了荷马·李规划中的中华帝国军第二陆军师。①

美国各地的“干城学校”运作经费主要来自保皇会的资金，少许取自学员学费。学员的军装和装备均自理。

“干城学校”创立后，不仅要面对美国政府的审查，还要经受美国社会种族歧视的考验。当时，由于清政府的一系列军事失败和欧美社会对华人的固有偏见，加利福尼亚白人社会对华人存在普遍性的轻蔑和歧视。这尤其表现在对华人的爱国主义、尚武精神及其掌握现代军事技术能力的质疑方面。这种偏见和质疑妨碍了荷马·李对其军事构想的实现。他遂决定从实践和理论两个层面为中华民族具有“尚武精神”正名。

在实践层面，荷马·李利用干城学校的军事教育功能，设法促使加利福尼亚州政府允许干城学校学员持武器参加各种阅兵游行和典礼。一方面可以向美国社会展示教学成果，增强支持者的信心；另一方面也可以通过此类活动来增加干城学校的合法性。更进一步，荷马·李有意以阅兵操练

① Lawrence M. Kaplan, *Homer Lea: American Soldier of Fortune*, pp. 82-83.

为名，通过报纸杂志的报道和照片宣传干城学校的军事训练。1905年1月2日，荷马·李组织50名学员参加了洛杉矶的“玫瑰游行锦标赛”（The Tournament of Roses Parade）。当时，1904年随清王室贝子溥伦访美参加“圣路易国际博览会”的中国馆副监督黄开甲专程到洛杉矶考察干城学校情况。这50名干城学校军事学员遂在游行中担任黄开甲的护卫。荷马·李也因此名声大噪。①

在理论层面，荷马·李意识到，要获得美国白人社会对中国武装革命的支持，就必须破除西方对中国“老大帝国”和“东亚病夫”的偏见。改变的方法，便是论证中华民族的血脉中拥有“尚武精神”。此精神在当前只是由于各种原因被压抑遏制而无法彰显，遂造成列强环伺、国将不国的危机。有意振兴中华者，就需要找到激发全民族尚武精神的方法。

荷马·李于是开始研究中国历史。他参阅卫三畏（Samuel Wells Williams）和丁韪良（W. A. P. Martin）等人有关中国的汉学著作，希望从历史英雄人物的丰功伟绩中找到中国人的尚武基因并开发之。于是，唐宗宋祖、明太祖和康熙帝就成为他的崇拜和效仿对象。他还开始构思有关保卫中国、促使中国觉醒和研讨中国未来的著作。

从1905年到1912年逝世，荷马·李有关中国进步的努力主要在上述两个层面展开。从筹建干城学校，到订立“红龙计划”，再到跟随孙中山参加辛亥革命，他一直将参与和推动中国革命视为自己的重要使命。在革命实践受挫之时，他便蛰伏于创作，撰写有关中国和世界军事战略的著作，以期影响世人。

“干城学校”系统的建立和运作有赖于美国华侨对保皇会的资助，更有赖于康有为的认可和支持。其创立正值保皇会在海内外华人社会和国际舞台上声望如日中天之时。然而，随着时间的推移，保皇会的内部问题逐渐曝光。康有为的管理能力也遭受指责。这不仅导致侨界的质疑及其支持者的转移，更使干城学校遭到美国政府关注，最后停办。

导致干城学校受到怀疑的直接原因是康有为和梁启超在雇用美国白人训练维新军事人才方面举措失当。如前所述，梁启超访美期间曾任命美国投机者福近卜为将军，让他为保皇会培养军事人才。然而，福近卜并非真

① Lawrence M. Kaplan, *Homer Lea: American Soldier of Fortune*, pp. 84-85.

心投身中国革命，只是想借保皇会将军身份敛财。因此，除了一些组建所谓“中华帝国维新军”（Chinese Imperial Reform Army）的纸上方案外，他并没有更多实际行动。在荷马·李和保皇会的干城学校创立并造成一定社会影响后，福近卜有意鸠占鹊巢，掠夺荷马·李的工作成果。

更为糟糕的是，虽然福近卜的“中华帝国维新军”只是纸上谈兵，他和助手却从1904年5月起便通过美国报纸散播了在美国广招军官的消息。这迅速引起美国政府和清朝驻美外交机构的注意。一些有意报名的美国军官不断到清朝驻华盛顿领馆咨询招聘事宜。美国国务院也向中国公使梁诚询问此事。梁诚声称此事为欺诈。美国国务院遂下令美国邮政总局针对此事展开调查。[①] 1905年1月初，该调查延伸到荷马·李、干城学校和“中华帝国维新军”方面。据报道，美国特工处（United States Secret Service）处长约翰·E. 威尔基（John E. Wilkie）对“中华帝国维新军”进行了专门调查，认为该军事组织是旨在推翻慈禧太后的国际阴谋的一部分。保皇会则回应称：确实有遍布美国的华人训练机构，但它们只是从事教育改革的社会组织而已。[②]

1905年2月，康有为访问美国。3月15日，荷马·李及干城学校学员在洛杉矶迎接了康有为，将其护送至唐人街。荷马·李还安排了康有为与洛杉矶市长欧文·迈克阿礼尔在3月21日的会晤。

然而，几天之后，福近卜便开始想方设法试图获得康有为对其“维新军将军”身份的确认，以便从荷马·李手中夺取所有美国“干城学校”的控制权。为此，他请求旧金山保皇会长谭树彬和洛杉矶著名律师阿尔伯特·B. 霍奇基斯（Albert B. Hotchkiss）的夫人等人替他向康有为说项。同时，他和助手到旧金山和萨克拉门托的干城学校，声称自己才是维新军总指挥，并出示了梁启超的“将军”委任状。在他和助手到达洛杉矶干城学校前，荷马·李得到消息，命奥班尼翁将其拒之门外。

3月29日，《洛杉矶时报》发出康有为任命福近卜为维新军总司令的报道，说康有为在3月22日霍奇基斯的家宴上认可了梁启超对福近卜的任命。荷马·李大为恼火。而康有为本人并没有同意让福近卜取代荷马·李。康

---

① Lawrence M. Kaplan, *Homer Lea: American Soldier of Fortune*, p. 89.

② Lawrence M. Kaplan, *Homer Lea: American Soldier of Fortune*, p. 92.

有为读了该报道后，意识到事态的严重性，遂命秘书向《洛杉矶时报》和福近卜澄清误传，并与翻译周国贤一起向荷马·李解释。然而，康有为始终没能向荷马·李、福近卜和《洛杉矶时报》的记者解释清楚两人在保皇会中的头衔和地位。这迫使荷马·李在 1905 年 4 月 7 日与保皇会的部分成员拜见康有为，请其发表正式声明，确认荷马·李的身份并指明福近卜的“中华帝国维新军”为骗局。

荷马·李以辞职和退会为要挟，迫使康有为发表了声明。当晚，该声明的中文本被写在红纸之上，张贴于洛杉矶唐人街各处，并刊登在美国和亚洲的维新派报纸上。英文本则刊登在《洛杉矶时报》上。[①] 声明的英文本翻译如下：

致美国人民书

洛杉矶，1905 年 4 月 7 日

美国人民公鉴：

本人兹愿意声明，荷马·李将军为本人所任命而承诺之所有在美华人军事学校之唯一将军。本人并未任命有所谓“中华帝国维新军”之总司令将军或其他将军。此“中华帝国维新军”并不存在。如有冒称该军之总司令将军，或其他名位之人，应被视为诈骗者。

中国维新会会长康有为[②]

荷马·李在保皇会中的身份和职位虽然获得了康有为的通告认可。但他与福近卜的纠纷却使其“军人”身份受到美西政界和军界的质疑。美国陆军准将方斯顿（Frederick N. Funston）就曾公开质疑荷马·李的“将军”军衔，并拒绝参加后者计划于 5 月初在旧金山举办的宴会，以致荷马·李不得不取消该宴会。此外，美国媒体、政府、国民警卫队和军方也进一步怀疑“干城学校”为华人提供非法军事训练。[③]

① Lawrence M. Kaplan, *Homer Lea: American Soldier of Fortune*, p. 102.

② 姜义华、张荣华编校《康有为全集》第 8 集，中国人民大学出版社，2007，第 136 页；高伟浓：《二十世纪初康有为保皇会在美国华侨社会中的活动》，学苑出版社，2009，第 252-253 页。

③ Lawrence M. Kaplan, *Homer Lea: American Soldier of Fortune*, p. 107.

为了维护个人和保皇会的声誉，保护“干城学校”，荷马·李开展了大量公关工作。其中之一，便是陪同康有为及其扈从到美国各地进行宣传，阐明保皇会的宗旨和使命，争取美国社会的同情。同时，荷马·李有意借巡视美国各地的“干城学校”，巩固自己的领导地位。

1905 年 5 月 10 日，康有为与荷马·李一行离开洛杉矶。他们先后访问了圣路易斯、芝加哥、华盛顿、匹兹堡、巴尔的摩、费城、纽约、哈特福德、波士顿和纽黑文等城市。该周游访问持续了两个半月，沿途受到美国各地华人的盛情接待。其间，荷马·李在 6 月 15 日用老友《洛杉矶时报》出版商奥提斯（Harrison Gray Otis）的介绍信敲开了白宫大门，与西奥多·罗斯福总统见面，确定了 16 日康有为与罗斯福和署理国务卿弗朗西斯·卢米斯（Francis B. Loomis）的会谈事宜。次日，康有为、荷马·李、容闳与罗斯福在白宫会晤。罗斯福总统对保皇会的宗旨表示同情，并说可能修正《排华法案》中过于严厉的措施。康有为则表示愿以美国为楷模建设中国，并请总统协助促成中国学生到美国留学事宜。6 月 24 日，康有为在容闳的陪同下再次进入白宫，拜见罗斯福总统和国务卿海约翰。荷马·李没有参与此次会谈。容闳担任翻译。康有为与罗斯福深入讨论了美国的排华问题。康有为也向总统解释，说“干城学校”是中国人向美国学习的重要例证。数日后，周国贤向美国媒体发布声明，说康有为向罗斯福总统介绍了保皇会通过“干城学校”在美国各地为学员提供军事和英文教育的细节后，总统回应“好！”

荷马·李凭此判断，罗斯福总统不会干预他的计划。[①] 康有为则意在借与美国总统的会面和声明来给清廷施压，制造美国政府有意迫使慈禧下台和改变《排华法案》的舆论。7 月中旬，康有为一行访问哈特福德，荷马·李与容闳再次会晤并就相关事宜进行了商讨。[②]

然而，荷马·李与康有为交往的蜜月期并不长久。在多数华侨倾向反清革命的哈特福德，荷马·李与康有为的关系似乎开始疏远。他转而与容闳增加了接触。7 月 19 日，荷马·李离开哈特福德到纽约处理该市“干城学校”事宜。次日，康有为缩短哈特福德行程，赶赴纽约。两人在 7 月底

---

① Lawrence M. Kaplan, *Homer Lea: American Soldier of Fortune*, pp. 115-116.

② Eugene Anschel, *Homer Lea, Sun Yat-Sen, and the Chinese Revolution*, pp. 75, 79.

离开纽约，康有为继续在南北美洲各处访问，荷马·李则取道加拿大返回洛杉矶。[①]

在洛杉矶，荷马·李不得不面对美国政府的调查和福近卜对“干城学校”的破坏行动。为避免麻烦，“干城学校”的美国军事教官和华人学生纷纷退出。保皇会面临的各种舆论指控也日益增加。尽管荷马·李成功阻止了美国政府对“干城学校”和他本人提出正式法律诉讼，但他在1905年11月30日收到康有为从墨西哥给他发来的英文通知，该通知亦被刊登在同年12月30日的《旧金山纪事报》（*San Francisco Chronicle*）上。内容如下：

> 关于军队事宜，本人遗憾表明，因先生在加州汇报之新近问题，曾予以支持之华商团体确已解散。若无上述问题，华商及学员便不会退缩，吾等追求之目标当可成功实现。尽管余已多次劝其恢复支持，彼等仍不敢实行。
>
> 眼见先生着意推行之事业夭折，余深表惋惜。目前，因无收入来源，干城学校已不复存在。局势如此，余不得不痛下决定：先生之美国干城学校总裁职位即行终止，自本月起先生之月薪停发。
>
> 中国维新会会长康有为[②]

康有为取消荷马·李保皇会职务的通知虽然没有使各地的“干城学校”立即解散，但严重破坏了“干城学校”得以存在的基础。其后，随着美国革命和保皇两党斗争加剧、保皇会财政丑闻迭出和清廷公布“预备立宪”后保皇会改组为“帝国宪政会”等一系列事件发生，荷马·李的奋斗目标以及“干城学校”的办学宗旨与康有为的政治主张日益相左。此后，两人虽时有联系，终于分道扬镳。

失去了康有为和保皇会的支持，“干城学校”停办，荷马·李的革命实践不得不告一段落。他遂把精力转向著书立说，试图从理论层面论证能够通过军事现代化来拯救中国，并探索激发中国民族主义和尚武精神的方法。

通过与保皇会合作办学，荷马·李对中国民族性格的了解有所加深。

---

① Lawrence M. Kaplan, *Homer Lea: American Soldier of Fortune*, p. 123.

② Lawrence M. Kaplan, *Homer Lea: American Soldier of Fortune*, pp. 129–130.

在 1905 年 5 月 19 日的《圣路易斯邮讯报》(*St. Louis Post Dispatch*)刊登的该报记者以《希望率军成为中国拉法耶特的美国人》为名对他的访谈里，荷马·李阐明了投身中国改革并与保皇会合作的原因。这与后来他策划“红龙计划”的动机基本一致，即在社会达尔文主义思想指导下，他希望通过帮助中国进步来实现自我价值和美国的商业利益。他说：

> 我学习了军事科学。这不是由于我期望有朝一日能够从军，而是我热爱这门科学。我认识到，没有永远上升的民族，没有哪个强大的王朝不会因其军队堕落而失败。军事是，且应当是所有科学的基础，这是由于军事将人性发展到至善至美。
>
> 在慈禧太后软禁皇帝后，在她下令把除了康有为阁下之外的皇帝参谋们都砍头后，在发布改变千年成法的谕旨后，我访问了中国，亲身观察到这个伟大国家的需要。
>
> 我将中国这个国家视作一大面团。它需要的是酵母。该酵母正是西方的力量。我意识到自己可以为中国做出巨大贡献。我遇到一个朋友，他也是康有为阁下的朋友。
>
> 共同的朋友将我们带到一起。我愿意为他们工作，提议被接受了。我们一同研究和规划。我们认为中国的维新必须自其内部开始，但也必须有外部助力。“中华帝国维新会”即为提供这种助力而建立。
>
> 教育是基础工作。一年半前，我们的首所学校在加利福尼亚洛杉矶建立。现在全美国以之为模式的学校有三十所。他们与美国的军事院校并无不同。我们教授战术和其他科学。这些课程使学生成长。学生都是华人。教师和军官都是美国人。军装与美国相似，但有许多中国特色。
>
> 我们在中国和其他地方工作。在中国我们已经建立了两千所学校，但并不如我们的美国学校那样装备精良。
>
> 到太后去世、皇帝复位之时，中国的学校就会如同美国各地的学校那样按同样标准进行重组。我们必须坚持工作，直到那天来临。
>
> 尽管他们曾提出给我一大笔薪水，自与保皇运动发生关系起，我没有拿一分钱报酬，还担负着如下崇高使命，即设法将他们的皇帝从监狱中解救出来，以及带领 8 亿中国人民从黑暗走向光明，我认为接受

> 那笔薪水简直是犯罪。只有当皇帝复位之时，他的赏赐我才能够接受。
>
> 美国人应当对我们的运动感兴趣，这有两个原因。首先，从商业角度说，当贸易大门被打开后，美国就可以与占世界人口一半以上的中国人直接做生意。其后，就如同美国人一直夸耀的那样可以开展公平竞争。①

在上述思想指引下，荷马·李着手撰写有关中国的小说、戏剧、论文和著作。1906 年，荷马·李开始创作以中国为背景的带有典型东方主义色彩的小说《朱笔》（*The Vermillion Pencil*）。《朱笔》出版于 1908 年。在小说里，荷马·李用文学暗喻的方式表达了他对中国现状和振兴方式的看法。

《朱笔》故事梗概如下：

> 浙江前任巡抚泰林（Tai Lin）听下属说，后者在乡间偶遇的茶农之女歌声甜美且非常漂亮，于是设法将该女子娶为妻子（The Wife）。成为官太太的女主人公鄙视名利、意志坚强。她敦促丈夫多做善事、周济穷苦。后来，妻子有意学习，泰林遂请当地天主教会的主教派遣一名僧侣当妻子的老师。主教于是推荐了男主人公——一个布列塔尼传教士（The Breton）——到泰林家教授他的妻子。结果两人产生恋情，布列塔尼僧侣在内心矛盾的驱使下逃离巡抚家，躲避到乡间，去寻找明太祖留下的宝藏。一天晚上，他被乡邻叫到某个渔民简陋的茅屋里。其中躺着一个垂死的欧洲人。欧洲人去世之前，把自己的洪门徽章挂在了布列塔尼僧侣的脖子上。凭借这个徽章，他可以对各地洪门会党发号施令、一呼百应。其后，布列塔尼僧侣思念巡抚夫人，遂秘密潜回巡抚宅邸并同她私奔，藏到明朝建成的秘密据点——醒龙窟（Grotto of the Sleepless Dragon）中。巡抚到处寻找妻子并报官。负责此案的官员则依据律法判处通奸的巡抚夫人凌迟处死。后来，巡抚通过主教和法国领事得知两人的藏身之地。为了找到妻子，他被迫同主教达成交易，将自家花园让给主教作为教产。主教遂带该案主办官员到藏身之地抓住了巡抚夫人。布列塔尼僧侣则因治外法权和领事裁判权

① Lawrence M. Kaplan, *Homer Lea: American Soldier of Fortune*, p. 112-113.

> 不受中国官员管辖。巡抚夫人受审后依律当执行凌迟之刑。案件主办官员有意饶她一死，主教则坚持将其处死。法国领事也派军队保护法场。不得已之下，在行刑官朱笔就要挥毫动刑的瞬间，布列塔尼僧侣用自己的洪门徽章召集大众，高喊着“洪顺天”的口号冲进法场。洪门兄弟冲垮了法国士兵、官军四散。布列塔尼僧侣终于将夫人从凌迟的十字架上救下，两人拥抱相吻。①

《朱笔》的故事情节虽然简单粗糙，但荷马·李赋予小说人物以政治影射，从而用戏剧化的场景表达了他的政治思想。在这部小说里，巡抚夫人象征着勤劳善良的中国底层民众，坚强、柔弱而需要保护。巡抚和一众官员则代表腐败的清政府官僚体系，对内压制，对外软弱。天主教会的主教象征着欧洲教会，道貌岸然、言行不一、阴谋算计且贪婪腐朽。法国领事和海军士兵则代表列强政府，与清廷沆瀣一气欺压中国民众。洪门则是中国革命的中坚力量。他们有组织、有纪律、有力量，散布于中国各地，从事各种职业。只需要用明太祖洪武皇帝留下的“洪门徽章”来动员和激励，他们便能揭竿而起，改变时局。

“洪门徽章”则是中国民族主义和尚武精神的象征。谁能用这个象征来激发中华民族的团结和战斗精神，谁就能驾驭和利用洪门巨大的力量。布列塔尼僧侣则是荷马·李自况的救世英雄。他瘦高、安静，但有沉默的力量。他出于爱恋和热忱而决定献身拯救中国，最后通过激发中国人的尚武精神和民族主义击溃了腐朽的封建王朝和外国侵略。这正是荷马·李对拯救中国途径的形象描写。

除小说之外，荷马·李亦开始构思有关中国政治和军事史以及美国国防问题的著作，并撰写了相关论文。他于1906年夏天离开洛杉矶到长滩度假。8月初，他草拟了长达30章的著作《中国的再次觉醒》大纲。然而，他并没能实现全书写作，只是在1906年底之前写了个别章节。其中包括发表在1907年2月号《今日世界杂志》（*World Today Magazine*）的论文《中国能否一战?》（Can China Fight?）、未刊论文《保卫中国》（The Defences of China）和《新中国的红色黎明》（The Red Dawn of the New China）（1907

① Homer Lea, *The Vermilion Pencil: A Romance of China*, New York: The McClure Company, 1908.

年修订）。上述大纲和论文呈现了荷马·李对中国局势与革命的看法，在一定程度上可以展示“红龙计划”的指导思想。

在上述文章和著作大纲里，荷马·李驳斥了当时在欧美各国颇为流行的中国“东亚病夫”论，并分析了中国军力衰弱的原因。受自己亲身经历和少数长期生活在中国的西方人影响，他认为中国士兵的军事素质与西方士兵并无二致。清朝的军事衰弱实源自其军事政策、政体腐败和军官阶层精神的堕落。其中，取代明朝入主天下的清廷，出于维护政权私利以及提防汉人反清复明的考虑，刻意将作为中央直辖军队的八旗军与以汉族为主的绿营军区别对待是最主要的原因。长期以来，清廷系统性且具有针对性地逐步削弱汉族的尚武精神，迫使汉族军队和汉人将领附属于满蒙八旗。清廷只把绿营当作地方警察部队对待，主要负责地方治安和内部平叛，遂使绿营依附于地方，全无国家观念和军事爱国主义。更甚之，清朝的长期承平使政府官僚体系腐败加剧，作为国家军队的八旗军全无斗志、士气涣散。修文偃武的政策更使军官们镇日垂心于追名逐利，而缺乏军队必需的团队精神、荣誉感和捐躯疆场的理想信念。军官阶层如此精神面貌，士兵阶层受其指挥和熏染，自然毫无战斗力。①

荷马·李认为，欲解决清军军力衰退问题，从军事角度看就必须全面改革清朝军事体系。在他看来，采用现代军事装备和西式操法、受西洋教官训练的北洋三镇新军只是虚有其表，并非能够保家卫国的现代化军队。袁世凯因其练兵而获得的赞誉名不副实。除了新军武器装备五花八门、缺乏统一标准所暴露的不专业和营私舞弊外，北洋新军的最大问题，在于其仍被清军的恶劣传统所束缚：军官们没有军队必需的“战魂”——爱国主义、使命感、责任感、集体荣誉感和牺牲精神。士兵则缺乏忠诚感和国家精神的洗礼。现代武器和西方军操的移植并不能在北洋军中培养起军事理想主义。北洋官兵只是徒有现代军队的外壳，其灵魂和内心仍然被旧式污垢蒙蔽着。国家军队尚且如此，清帝国各地拿着“刀、矛、扇子和鸟笼”的地方军队就毋庸赘言了。②

---

① 荷马·李未刊论文《保卫中国》（1906年），*Joshua B. Powers Collection*，1876–1969，Hoover Institution Archives。

② 荷马·李未刊论文《保卫中国》（1906年），*Joshua B. Powers Collection*，*1876–1969*，Hoover Institution Archives。

欲改革清朝军事体系，就必须研究中国当前所处的局势和面临的危机。为了提出合理解释，荷马·李将中国王朝盛衰循环的历史现象同美国历史学家布鲁克斯·亚当斯的“文明盛衰论”和英国社会学家赫伯特·斯宾塞的社会达尔文主义结合起来。

布鲁克斯·亚当斯在1895年出版了名为《文明盛衰法则》(*The Law of Civilization and Decay*) 的社会达尔文主义著作。亚当斯在该书中表述了种族和国家的三阶段循环发展论，认为人类的所有种族和国家都必然经过扩散、汇聚和消亡的历程。斯宾塞则在《国家权力与个人自由》(*The Man versus the State*) 等书中根据社会内部组织结构把人类社会分成“军事社会”(Military Societies) 和“工业社会”(Industrial Societies) 两种社会形态。他认为强制性是“军事社会”的主要特点，社会各个部分都被强制合作、个体自由受限，要为整体利益服务。个体自由、自愿合作、自由竞争和自我控制则是“工业社会”的特征。社会合作依赖于个体意愿，整体为个体的利益而存在。作为自由个人主义者的斯宾塞认为人类社会如同单个有机体一样会发生进化。社会的进化会遵循由“军事社会”向“工业社会”演变的规律。

荷马·李接受了亚当斯的文明盛衰论和斯宾塞“两个社会”理论。然而，他参照中国王朝更替的历史把“文明盛衰论”改造为“文明盛衰循环论”，认为中华文明有顽强的生命力，从上古至现代已经经历了六次盛衰轮回，并未如其他古文明那样消亡。[①] 他虽然也把人类社会分为“军事”和“工商”两种模式，但他绝不接受斯宾塞“工商社会”比“军事社会”进步的观点，反而认为“工商社会”里的个人主义和自由主义是导致种族和国家退化的罪魁祸首。只有“军事社会”的集体主义、尚武精神和民族理想主义保持存在，才能抵御衰败。荷马·李说：

> 当尚武精神张扬时，我们会发现某些特质开始从人们身上凸显；而在该精神消亡时，特质是不存在的。其中包含：所有的个人主义——包括其目标和雄心——均完全服从于国家或种族的理想主义。

① 荷马·李的“中国盛衰循环论”，*Joshua B. Powers Collection, 1876–1969*, Hoover Institution Archives。

> 民族理想主义是无边宽广的，个人理想却是有限的；前者是有方向的，后者是自私的；前者使人升华，后者使人堕落。其中，骑士荣誉的崇高战胜了公证和契约的卑贱；后者的必要性仅仅是腐败的标志；当那种神秘而充满生命力的武德之火熄灭后，坏疽和腐蛆相应产生。因此，当整个国土都回荡着无尽的闲言碎语时，招魂社祭祀的灵魂却悲伤沉默，幽冥蜘蛛则在阴暗和被遗忘的角落里默默织网。

具体到中国，荷马·李将伏羲至光绪期间的5000多年的中国历史划分为六个阶段。每个阶段都包含一次国家兴盛和衰落周期。它们分别是：从伏羲至商朝灭亡；从周朝创立至南北朝结束；从隋朝建立到五代十国结束；从宋朝建立到元朝灭亡；从明朝建立到1670年；从1670年到19世纪初处于复兴阶段，从嘉庆朝起到当前处于衰落时期，尚未结束。其中，每个周期的结束和新周期的开始都是中国从衰落走向复兴的转折点。隋朝和明朝的建立是中国国运两大重要回归期。最后一次衰落，即从嘉庆朝至光绪朝的衰落，预示着中国国运的第三次重大回归期即将到来。[①]

荷马·李认为，造成上述六次中国国运兴盛和衰落的核心因素是中国人尚武精神的蜕变。在每一轮走向辉煌和衰败的过程中，尚武精神都经过三个独立发展阶段，也推动国力和文明达到高峰，进而被和平时期的新观念和新制度，尤其是商业主义所消解。随着一个朝代武德的消亡，其国运也日趋衰落。这三个独立发展阶段，首先是部族和民族为求生存而发展出的尚武精神，它普遍而最能够发扬民族的军事天赋；其次是国家和民族因对外征服需要而发展出的尚武精神，它能升华该国家的道德和力量；最后是维持版图和霸权所需之尚武精神。在这个阶段里，军事理想和军事效率让位给制度建设和商业主义。商业争端使英雄主义和献身精神日趋泯灭。在不知不觉中，赖以立国的道德和理想在利益争夺中崩坏，民族主义、荣誉感和责任感荡然无存，国家日益衰退。

经历了上述尚武精神蜕变三个阶段的大多数古代民族和帝国都最终沉沦了。中国却是例外。中国已经经历了六次轮回，并即将进入第七次轮回。

---

① 荷马·李的“中国盛衰循环论”，*Joshua B. Powers Collection，1876-1969*，Hoover Institution Archives。

对此现象，荷马·李认为，中国所处的地理位置和自然环境使其免遭巴比伦、亚述、埃及、希腊和罗马等帝国的命运。地理屏障和相对孤立的位置使古代中国得以延续。但19世纪以降，欧美的现代科学技术则突破了天堑限制，从东西南北各个方向侵略并意图肢解中国。只有中国人自己尚武精神的再度觉醒才可能承受住这次空前危机的考验。①

于是，如何激发中国人的尚武精神就成为荷马·李研究的重点。他认为清朝衰落的直接原因，是腐朽从朝廷内部开始发生，进而延伸到整个官僚体系和官场操守，再扩散到全社会。间接原因是中央政府集权的削弱和地方离心力的增长。造成尾大不掉之患有两个阶段：首先，是皇权旁落，许多原来属于中央政府的权力被各政治派系和各省篡夺，帝国成为一个由州郡组成的松散联盟；接着，是总督和巡抚的权力进一步削弱，直到清政权权威丧失，举国造反、天下大乱。清朝自嘉庆朝以降，内忧外患接踵不断。其间爆发地持续了十五年的太平天国起义几乎使清朝灭亡。对外战争的接连失败也使清朝国土沦丧、国威尽失。

在这样的情况下，要使中国复兴——荷马·李以为——西方各国所鼓吹的只有接受西方文明才能振兴中国的论调都是欺人之谈。不仅西方的上帝和宗教毫无用处，西方的科学技术和思想文化也难以使中国人觉醒。他说：

> 西方社会赞许有加的新政改革毫无意义、虚张声势、自欺欺人、不值一提。将改革这个词用在这些变化上是瞎扯。把引进某些西方传统和科学称为“改革”，只是西方自大虚荣的又一例证而已。只有采用他们的传统、工具和器械，西方人才能理解在缺乏此类因素的国家的所谓改革。这就如同只有以西方宗教作为媒介，才能使人类悲伤的祷告进入上帝的耳鼓那样。
>
> 事实是：引进西方所有知识并不能改革中国。西方与中国的改革毫无关系。另一方面，即使完全没有引进一丁点西方思想，中国也能够被改革。引进外国传统与改革腐朽国家之间没有丝毫关联。

① 荷马·李未刊论文《新中国的红色黎明》（1907年修订版），*Joshua B. Powers Collection, 1876-1969*, Hoover Institution Archives。

> 只有一种方式来改革中国。从前，中国人自己已经六次使用这种方式来从根源和枝节上剔除官场腐败了。把西方传统在中国官僚体系腐朽树墩上进行嫁接的尝试愚蠢的，它是基于嫁接将会使虫蛀树心重生、净化和注入新活力的幻想，是拖延症里最愚蠢的。于是，今天在那个古老的帝国，我们发现，腐败的可悲表演将其隐藏在被西方所乐道的"改革"的最纤薄的伪装之下。
>
> 中国需要的——缺乏之曾导致其他帝国从人类社会彻底消失——正是统治者的诚实。只此一样即可拯救中国。

也就是说，中国人需要按照传统进行自我革命，需要在一位类似秦皇汉武、唐宗宋祖、成吉思汗、明太祖和康熙帝那样具有雄才大略的英明领袖。在他的率领下，克服艰难困苦、剔除腐败文弱，激发人民的斗志和尚武精神以统一中国，建立雄武王朝。他加强中央集权，以武力驱逐入侵之列强。这样一来，尽管会付出血的代价，却能够实现国家和民族复兴。否则，中国要么被列强肢解并吞，要么成为日本附庸，要么在列强虎视眈眈的势力均衡之下，维持短暂和平、苟且一时。①

那么，雄才大略的中国领袖是横空出世，还是来自清朝执政集团？荷马·李分析了当时的情形。他非常同情光绪皇帝，认为他的变法"给其广袤帝国最黑暗的缝隙里注入些许希望微光"。但是，荷马·李知道，慈禧太后命不久矣。后党势必要在慈禧太后死亡前杀害光绪皇帝。清廷帝位空虚会引发天下大乱，英雄豪杰就有机会揭竿而起、驱逐鞑虏。退一步讲，即使光绪帝能够幸存，有机会继续变法维新，也许能够暂时控制内政，避免中国沦为日本和列强的附庸。但清朝的国运也不会延长超过一代人之久，必将灭亡。这个判断是他先后支持和追随康有为与孙中山的重要动因。

因此，大革命势不可免。中国需要为乱世和战争做好准备，需要创建一支有战斗力的军队，要对中国的国防进行整体规划。荷马·李在《保卫中国》一文里阐述了他的中国国防战略思想。

---

① 荷马·李未刊论文《新中国的红色黎明》（1907 年修订版），*Joshua B. Powers Collection*, 1876-1969, Hoover Institution Archives。

他强调，对于入侵的列强，中国只能以暴制暴，用武力应对侵略。无论是日俄还是英法，这些殖民国家要发动对中国的进攻，大致都会从三个方向开始：第一，进攻首都北京；第二，进攻华中地区，控制长江流域；第三，从列强各自在华租界和势力范围发兵。其中，日俄会从满洲出兵，德国会从山东出兵，英法会从两广和云南出兵。

为了有效应对这种局面，中国政府必须进行通盘规划，确立总体战略，将全国划分为五大战区。其中，加强中央集权，建立最高司令部和一支现代化的中央军与共同基地，完善中国五大战区之间的交通和通信联络是关键。

荷马·李所说的中国五大战区面向东方，以长江与大运河交汇处为中央战区（第一战区）。其北方战区中心在北直隶（第二战区），左翼是满洲（第三战区）；南方战区中心在福建省（第四战区），右翼在广州，顺东京湾延伸至云南（第五战区）。这五大战区有一个共同基地，即武汉三镇。武汉三镇是中国的军事和战略中心，通过陆路和水路交通网与其他战区连接起来，以便快速调动和转运军队。

荷马·李的战法是加强基础设施和通信建设，从而集中优势兵力，在五大战区打击敌人。他不认为传统的堡垒战术能够奏效，转而寄希望于开展以汽船和火车为依托的运动战，利用统一的军事体系和多战区防御系统有效调动军队，将入侵者逐个击破。

不过，荷马·李并不相信袁世凯的新军能够担负此保卫国家的重任。他认为新军只是徒有其表，金玉其外，败絮其中。他主张建立一支由中国士兵和美国军官构成的中央军，才可能以最快的速度构建足以保卫中国的国防力量。这一思路是其组建“干城学校”目标的延续，也是“红龙计划”军事方案的指导思想。①

虽然荷马·李对中国命运的关心促使他撰写了有关中国历史与未来的著作构想。但日俄战争对远东局势的改变以及日本获胜对西方造成的心理冲击使他把精力放在了《无知之勇》（日本译者翻译为《日米必战论》）和《撒克逊之日》两书写作上。对美国国防弱点和盎格鲁—撒克逊种族

---

① 荷马·李未刊论文《保卫中国》（1906年），*Joshua B. Powers Collection*，1876-1969，Hoover Institution Archives。

全球统治地位危机的揭示也有助于其获得西方社会和学界的关注，为荷马·李带来切实的名声和利益。因此，荷马·李并未实现他有关中国的著述。

1907-1908年，荷马·李专注于创作《无知之勇》，研究美日必将发生的旨在争夺太平洋控制权的战争。在荷马·李讨论亚太局势和美国军事软肋的时候，他将中国也置入美日战略冲突构想之中。这是荷马·李对中国局势研究的拓展。其构思与《中国的再次觉醒》一脉相承，甚至将《中国的再次觉醒》的部分章节和段落放在了《无知之勇》里。

荷马·李在《无知之勇》这本讨论亚太战略格局和美国对日防御缺陷的著作里，再次详细表达了他信仰的社会达尔文主义国家观和世界观，认为大自然有铁律主掌个体、民族和国家兴亡。一个国家的物质财富越雄厚、和平越持久、文明越灿烂，其所面临的战争危机就越大。盖因文明并不能改变人性。冲突和掠夺是人性与生俱来的重要组成部分。和平主义并不能消除战争，反而会因麻痹大意而造成军事力量失衡，进而导致冲突。关于此点，热爱和平的中国人的命运就是例证。当前，中国正为其持久的和平主义付出惨重代价。欧洲列强几个世纪以来对非洲和亚洲的残酷掠夺和剥削，以及近十余年美国对菲律宾人民反抗运动的血腥镇压都证明，哪怕最正当的道义与和平主义主张，也不能丝毫改变实力不平等造成的现实困境。因此，一个国家、一个民族要想在世间生存，就只能时刻保持警惕、准备战斗。尚武精神、民族主义和必要的军备都不可或缺。

荷马·李明确将日本视为美国的战略竞争对手，直接原因如下。首先，日本通过吞并琉球群岛、甲午战争和割占台湾使中国失去了争夺太平洋主导权的可能；其次，日本通过日俄战争和对满洲的控制使俄国丧失了进入太平洋的远东港口与通道；最后，英国与日本在1902年和1905年签署的《英日同盟协约》加强了日本对远东政治格局的影响力。英国开始削减其太平洋海军力量。包括荷马·李在内的许多美国军官和战略专家认为，日本崛起打破了亚太地区的军事平衡，形成了主宰太平洋的态势，对美国西海岸和美国在太平洋的势力范围构成严重威胁。美国太平洋海军力量的不足，以及美国西海岸防御准备不充分使菲律宾、夏威夷群岛、巴拿马运河、阿拉斯加和美国西海岸的富裕地区成为日本觊觎的对象。

除了上述地缘政治方面的直接因素外，荷马·李提出的“美日必战论”

还有经济和文化方面的说辞。荷马·李相当欣赏日本的武士道精神和军国主义思想。他受到主张学习日本维新变法的保皇会成员的影响，不仅认为君主立宪制要优于君主独裁制，更从日本以武力崛起和扩张的过程中看到自己崇尚的军事社会达尔文主义理论得到现实验证。他将日本的军国主义与美国的商业文化进行对比，认为对商业和贸易利益的锱铢必较及其衍生的个人主义和蝇营狗苟助涨了社会虚骄之气，构成了对美国尚武精神的重大侵蚀。荷马·李还把这种对比上升到种族竞争的层面，认为在亚太地区尚武的大和民族对重利的盎格鲁—撒克逊种族的生存造成威胁。两大种族为争夺太平洋控制权的冲突不可避免。

荷马·李非常忧心美国为维护其太平洋利益与日本在未来发生的武装冲突中会吃亏。于是，他一方面利用当时欧美社会非常流行的“黄祸论”（Yellow Peril），将该论说的部分观点和主张纳入自己的“美日必战论”里；另一方面，他将中国视为美国在亚洲可以扶助和支持以牵制日本的重要力量，认为振兴中国有助于重塑远东甚至世界格局，从而确保和巩固盎格鲁—撒克逊种族在亚太地区的利益。①

荷马·李关于维护盎格鲁—撒克逊种族全球霸权的思想在其1912年出版的《撒克逊之日》一书中得到系统阐述。他以如何用军事战略维护大英帝国的全球霸权为讨论对象，用种族冲突和国家对抗的分析方法研究盎格鲁—撒克逊种族及其代表国家（英、美）与黄种民族（日本）、斯拉夫民族（俄国）与条顿民族（德国、奥匈帝国、丹麦、荷兰）为争夺太平洋、亚欧大陆和大西洋主导权可能发生的战争。其中，当时在全球占有优势地位的大英帝国，在保卫不列颠本土的同时如何确保对印度、加拿大、大洋洲、中东和非洲殖民地的控制，成为荷马·李战略论述的重点。

荷马·李认为印度是英帝国作为海权国家得以获得全球霸权的支柱。以印度中部为中心，逐层向外构成了英属印度的战略防御圈。其中，第一圈以喀布尔、西藏、斯里兰卡和阿拉伯海为圆周；第二圈以亚丁湾、塞舌尔群岛、迪戈加西亚岛、新加坡和香港为海防半圆周；第三圈以桑给巴尔岛、马达加斯加、毛里求斯、印尼和菲律宾为半圆周；第四圈则以开普敦

① Homer Lea, *The Valor of Ignorance*, New York and London: Harper & Brothers Publishers, 1909, pp. 55–56, 69–71, 120–134, 149–155, 159–162, 171–177, 188–197.

和珀斯为外围。此外，还有两道战略三角防线：印度—喀布尔—德黑兰三角构成对抗俄国入侵的陆上防线、印度—塞得港—德黑兰三角构成了对抗德国进攻的陆海防线。①

在亚太和欧洲，荷马·李将日本、俄国和德国视为英帝国乃至撒克逊种族的竞争者。他分析，尽管日、俄、德三国存在竞争关系，它们之间竞争所能获得的好处要远远小于三国联合对抗和瓦解英帝国可能创造的利益。因此，三国迟早或分别、或联合挑战英国全球霸权。英国则必须依赖撒克逊种族之间的联盟，即与美国合作来应对这种挑战。

荷马·李遂逐项分析了日本、俄国和德国对英帝国及撒克逊种族霸权构成的战略威胁。

关于日本，他认为其将是亚太政治和军事平衡的破坏者。尽管目前有《英日同盟协约》作为亚太平衡的支柱，但英国利用与日本结盟来防止其他欧洲列强扩大在亚太利益的做法为日本坐大创造了条件。日本打败俄国后，俄国可能通过在中亚和南亚的扩张来寻求补偿，这必将给英属印度带来空前战略压力。如果俄国突破印度的防线，就可能造成大英帝国的瓦解。

日俄战争后，日本成为太平洋地区比英国更强大的军政力量。其政治和经济扩张将会构成对英国远东利益的威胁。日本作为新崛起的海权强国，改变了英国是世界上唯一拥有海洋霸权的岛国的现状。日本与亚洲大陆的地缘关系与英国与欧洲的地缘关系相同。因此，日本向太平洋扩张的目的和方式，可参照英国对大西洋的控制模式。同时，作为岛国的日本追求全球海权的方法也可能追随英国并与英国发生冲突。不同的是，日本在太平洋的力量要比英国在大西洋的力量更强。太平洋占据了世界三分之一面积，将取代大西洋成为世界海洋霸权的主战场。日本海军在太平洋的强大存在相对英国海军有无可比拟的优势。一旦日本帝国控制了太平洋，就将世界的三分之一纳入版图。因此，英帝国不仅在《英日同盟协约》中毫无所得，更为未来的冲突留下隐患。

虽然亚太地缘政治形势在日俄战争后发生了深刻变化。英帝国似乎

① Homer Lea, *The Day of the Saxon*, New York & London: Harper & Brothers Publishers, 1912, pp. 64-65.

还没有予以充分认知。俄国在东亚的扩张虽然得到遏制，但英国还没有采取行动在亚太构建新的权力制衡机制。这使日本在战后获得了一系列足以侵蚀撒克逊种族利益的战略要地和军事潜力，为其进一步扩张奠定基础。

不过，荷马·李认为，目前看来，虽然日本是采取向太平洋还是向亚洲大陆扩张的政策尚未完全明确，但大陆扩张的意图已经昭然若揭。如果日本在没有获得太平洋控制权的时候即着力于扩大帝国在亚洲大陆的领土——荷马·李强调——日本帝国的国运将会终结。

他的逻辑是，现代岛国霸权随着海洋交通技术的发展越来越基于其控制的海洋范围。因此，欲确保日本列岛安全，日本政府必须将帝国的海洋防线向东延伸至夏威夷群岛，向南拓展至菲律宾群岛。如果日本不能控制太平洋，其在亚洲大陆的领土也无法得到巩固、终将丧失。于是，日美战争将会成为日本的下一场战争。此战将决定日本帝国的国运。

接着，荷马·李指出，美国目前对日本的发展及其潜力无动于衷，反而沉浸在政党内斗之中；美国的种族因移民开放而变得日益多元化；对个人主义的考量远超国家福祉；社会对军人和士兵的轻视等问题都会促成美日战争的早日到来。如果美国对日作战失败，英帝国和美国的远东殖民地及其势力范围，包括威海卫、香港、新加坡、大洋洲乃至这些地方与美洲之间的联系，就会被旅顺口、朝鲜、日本列岛和台湾分割。此时，如果英国陷入欧洲或者印度战事，就无暇顾及亚太。英国在大洋洲的领土就会被日本并吞。

为了防止出现上述局面，英帝国和撒克逊种族就必须设法在亚太建立新的战略均势。除了英美在种族和文化上天然的“特殊关系”外，中国就成了荷马·李意下英美联合的对象。尽管长期以来，英国将有限支持中国作为防止其他欧洲国家在东亚扩张的筹码；美国也打着“门户开放”的幌子谋求在亚太均势中取利。中国的独立和富强并非英美政客所期待和乐见。荷马·李以为，同英日作为亚太天然的海权对手一样，传统陆权国家、地域辽阔的中国与俄罗斯帝国在亚洲大陆上也是天生的竞争者。英美撒克逊种族应当支持中国的发展。待到中国能够将其军事力量沿着铁路输送到国家的北部和西部边疆之时，就能有效抵御俄罗斯的扩张，从而减缓英属印度的压力。从某种意义上说，日俄战争后，尽管还有《英日同盟协议》存在，日本和俄国在亚太地区实际上已经成为结盟的理想对象。两国和两个种族联合起来，在东亚大陆和太平洋将阻碍其扩张的英美与撒克逊民族驱逐出去，将为日俄带来巨大利益。如果俄国占领印度，日本控制太平洋，撒克逊的全球霸权将会终结。因此，拥有亚太海权的撒克逊民族应该与可能获得亚洲陆权的中华民族相互支持。英美应当助力中国复兴，结盟以构建从西太平洋到中亚的政治和军事平衡。只是，处于衰退周期的中国能否承担此重任，尚未可知。①

关于俄罗斯这个欧亚帝国，荷马・李认为，从 17 世纪开始不断向西北、正西、正南、东南和东方扩张的沙俄目前在东西两侧正面临着日本和德国日益增强的威胁。不断扩张是好战的俄罗斯帝国的国策。对于俄国而言，战争失败只是帝国扩张的顿号。日俄战争之失败，其后续可能如同 18 世纪初俄国与瑞典的大北方战争纳尔瓦战役（Battle of Narva）和 19 世纪初与法国的奥斯特里茨战役与弗里德兰战役（Battle of Friedland）那样，暂时失利之后便是波尔塔瓦会战（Battle of Poltava）和莫斯科会战的俄国大捷。荷马・李相信，既然俄国的扩张意志难以撼动。其向亚太、中欧和中东的扩张受到日本帝国和德意志帝国的阻碍，必然会将矛头转向印度，成为撒克逊种族的灾难。如果俄罗斯可以从中亚和波斯突破英属印度的防线并占领印度，就能够获得印度—香港—新加坡这个地缘战略三角，从而在陆路和海陆上把东方与欧洲隔离开来。②

关于德意志这个后崛起的欧陆帝国，荷马・李认为是俾斯麦塑造了德国的思想和行为。德国继承了俾斯麦铁血政策里的伟大、残忍、求实，以及对正义的淡漠和国家至上主义。德国的扩张实质上是条顿种族的扩张。由于条顿种族被撒克逊种族紧紧包围，其与周边非撒克逊种族的摩擦终将危及英美。因此，德意志帝国的扩张将分成两个阶段。首先，是征服和控制其周边的非撒克逊国家；然后是获得和占据英国领地。英国只有在德国完成统一条顿民族共同体之前加以阻止，哪怕付出重大代价，才能保住自己的世界霸权。于是，英国保持欧洲各国的均势，尤其是设法保证丹麦、

---

① Homer Lea, *The Day of the Saxon*, pp. 82-98.

② Homer Lea, *The Day of the Saxon*, pp. 100-118.

荷兰和奥地利独立于德国，就成为战略必需。[①]

因此，在荷马·李对未来撒克逊与黄种日本、斯拉夫和条顿种族的生存竞争冲突构想中，为了解决制海权的局限性，英国必须保持对日本的海军优势，同时能有效保护印度，并确保对地中海、丹麦、荷兰和比利时的控制。撒克逊种族要在竞争中图谋生存，就必须实现以下七大目标。

> 其一，撒克逊帝国（英美）实现陆军和海军整合统一；
>
> 其二，将陆军和海军体系与领地和殖民地的治理体系彻底分离；
>
> 其三，在帝国所有撒克逊人中实施全面强制性兵役制度；
>
> 其四，所有陆军都按照远征军模式组建；
>
> 其五，陆军的规模和分布取决于对手的规模和分布；
>
> 其六，撒克逊种族的尚武精神和帝国战力应与向英国领地扩张国家的军事力量同时增长；
>
> 其七，随着各地人口增长，撒克逊帝国的军事和政治一体化必须向更集权的方向发展。

关于最后一点，实源自荷马·李对邦联制的深刻厌恶。他相信只有集权的中央政府适合于现代国家，地方分权的政治体系已经过时。[②]

荷马·李对“红龙计划”的筹谋就是在上述思想和理论的指导下酝酿和展开的，可以视为对其战略主张的实践部分。

1904 年《排华法案》无限期延长引发的中国抵制美货风潮是促成荷马·李提出为中国革命从美国资本家处筹款构想的直接因素。荷马·李认为美国商人在抵制风潮中利益受损，有修复两国关系的意愿。而与保皇会的合作使其在美国社会有了一定名气，似乎成为中国问题专家。1908 年底，他有意通过推荐，从罗斯福总统那里获得美国驻华商业代表职位，以便进入华南联系和资助反清力量。虽然未能如愿，他已经着手制订计划。他找到了洛杉矶著名的商人和社会活动家查尔斯·布思开展合作。

布思出生于康涅狄格州，曾在纽约的美国汇兑银行（American Exchange

---

① Homer Lea, *The Day of the Saxon*, pp. 119-146.

② Homer Lea, *The Day of the Saxon*, pp. 239-241.

Bank）任职。1892 年搬到洛杉矶。布思 1903 年曾担任美国国家水利灌溉协会（National Irritation Association）南加利福尼亚支部主席，1905 年成为协会会长，对农业大国中国的水利体系非常感兴趣。此外，布思还曾担任美国国家汽车公司副总裁、洛杉矶商会会员和许多工商界和政府名流都加入的著名的加利福尼亚俱乐部会员。他曾利用个人关系促成罗斯福总统与墨西哥总统波菲里奥·迪亚斯（Porfirio Díaz）就解决两国水权问题开展的磋商。早在 1905 年 5 月，布思即经荷马·李介绍与康有为在圣路易斯会面，两人可能讨论了中国的农业问题。1908 年初和同年 9 月，布思有意再与康有为会晤，遂向荷马·李询问康有为的行踪。荷马·李趁机将自己赴华任职、在美筹款和发动中国革命的构想告知布思，希望布思能够助一臂之力，并趁此机会获得丰厚的投资回报。[①]

布思起初有所疑虑，在荷马·李的劝说下，终于同意帮后者进行组织联络和筹资工作。他一方面设法托人向塔夫脱总统说项，请其任命荷马·李为美国驻广州领事，以便开展相关活动；另一方面，通过荷马·李介绍，与居住在哈特福德的容闳建立联系，以便借容闳之力获得中国反清会党力量的支持。[②] 布思与容闳建立联系后，便在 1908 年 10 月中旬赴华盛顿、纽约和哈特福德，同艾伦和容闳会晤并达成共识。[③]

荷马·李之所以寻求与容闳而非康有为合作。原因有三：其一，康有为和保皇会因一系列丑闻大失海外华人拥护之心，华侨日益支持革命；其二，经过“干城学校”事件，康有为对发动武装起义保皇的做法失去兴趣和支持，荷马·李与康有为之间的合作关系也因政见不同而终止，两人分道扬镳；其三，“红龙计划”是革命方案，旨在推翻清朝、恢复中华。这与保皇会的宗旨完全矛盾。基于上述因素，荷马·李遂转向同情革命的容闳，谋求后者的支持。

有了布思、艾伦和容闳的帮助，荷马·李把自己在“红龙计划”中的

---

① Key Ray Chong, *Americans and Chinese Reform and Revolution*, 1898-1922, pp. 112-113; Eugene Anschel, *Homer Lea, Sun Yat-Sen, and the Chinese Revolution*, pp. 115-116; Lawrence M. Kaplan, *Homer Lea: American Soldier of Fortune*, p. 146.

② 1908 年 9 月 21 日 荷马·李致布思，*Charles Beach Boothe Papers*, 1850-1976, Hoover Institution Archives。

③ 1908 年 10 月 5 日 荷马·李致布思，1908 年 12 月 4 日 容闳致荷马·李，*Charles Beach Boothe Papers*, 1850-1976, Hoover Institution Archives。

分工确定在制定军事计划方面，同时忙于撰写著作和出版事宜。由于荷马·李遗命销毁了大部分相关文件，从现存资料看，1909 年上半年，荷马·李草拟了“红龙计划”反清革命的成本估算文件，并与布思和艾伦进行了交流。

从荷马·李的武装起义计划看，他是支持容闳从广东开展革命的主张的。其所计划的总共包括 15530 名士兵（内含 9950 战斗人员和 3780 非战斗人员）的起义军队并不足以支撑艾伦在全中国同时发动起义、遍地开花的方案。此外，荷马·李还为这 15530 名士兵配备了 500 名军官。按照他的一贯构想，这些军官将从美国退役军官中选拔。在革命持续时间方面，荷马·李估算的军饷支付时段为 10 个月。兵种方面，起义军包括步兵、炮兵、机枪兵、工兵、信号兵、医疗兵和运输队。其中，步兵编为 6 个步兵团，每团 1400 人，总计 8400 人，单兵配备步枪、刺刀、2 套咔叽布军装、2 副绑腿、2 双军鞋和 1 套军被；炮兵分 7 队，总计 1400 人，分别装备 12 门 7.5m 野战炮（2 队共 400 人，发射开花弹和普通弹）[①]、12 门 7.5m 口径山炮（2 队共 400 人，发射开花弹和普通弹）、12 门轻炮（Poon Poon，2 队共 300 人，发射普通弹和钢弹）和 4 门榴弹炮（1 队共 300 人），以上每门炮配备炮弹 400 发；机枪兵 6 队，每队装备 2 挺机关枪，共装备 12 挺，总计 150 人；1 支工兵团，总计 480 人；3 支信号兵队，总计 150 人；1 支医疗兵队，总计 150 人。运输队总计 3000 人，并配备汽船 1 艘。

财政预算方面，荷马·李计算，15530 名士兵个人装备需要 72 万美元；500 名军官个人装备需要 7.5 万美元；购置火炮需要 16.78 万美元；购置炮弹需要 15.7 万美元；购置一艘汽船需要 30 万元；军官每人每月工资 100 美元，500 人 10 个月共计需要 50 万美元；士兵军饷每人每月 5 美元，全部士兵 10 个月共计需要 75 万美元；伙食等给养每人每天 10 美分，全部人员 10 个月共计需要 45 万元；工程和信号兵部队装备需要 7.5 万美元；运输队装备需要 5 万美元。以上总计需要军费 32.45 万美元。[②]

---

① 荷马·李手稿原文如此，似应为 75mm 口径火炮，下同——译者注。*Charles Beach Boothe Papers*, 1850-1976, Hoover Institution Archives。

② 1909 年 2 月 3 日 布思致艾伦，荷马·李“将军”对反清革命的成本估算（1909 年夏），*Charles Beach Boothe Papers*, 1850-1976, Hoover Institution Archives。荷马·李就“红龙计划”所需士兵和装备的估算草稿存在计算错误，本书遵从原文手稿，未做改动。

以上324万余美元军费成为布思、艾伦和容闳评估"红龙计划"筹资额度的主要参考。其后，容闳和艾伦交流不畅，对美国人的意图亦有所怀疑，遂向荷马·李和布思推荐了孙中山。荷马·李与孙中山的合作正式开始。

1909年秋，孙中山赴美为革命筹款。他在美东与容闳会晤，后者向其讲述了"红龙计划"并请荷马·李和布思到美东与孙中山协商。由于荷马·李健康状况不佳，布思也因事务繁忙难以抽身，孙中山遂在1910年初赴加利福尼亚，分别于2月和3月同荷马·李和布思在荷马·李的长滩寓所和附近旅馆两次会面，讨论并共同制定了《长滩协议》。

由于《长滩协议》文本已经被荷马·李和相关参与者销毁，其大致内容只能从几人之间的后续通信中判断。此外，《长滩协议》应当与容闳和艾伦之前拟写的《筹款计划》《筹款计划（1号修订案）》有承续关系。

《长滩协议》要点大致如下。

其一，孙中山加入"红龙计划"，"红龙计划"将对孙中山的反清革命提供支持。

其二，"红龙计划"将为中国的反清革命从美国筹款500万美元，孙中山和同盟会发动起义可以使用该贷款。

其三，革命成功后，革命政府将以岁入和关税等归还贷款，并向参与贷款的美国资本家让渡在华资源开发专属权、银行开办权和货币发行权等。荷马·李、布思、艾伦和容闳等人亦将获得丰厚的财政报偿。

其四，中国同盟会任命布思为"中国同盟会驻国外全权财务代办"，并颁发同盟会各支部领导联署之中英文委任状。

其五，革命成功后，将建立共和政府，孙中山担任临时政府总统。其内阁将纳入"红龙计划"参与者，荷马·李将出任临时政府陆军参谋总长，直至正式政府成立。

其六，在"红龙计划"筹款事宜完成前，孙中山当约束国内反清力量，不得轻举妄动，以免破坏美国投资者对中国革命领导能力、组织能力和协调能力的信心。孙中山则提出，如果到1910年冬天筹款事宜仍未能实现，他将采取独立行动，《长滩协议》相关条款亦将予以修订。①

① Lawrence M. Kaplan, *Homer Lea: American Soldier of Fortune*, p. 160; Eugene Anschel, *Homer Lea, Sun Yat-Sen, and the Chinese Revolution*, pp. 137-141.

虽然孙中山离美后按照协议向布思颁发了委任状，设法说服同盟会各派暂停起事活动，并屡次催促荷马·李和布思尽快汇款，但布思和艾伦的筹款活动并无进展，荷马·李也将精力投入向美国政界和军界推销自己《无知之勇》所持观点的社会活动中。1910 年 12 月 16 日，由于美方资金始终无法到位，孙中山不得不按照约定在赴欧筹款途中发函告知荷马·李和布思：因美方筹款承诺未能落实，他不得不另寻他法，并尽快发动起义。不过，孙中山仍希望布思与荷马·李能够帮同盟会筹集革命资金。[①] 1911 年 4 月，同盟会在广州发动黄花岗起义。美国资本界得到起义失败的消息后，对投资中国革命风险过高地评估得到印证。这使荷马·李、布思和艾伦的筹款行动难上加难。

不过，健康状况日益恶化的荷马·李一直与孙中山保持书信联系，并支持孙中山的革命行动。1911 年 6 月，他同意了孙中山推荐的日本友人池亨吉翻译和出版日文版《无知之勇》的请求，并慷慨决定将版税用于资助中国革命。同月，荷马·李与孙中山在洛杉矶再度秘密会晤。两位革命者进行了深入交流并计划于 1912 年 3 月在中国发动反清起义。荷马·李向孙中山讲述了他在《撒克逊之日》里提出的盎格鲁—撒克逊民族在亚太地区协助与联合中华民族抵抗日俄扩张的地缘战略构想，并提出自己愿意向英美政要建言，说清廷即将倒台，英美政府应改变所谓“门户开放”政策，深度介入中国事务，通过支持中国民主革命和孙中山建立共和政府来获取各自的利益。孙中山则承诺，革命成功后将委派荷马·李制定新中国的外交政策。[②]

会晤后，6 月中旬，荷马·李从洛杉矶启程赴华盛顿，拜见美国政要，尝试说服其支持中国革命。根据报道，他拜访的政要中包括前国务卿、参议员罗脱（Elihu Root）和陆军部长亨利·史汀生（Henry L. Stimson）。虽然两人都对中国的独立和自治要求表示同情，但均坚持美国政府承认清廷和塔夫脱“金元外交”基于门户开放和机会均等的原则，认为美国政府不能向孙中山和同盟会提供任何形式的援助。相关事宜还要

---

① 1910 年 12 月 16 日 孙文致布思，*Charles Beach Boothe Papers*，1850－1976，Hoover Institution Archives。

② Lawrence M. Kaplan，*Homer Lea：American Soldier of Fortune*，p. 166.

静观事态发展。①

荷马·李随后经纽约于1911年7月抵达德国威斯巴登（Wiesbaden）疗养并继续与孙中山通过书信来策划革命。同年10月10日，武昌起义爆发。可能受到荷马·李撒克逊与中华民族联合论及其亚太战略构想的影响，在美筹款的孙中山没有立即回国，而是准备赴伦敦寻求英国政府支持中国革命。他从美国发电报给尚在威斯巴登的荷马·李，让他火速赴伦敦协助自己开展对英外交。荷马·李得信后于10月18日启程赴伦敦，尝试通过自己在伦敦政界的熟人为孙中山敲开对英政治协商之门。

荷马·李在伦敦萨伏伊宾馆（Savoy Hotel）落脚后，立即与他认识的英国军界人士和保守党成员联络。其中包括英国陆军元帅罗贝尔勋爵（Field Marchal Lord Roberts）、袁世凯的私人朋友查尔斯·布莱斯福德勋爵（Lord Charles Beresford）和约翰·辛克莱尔爵士（Sir John G. Tollemache Sinclar）。他想通过他们的引荐拜访英国首相赫伯特·亨利·阿斯奎斯（Herbert Henry Asquith）和外交大臣爱德华·格雷爵士（Sir Edward Grey），设法促使英国政府和议会支持孙中山和中国革命，向革命党提供贷款。然而，执政的自由党（工党）政府正和在野的保守党进行激烈的党派斗争。荷马·李的保守党朋友并不看好荷马·李为孙中山争取贷款的努力。

随着辛亥革命形势的发展，孙中山推翻清政府的信心倍增。谋求列强承认革命政府并提供财政贷款成为其外交活动的核心目标。荷马·李一面与英国政界联络，一面致信美国前国务卿罗脱，希望他能设法说服塔夫脱总统和菲兰德·C. 诺克斯（Philander C. Knox）国务卿立即向革命党提供支持。然而，英美政府基于各自国家利益考量，对中国革命采取了观望态度。如果清廷垮台，他们有意支持的是中国的实力派袁世凯而非孙中山。因此，英国首相和外交大臣拒绝接见前来伦敦协商的革命党领袖孙中山。

不过，罗贝尔元帅本人愿意与荷马·李和孙中山会商中国局势，他还介绍上议院议员、前英属印度总督寇松（Lord George N. Curzon）与孙、李会谈。②

---

① Lawrence M. Kaplan, *Homer Lea: American Soldier of Fortune*, p. 167.

② Letter to Lord Roberts, Nov. 7, 1911, Box 4, *Joshua B. Powers Collection*, 1876-1969, Hoover Institution Archives; Lawrence M. Kaplan, *Homer Lea: American Soldier of Fortune*, pp. 168-172.

1911年11月11日，孙中山抵达伦敦，亦入住萨伏伊宾馆。他同荷马·李会商后，制定了四项对英外交目标：止绝清廷一切借款；制止日本援助清廷；取消1896年颁布的英属马来亚和香港政府对孙中山的放逐令；为革命政府向汇丰银行借款一百万英镑。孙中山遂请荷马·李代约四国银行团主任，磋商相关事宜。荷马·李也成功说服他的朋友马克沁机枪制造厂（Vickers, Sons, and Maxim）负责人道生（Sir Arthur Trevor Dawson）爵士为孙中山提供协助。11月14日，道生拜访英国外交大臣格雷，进行陈情并呈递了荷马·李与孙中山共同草拟和签署的英文信函，全文如下。①

1911年11月13日

孙逸仙医生，

荷马·李将军，

孙逸仙方面有意与大不列颠和美利坚合众国组建盎格鲁—撒克逊联盟。他们目前正通过罗脱和诺克斯参议员与美方紧密接触。

荷马·李将军是只听命于孙逸仙的总参谋长。

中国目前有21镇经过训练的士兵，其中12镇由孙逸仙掌控，3镇敌对，6镇中立。

有3万到4万中国受到过最良好教育的学生宣誓效忠孙逸仙，许多秘密组织——总人数约有3500万人——宣誓加入革命党，以孙逸仙为大总统。

孙逸仙需要英国政府给予友谊和支持，他愿意遵照英国政府的建议行事，也愿意为此接受英国政府任命一政治代表充当其幕僚。

一旦革命党掌权，孙逸仙担任大总统——他认为实属必然——他同意与英国政府和美利坚合众国政府缔结协议，英美可凭此协议获得所有其他国家享有之最惠国条款。

他亦愿意将新建海军置入英国军官指挥之下，听其号令。

至于中国可能与日本达成之任何协议，新政府愿意在英国政府建

① 罗刚编著《中华民国国父实录》第2册，正中书局，1988，第1537-1538页。

议之下运作。①

然而，格雷并没有接受孙中山的提议。② 英国政府已经决心支持袁世凯。荷马·李在伦敦军界鼓吹中英美联合的构想之后，随孙中山于11月20日赴巴黎，尝试说服法国政府和商界为中华民国提供支持。努力无果后，他们于11月24日从马赛搭乘马瓦（Malwa）轮回国。途中，荷马·李与孙中山详细讨论了筹建中华民国临时政府事宜。二人充分交换了意见并达成共识。

他们于12月20日抵达香港时，受到时任广东军政府大都督胡汉民、廖仲恺、宫崎寅藏、邓慕韩和黄隆生等人的热情欢迎。在香港，荷马·李对外宣称他是“粤军少将”，并赴美国驻港领事馆向领事安德生（George Anderson）告知孙中山未来计划。安德生随即与孙中山等人会谈，与荷马·李共同草拟了一份发给美国国务院的声明电报稿。此声明并经孙中山等人审阅。电报声明部分内容如下。

> 吾等将赴上海组织成立临时政府，孙逸仙担任大总统，并委任内阁及督抚。荷马·李为参谋长，将负责与清室谈判，要其放弃全部统治权力。清室可保有全部原有之私产，皇族享有供养金。临时政府首先恢复和平，随即召开制宪大会。若有必要，吾等可请美国总统向清廷居间调停，但除上述条件外再无承诺。吾等将从现职官员外另选最优秀之临时政府官员。临时政府拥有军队。与美国不同，正式政府将为高度集权之共和政府。吾等将聘请美国著名法学人士协助制定宪法。③

12月25日上午，孙中山、荷马·李一行抵沪。荷马·李作为陪伴在孙中山身边的唯一白人，被称为“美国陆军大将”，受到革命者们的重视，同时也受到怀疑。由于对荷马·李不了解，临时政府外长伍廷芳就曾向孙中

---

① Sun & Lea to Grey, Nov. 13, 1911, Box 4, *Joshua B. Powers Collection*, 1876 - 1969, Hoover Institution Archives。

② 吴相湘：《孙逸仙先生传》，下册，远东图书公司，1982，第983-984页。

③ Lawrence M. Kaplan, *Homer Lea: American Soldier of Fortune*, pp. 176-177.

山提出，请他尽快促使荷马·李离开中国。荷马·李则在采访中向上海英文媒体宣称自己是民军参谋长，负有为革命军聘请英美军官的任务。荷马·李的言论和行动很快引起美国驻沪总领事维礼德（Amos P. Wilder）的注意。他上报美国驻华公使嘉乐恒（William J. Calhoun），认为荷马·李违反了美国禁止国民参与海外革命活动的法规。嘉乐恒遂于12月28日向美国国务院汇报此事。美国驻沪副领事纳尔逊·詹森（Nelson Trusler Johnson）也警告荷马·李，明确告知如果他继续支持革命党，有可能被美国政府逮捕、审判，甚至处以死刑。[①]

美国驻沪领事馆官员也对上海英文报纸《大陆报》记者说：“自民军起义后，美国的态度是严守中立，严禁本国公民干预其事。在事前严加防止，以免事后惹起国际纠纷。并严正宣布依照美国法律，荷马·李的行为，是法律所严禁的，违者则罪在不赦。”

荷马·李对美国领事馆的警告非常愤怒，他也向《大陆报》发表声明，说：

> 我来中国参加中国革命，是我个人的行动，与美国政府毫无关系。外间称我为大将，不过因我曾为中国的康有为、梁启超等改良派人物组织过保皇军，并不是美国的现役军官，自无受美国军律限制的必要。我参加中国革命政府的行为，是以个人资格参加，是以实行人道主义为宗旨。今日中国数万万人民正受虐于专制暴政之下，我岂能坐视不救、袖手旁观？我应中国革命人民之邀，前来中国，是在解脱他们于暴政之下，而免沉沦。我是一个世界正义的拥护者。当墨西哥革命，我也参加策划。美国军官之参加墨西哥革命的人数很多，美国政府从来未加干涉。我今次来华参加革命，岂有可以干涉之理？[②]

1912年1月1日，荷马·李出席了南京的孙中山临时大总统就职仪式。其后，他以“孙中山军事顾问”和“美国陆军大将”的名号参加了一些民军活动。但日益羸弱的身体无法支撑他的革命豪情。2月11日，荷马·李

---

① Lawrence M. Kaplan, *Homer Lea: American Soldier of Fortune*, pp. 178-179.

② 黄季陆：《国父军事顾问——荷马李将军》（初稿），“国史馆”，1969，第15页。

骑马阅兵时突发脑出血，几乎丧命。休养一段时间后，他不得不遵照医嘱，于同年4月12日搭乘春洋丸（Shinyo Maru）从上海启程返回旧金山。其后，他在圣莫尼卡（Santa Monica）的一所面对大海的小别墅里休养。此时，他的《撒克逊之日》即将出版。他开始构想另一本以社会达尔文主义为指导思想的书。该书讨论民主制度在世界传播造成的灾难。他认为民主原则就是孱弱原则，是力量的分散和瓦解原则。撒克逊民族正因为采用了民主制度而日益柔弱。

荷马·李在美国一直与孙中山保持书信联系，向其提出建议。1912年8月中旬，民国中将蓝天蔚赴欧美考察，途经洛杉矶。他专程拜访老友荷马·李。二人讨论了中国革命形势。荷马·李表明自己有意返回中国担任孙中山的军事顾问。1912年10月13日，孙中山给荷马·李发信，希望能在两个月后与其在巴黎会晤。[①] 然而，1912年10月27日夜，荷马·李脑出血复发，最终于11月1日病逝于圣莫尼卡寓所。

荷马·李去世的消息传到洛杉矶唐人街后，美国“中华总商会”（Chinese Chamber of Commerce）、“洛杉矶华裔美国人公义促进联盟”（Chinese - American League of Justice of Los Angeles）和“华人保护会”（Chinese Protective Association）三大华人组织开会，向荷马·李家人表示慰问。会议声明称赞荷马·李“将大部分生命与力量贡献给把中国从清朝压迫中解放的事业，他的逝世是对全世界中国人的沉痛打击”[②]。

孙中山则是从报纸新闻上得到荷马·李去世的消息。他于11月14日致信荷马·李遗孀埃塞尔，痛陈：“李将军去世，余失一挚友矣！”[③]

3. 孙中山——寻求英美政商支持中国革命

从1909年12月参与“红龙计划”到辛亥革命爆发后与荷马·李共赴欧洲对英法政府开展协商，孙中山在欧美外交活动的宗旨是寻求列强政府和社会支持中国革命，其至要者乃为反清革命运动筹款。就此而言，海内外学界有关孙中山与辛亥革命的研究著作汗牛充栋。本文不予重复。

---

① 1912年10月13日孙文致荷马·李，*Joshua B. Powers Collection*，1876－1969，Hoover Institution Archives。

② Lawrence M. Kaplan, *Homer Lea: American Soldier of Fortune*, pp. 186－187.

③ 1912年11月14日孙文致荷马·李夫人，*Joshua B. Powers Collection*，1876－1969，Hoover Institution Archives。

不过，在孙中山与荷马·李等人共同把“红龙计划”的纸上谈兵推进至辛亥革命的政治和外交实践这一进程里，有两个问题值得加以深度解析。

其一，荷马·李的社会达尔文主义和军国主义思想对孙中山“三民主义”中“民族主义”构建的影响。

其二，荷马·李全球战略理论，以及他推动中国（中华民族）与英美（盎格鲁—撒克逊种族）联合的战略对辛亥革命时期孙中山全球政治观的影响，尤其是在孙中山开展对列强外交和争取外援时有关中国主权和利益考量的影响。

对上述两个问题的解析实质上构成了评价“红龙计划”的理论基础。荷马·李有关中国革命的理论构想，正是通过参与孙中山的革命活动来验诸实践。孙中山在辛亥时期的革命行动及孙中山对民国共和体制建设的构想，亦相应受到荷马·李思想和理论的影响。本文即着重研究辛亥时期孙中山的民族主义思想、军事观及其对国际格局的判断和外交战略与荷马·李的关系。

辛亥革命之前，孙中山的民族主义表现在中国内政和外交两个层面。在处理中国内部问题时，其民族主义大致经历了以下发展阶段。首先是甲午战争失败时兴中会发动广州起义，谋求通过革命方式推翻清政权以开展中国政治和经济现代化改革，[①] 此时孙中山的民族主义是以“反清”为宗旨；然后是戊戌政变尤其是清廷利用义和团运动导致八国联军入侵中国时，孙中山联合日本革命者发动惠州起义、谋求华南独立以救亡图存，当时“反清”和“救亡”是其民族主义的宗旨；1900-1905 年，受日人中国观、与保皇会论战尤其是章炳麟“种族革命论”的影响，孙中山开始明确强调“排满兴汉”和“驱逐鞑虏、恢复中华”，把中国面临的所有问题归结到必须推倒清政府方面，阐述革命党乃追求“倒满兴汉”，保皇会则追求“扶满臣清”，两者根本不同之处在于民族观方面；[②] 1905 年 8 月同盟会成立至辛亥革命爆发，“驱逐鞑虏、恢复中华；建立民国、平均地权”成为孙中山的革命宗旨，他在 1905 年 10 月《民报》“发刊词”里发展了“三民主义”理论，把“排满”进一步限定在推翻清廷和清政府，以平民革命方式建立

① 吴相湘：《孙逸仙先生传》下册，远东图书公司，1982，第 121、222-224、399 页。

② 吴相湘：《孙逸仙先生传》下册，远东图书公司，1982，第 306-307、341-342 页。

“中华民国”国民政府方面；[①] 辛亥革命爆发、中华民国临时政府成立后，孙中山在就职宣言里将民族主义思想完善，明确了构建统一“中华民族”的“五族共和”思想：“国家之本，在于人民。合汉、满、蒙、回、藏诸地为一国，即合汉、满、蒙、回、藏诸族为一人——是曰民族之统一。”[②] 其后，他又将“五族共和”发展为“多民族共和”。此为孙中山对内民族主义思想之发展脉络。

对外方面，辛亥之前孙中山外交民族主义主要聚焦在国际舞台上阐述汉民族应拥有中国政治之主导权、中华民族应拥有国际生存权、民主共和制度适用于中国和列强应维护中国主权和利益四大方向。其必须应对的，则是甲午战争清军战败和庚子事变导致的中国面临列强瓜分的国际环境，以及日本崛起带来的亚太地缘政治格局改变这一现实。

上述孙中山外交民族主义四大方向的共同目标是为中国革命谋求外部支持。因此，如何在帝国主义和种族主义肆虐的欧美社会为被蔑称为“东亚病夫”的中国人正名，伸张华人谋求独立自主和进步发展的权利，就成为工作的重点。然而，在英美，尤其是美国，由于外交政策、制度性种族隔离和种族歧视政策的障碍，文化隔膜以及孙中山本人作为清廷通缉犯的身份限制，他不仅无法找到与英美军政要人建立联系的渠道，甚至难以获得英美大众的了解和同情，以及两国工商业者的认可与支持。孙中山只能利用一些突发政治事件——如在伦敦被清朝驻英领馆拘捕和日俄战争等——通过英文媒体向英美社会就自己的政治主张进行有限说明。这同孙中山与日本军政界的关系形成对比。其背后的动因则是英美日三国不同的对华战略。

因此，孙中山对英美的外交民族主义阐述必须与当时英美社会对华语境相适应。他的论说策略，是从基督徒的角度将晚清中国置入世界各国后进者行列，虽然一时疲弱衰败，但华人（汉人、中国人，英文均用 Chinese）本质上具备进步的潜质和能力，主要障碍则为异族主掌之清政府。清廷为维护其专制和特权，肆意打击人民的进步意志和向西方先进国家学习的意愿，以使其腐败堕落的官僚体系得以苟延残喘。西方对中国的专制、

① 吴相湘：《孙逸仙先生传》下册，远东图书公司，1982，第 482-486、513-517 页。

② 吴相湘：《孙逸仙先生传》下册，远东图书公司，1982，第 1005 页。

野蛮、停滞、贫穷和落后等成见，实由清政府之政策造就。只有全面改革或者推翻清政府，才能使中国人真正摆脱桎梏，学习西方文明，建立某些欧美人士所希望的西式现代国家。[①]

孙中山在甲午战争失败尤其是庚子事变后发出的类似革命话语虽对中华文明自我革新和与时俱进的能力略显信心不足，也对某些欧美人士主张的中国进步之路尚未结合实际予以辩证认知，但其论述已经表现出受到社会达尔文主义国家、民族竞争和进步观的影响，认识到全球殖民高峰时期西方流行的种族主义“优胜劣汰论”给中华民族生存和发展带来的巨大挑战。由于当时东西方综合实力差距甚大，加上孙中山本人处于中国政治边缘和反叛者的弱势地位，没有足够的实力和资本获得欧美军政圈的重视和认可，他的宣传策略遂重在强调华人具备与时俱进的潜质，可以通过学习西方使中国步入所谓“文明国家”之林。学习西方的必要条件就是排除政治障碍，以武力推翻反动的清政府。这样一来，他主张的暴力革命行动就能获得部分西方人士的理解。在种族和国家竞争这一点上，尽管孙中山没有直接采用欧美学界的视角和话语，他对中国所处环境和面临危机的阐释显然与荷马·李有诸多共通之处。

孙李二人均巧妙利用西方流行的种族主义思潮为其反清革命主张提供理论支持。孙中山在1904年秋日俄于中国东北激战正酣之时，用英文向美国人民发布《中国问题之真解决》一文。他在文中运用西方社会所熟知的进化论和“东方专制主义”语言，将清朝（Manchu Dynasty）描述为暴虐、腐朽和退步的化石一般的政权，并将满人主掌的清廷（Manchus）与中国人（汉人，Chinese）进行切割，宣称清朝是篡夺中国正统之异族统治者。他使用西方资产阶级革命者熟悉的政治语言，开列“清朝十大罪行”，指控清政府自私、愚昧、野蛮、苛虐过甚、贪污腐败，不仅剥夺人民生命和财产权、压制言论自由，还大施酷刑，导致法治不彰、审判不公，已是王朝衰世、天命已失。他欲通过革命在中国创立的共和政府则为一新型启蒙和进步政府（A New Enlightened and Progressive Government），应得到所谓“文明世界”（The Civilized World）的大力支持。上述论述首先以种族主义将满汉作为落后和先进的民族对立起来，然后用社会达尔文主义进步论将帝制与共

---

① 《孙中山全集》第14卷，人民出版社，2015，第74-99页。

和作为保守和进步的政体对立起来，再用中国的"王朝循环论"和欧美的"文明盛衰论"论证先进民族主导的进步政体必然取代落后民族掌控的保守政体。当然，孙中山和绝大多数革命党人对西方种族主义和进化论的利用旨在推翻清廷、创立共和。民国建立后，他们立即转用能够包容所有中国人的"中华民族"来弥合种族主义和民族主义给中国社会带来的撕裂，意图团结内部、一致对外、谋求发展。①

不过，与荷马·李不同，孙中山并不是由种族主义和进化论衍生出的"军国主义"的信徒和拥趸。他采用暴力革命推翻清廷的主张乃基于其所处的社会阶层和中国的被统治者造反和起义的历史经验。他从未认可武力和军国能够解决中国的发展问题。尤其对"黄祸论"横行的欧美社会，在义和团运动后，如果一味强调通过革命来扩张中国的武力，不仅难以使中国的民主革命得到更多支持，反而会增加西方社会对中国人的敌视。于是，孙中山专门针对"黄祸论"向美国人指出——华人本质上是勤劳、和平和遵纪守法的民族，并不具有扩张侵略的天性。历史上中国的对外战争多数是防御性的。中国人的启蒙和进步不仅不会如"黄祸论"那样成为西方国家的威胁，中国的独立自主和繁荣富强反而能够使其丰富的资源得到有效开发利用，从而让欧美各国得以共享对华贸易的兴盛和便利。相反，如果英美如部分"黄祸论"者主张那样长久压制中国、使华人保持愚昧落后，则可能给某些颇具扩张野心的国家创造机会，将中国当成工具加以利用，使之成为英美的威胁。② 不过，为了应对列强环伺的局面，肃清清廷民族政策和教育政策的遗毒，孙中山和蔡元培等人在民国成立后，领衔提出实施"军国民教育"计划，重在开发中华民族的武德和尚武精神。这与荷马·李的主张又有诸多英雄所见略同之处。

在革命外交战略构想和实践方面，辛亥革命前的孙中山，因其自身教育背景、宗教信仰和生活经历对美国政府和社会抱有天然的亲近感甚至是幻想。他以美式民主共和制为蓝本的新中国国体和政体构想，遂成为促动其开展对英美外交的重要因素，即认为美国政府和社会出于良心和公义当对以美式政体为楷模的中国革命目标予以同情和支持。对于作为 19 世纪末

① 《孙中山全集》第 14 卷，人民出版社，2015，第 103-107、110-111 页。

② 《孙中山全集》第 14 卷，人民出版社，2015，第 108-109 页。

和20世纪初远东乃至世界头号霸权的大英帝国，孙中山也持有相当程度的合作希望，试图从建立资产阶级政权的角度开展对英外交，说服英国政要革命有利于中国政府重组，从而促进资源开发和经济发展，进而对英国扩展其在华利益大有裨益。孙中山对英美朝野外交工作的目标，其下者乃是敦促其对中国革命采取不干涉态度，上者乃是与工商业界签署协议，筹集革命资金以发动起义。

另一方面，明治维新后成为东亚强国的日本，通过甲午战争击败清朝后，部分精英有意促使日本成为亚洲领袖，开始宣扬进步主义和大亚洲主义。其中，一些持有进步主义和国际主义观念的日本武士如宫崎寅藏等人，开始对孙中山的革命活动予以同情和切实支持。日本的军政高层则利用中国留日学生、保皇会和革命党的对立与反政府活动来加强对华渗透与情报搜集。孙中山自然成为他们有意了解和利用的对象，于是有日本军政高层与孙中山保持接触之举。

英、美、日、法等国当局和社会对孙中山的革命主张态度复杂。从政府层面看，一方面，列强基于国家利益的现实主义国际政治运作，使孙中山的反清革命客观上为各国对华施压提供了更多筹码，反对派成为列强压制清政府的政治工具；另一方面，若中国能够以革命方式成功建立民族主义进步政府，则必当逐步废除不平等条约、收复主权和利力，又可能损害列强在中国和远东的既得利益；更甚之，若中国因革命陷入内战和内乱，不仅会伤及列强在华利益，甚至可能引发远东局势的长期混乱。因此，辛亥革命爆发前几年，在中国有重大利益的英法两国政府倾向于维持庚子事变后脆弱的政局；美国政府亦采取保守政策，以"门户开放"为名配合英法共同维护远东军事平衡，避免新崛起的日德过分介入中国事务，同时扩大在华利益；经济和科技高速发展的德国有超越英法的态势，但其工业和资本体系的扩张则受制于有限范围的殖民地，虽然在欧洲形成与英法的竞争，在远东却仍然要追随英法的对华政策；唯有日本和俄国，两强因与中国相邻，均有蚕食中国、逐步扩大其在华势力范围的野心。日俄战争中，日本获胜后，打破了"白种人不可战胜"的神话，开启了近代东方国家战胜欧洲国家的先例，成为诸多有意摆脱欧美殖民统治的亚洲有识之士所欲效仿的楷模。不过，部分日本军政领袖将中国传统的天命、王霸观念同欧美的社会达尔文主义种族竞争理论相结合，有意称霸世界，遂视中国为成就其全球霸权的禁脔，吞并之心日盛。

在此格局之下，英美法三国政府与孙中山和中国革命党的政治活动保持距离，对孙中山在其亚洲殖民地如香港、海峡殖民地、菲律宾和越南的革命活动严密监视，在不侵犯其殖民利益的情况下，既不支持，亦未全力禁止，力图将其塑造成能控制的、可以牵制清政府以谋取更多在华利益的力量。日本的军国主义和扩张主义者则刻意利用孙中山和革命党的反清活动，提供适当援助，伺机利用革命引发中国内乱，进而瓦解中国，为日本的大陆扩张创造更为有利的环境。

孙中山对列强各自利益盘算的认识是逐步加深的。庚子之前，他认为革命的主要目标是推翻中国进步的障碍——清廷，从而有效实施一系列以西方为楷模的政治和社会改革。他相信，这一高尚目标顺应了人类历史发展的大势和当时欧美流行的“进步主义”（Progressivism）风潮，理应受到其所欲学习的“先进国家”的支持。[①] 1896 年秋，清朝驻伦敦领馆将遭受清廷通缉的孙中山绑架，后在英国政府压力下不得不将其释放。次年 3 月，孙中山与英国友人在伦敦《双周评论》（*Fortnightly Review*）上共同刊发《中国的现状和未来》一文，较为系统地阐述了清政府的腐败现状，并公开表达对英国政府的诉求。他说：“必须先在欧人建议下彻底推翻腐败清廷，创立纯粹由汉人管理的良好政府，然后经数年欧人之政治协助，才能使中国有所进步。”“于此可以断言，大不列颠及列强之善意中立，乃吾等所需，以便使当前制度让位于不腐败者，即使贸易遭受一时打扰，不久便可大幅发展。中国自然资源之开发将增富于全世界，中国政府、行政与军队之改革，将使其免遭外侮——甚或如来自俄国者——并防止如瓜分土耳其所带来之类似纷争，从而加剧欧洲局势之复杂性。”[②] 从以上论述可以看出，孙中山在戊戌变法之前已经认识到英俄在欧亚的竞争和欧洲列强瓜分中国的企图。他寄希望于英美，有意获得支持以建立新政府、开发资源、发展工商业，在远东维持有利于英国的战略均势。

庚子事变后，中国的安全形势急剧恶化，救亡图存成为时代使命。孙中山在 1900 年与杨衢云、陈少白、谢缵泰等革命者联名致信港督卜力

---

① 《孙中山全集》第 14 卷，人民出版社，2015，第 10-12 页。

② 《孙中山全集》第 14 卷，人民出版社，2015，第 75、99 页。

(Henry Arthur Blake)，请求英国支持反清革命。他说：“深知贵国素敦友谊，保中为心，且商务教堂，遍于内地。故士等不嫌越分，呈请助力，以襄厥成。愿借殊勋，改造中国，则内无反侧，外固邦交，受其利者又不特华人已也。”①

1901年12月20日，孙中山又在《日本东邦协会会报》发表论文《支那保全分割合论》，对西洋和日本瓜分中国及维持远东均势的策略进行了概括。他认为，西洋主张瓜分中国者主要持“黄祸”观，惧怕进步的中国威胁欧洲文明。西洋主张保全中国者则重视中国历史文化之价值，希望以西方文明同化之。日本主张瓜分中国者，认为清朝腐败至极、顽固保守、难以自强，列强势必瓜分中国。日本若作局外旁观，必然使欧美尽占中国国土，进而威胁日本安全。与其如此，不如顺势与俄国结盟，进据大陆，共同侵略中国领土。俄并满、蒙、伊、藏；日收朝鲜、闽、浙。通过扩大版图来张扬日本国势，分割“东亚病夫”之遗产。日本主张保全中国者，则持唇亡齿寒之说，认为中日同文同种，中国被瓜分，列强在各自势力范围施行保护贸易，则东亚自由市场被破坏，日本赖以立国之工商业将因之受损。保全中国实乃保全日本。② 从上述论说可见，孙中山在日俄战争爆发前已经清楚认识到欧美“帝国主义”和“门户开放”两种政策及其在日本的翻版对中国命运和远东局势将造成深远影响。他对日俄觊觎中国领土、意图扩张的野心已经有所提防，遂警告日人，中国“大一统”观念根深蒂固，“分割之日，非将支那人屠戮过半，则恐列强无安枕之时矣。此势所必至，理有固然也。杜国、飞岛，可为殷鉴。所谓以民情而论，无可分割之理非此哉！”日本明智之士，当持不干预政策，由中国人民再造一新中国。③

日俄战争爆发后，两国攫取中国领土的意图已经昭然若揭。孙中山将列强分为三类：其一为有意瓜分并殖民中国者，如俄国和日本；其二为有意保全并殖民中国者，意指英国和法国；其三为倡导中国完整与独立者。他认为持“门户开放”政策的美国属于第三种，对中国没有领土野心，亦不打算殖民中国。但是，他同时认为，美国对中国事务采取审慎的不干预

① 《孙中山全集》第2卷，人民出版社，2015，第43页。
② 《孙中山全集》第2卷，人民出版社，2015，第48页。
③ 《孙中山全集》第2卷，人民出版社，2015，第52页。

政策客观上有助于清廷苟延残喘，而无助于中国之进步。他希望美国人民能够从传播西方文明和基督教的角度在道义或物质方面向中国革命提供援助。[①] 此种判断和认知是促使孙中山向美国资本家寻求革命贷款的核心动力。[②]

日俄战争结束后，日本因军事胜利一跃成为远东强国，也取代俄国成为中国安全和领土主权的最大威胁者。在容闳和孙中山看来，以让渡部分经济利益，如矿产、财政、货币和工商业特许权来换取美英资本家对中国革命的投资，在实施议会政治的两国或许可以改变英美政府对中国革命的态度。更进一步，如孙中山的"民生主义"所论，中国政治革命成功后，经济建设和工商业发展自当成为国家致力的要务。英美资本于中国建设大有作为，可实现双赢。[③] 同时，如果能够把中国与英美资本家的利益深度捆绑，必将有助于两国在远东国际政治角力中平衡日俄，从而维护中国利益。这是容闳和孙中山积极参与"红龙计划"并同荷马·李、布思和艾伦订立协议的重要考量。[④]

在此方面，荷马·李的中美英联合战略与孙中山的革命外交构想形成极大交集。在容闳介绍荷马·李与布思之前，孙中山因其政治身份和"黄祸论"的影响，难以建立与英美政商界有效沟通的渠道。[⑤] 他在 1909 年底，就竭力在美国寻找能够帮他引荐认识英美金融家的人士，以寻求 50 万英镑革命贷款。他甚至说：

> 假如金融家们希望获得更多的利益，我们还有另外一种途径来进行这项计划。这就是，资本家可以参与到这项运动中来，方法是通过委派他们自己的人员来控制财政支出，以及与我们的领导者合作。当然，这样做金融家需要承担额外风险。总之，如果我们能获得发动革命所需要的资金，那么革命的成功是相当肯定的。一旦我们夺取了像广州这样的一座大城市的话，我们就能偿还比贷款额高出数倍的钱。

① 《孙中山全集》第 14 卷，人民出版社，2015，第 109、111 页。
② 《孙中山全集》第 4 卷，人民出版社，2015，第 44 页。
③ 《孙中山全集》第 8 卷，人民出版社，2015，第 93、97-99 页。
④ 《孙中山全集》第 14 卷，人民出版社，2015，第 114-117 页。
⑤ 《孙中山全集》第 4 卷，人民出版社，2015，第 46-47 页。

> 此外，我们承诺，如果这笔交易只在革命党领袖和银行团之间达成的话，我们也将同意使用其他方面的抵押品。
>
> 我希望，你们能够替我们找出在你们那边愿意考虑这项交易的金融家，并提出他们的贷款条件。请把详细情况告诉我。假如这项贷款能够通过我所建议的第二种方式解决，请告诉我，你们期望从我们这里获得什么样的补偿。①

有此需要，两月后孙中山、荷马·李和布思在加利福尼亚见面时一拍即合。孙李二人通过“红龙计划”得以深入交流，因而互相影响。对于孙中山来说，有荷马·李、布思和艾伦等人出面协助、引荐或代劳，他不仅可以设法筹款，亦有机会接触英美政商界，开展游说活动。

另者，孙中山在美签署《长滩协议》返回日本后，其在日活动遭到日本政府的限制。日本自由派和军部内阁变动导致的对华政策变化也使孙中山对日本扩张主义者的野心有所警惕。辛亥革命爆发前夕，他曾致信日本友人宫崎寅藏和宗方小太郎，说：“近者，英米两国政府、人民俱大表同情于吾党，有如佛国之态度；惟英米政府皆疑日本有大野心欲并吞支那者也。弟以贵国政府不容居留一事证之，亦不能不疑贵国之政策实在如是。”“弟之视日本，无异第二之母邦，独惜近日吾国少年志士，每多误会贵国之经营满洲为不利于支那，此种舆情殊非将来两国之福也。弟每辩解，莫释疑团。是以去年六月亲回日本，欲有所献议于贵国在野人士，以联两国民党之交，提携共图亚东之进步。乃甫抵江户，则为贵国政府所挠，不克久居，有志未果，不胜浩叹！”②孙中山对日外交难以开展，只能把重点放在美、英、法方面。

辛亥革命爆发后，在美国的孙中山本欲立即归国亲临战阵。但他综合研判形势后，决定把工作重点放在革命外交方面。他认为：

> 时予本可由太平洋潜回，则二十余日可到上海，亲与革命之战，以快生平。乃以此时吾当尽力于革命事业者，不在疆场之上，而在樽

① 《孙中山全集》第4卷，人民出版社，2015，第135-136页。
② 《孙中山全集》第4卷，人民出版社，2015，第209、220页。

> 俎之间，所得效力为更大也。故决意先从外交方面致力，俟此问题解决而后回国。按当时各国情形：美国政府对于中国则取门户开放、机会均等、领土保全，而对于革命则尚无成见，而美国舆论则大表同情于我。法国则政府、民间之对于革命皆有好意。英国则民间多表同情，而政府之对中国政策，则惟日本之马首是瞻。德、俄两国当时之趋势，则多倾向于清政府；而吾党之与彼政府民间皆向少交际，故其政策无法转移。惟日本则与中国最密切，而其民间志士不独表同情于我，且尚有舍身出力以助革命者。惟其政府之方针实在不可测，按之往事，彼曾一次逐予出境，一次拒我之登陆，则其对于中国之革命事业可知；但以庚子条约之后，彼一国不能在中国单独自由行动。要而言之，列强之与中国最有关系者有六焉：美、法二国，则当表同情革命者也；德、俄二国，则当反对革命者也；日本则民间表同情，而其政府反对者也；英国则民间同情，而其政府未定者也。是故吾之外交关键，可以举足轻重为我成败存亡所系者，厥为英国；倘英国右我，则日本不能为患矣。①

这是孙中山召荷马·李共赴英国开展外交斡旋的主要原因及其目标。孙中山的判断也反映出荷马·李有关中国联合英美以制衡俄日德的战略构想。实际上，孙中山对荷马·李的国际战略思想高度认可。他在向英文报纸宣传介绍荷马·李时，刻意大幅提升了荷马·李的地位和对他的评价，并将两人相识日期提前至 1900 年。1911 年 11 月孙中山在伦敦接受英国著名杂志《滨海杂志》（*The Strand Magazine*）记者的访谈里说：

> 现在，我又遇到另一件重要事情。我在一次对追随者的演讲中，看到一位身形孱弱的年轻人。他身高不足五英尺，年纪与我相仿，面色苍白，看起来并不结实。演讲完毕后他走上前来说：
>
> "我想与您共同奋斗。我想帮助您。我相信您所说的会实现。"
>
> 我从他的口音判断出是美国人。他伸出手，我和他握手并致谢，想知道他是谁。我想他会是某个传教士或者学生。我是对的。他走后

① 《孙中山全集》第 1 卷，人民出版社，2015，第 89 页。

我对一位朋友说：

“那个驼背的人是谁？”

“哦，他呀，”朋友回答，“是荷马·李上校，是在世的最出色的军事天才之一——也许是最优秀的。他精通现代战术。”

我吃惊得倒吸一口气。

“他刚刚才说要与我一起奋斗。”

次日清晨，我拜访了荷马·李。他现在是将军了，是《无知之勇》的著名作者。我告诉他，如果我能够获得成功，我的同胞们授权于我，我将任命他为我的首席军事顾问。

“不用等到您成为中国大总统”，他说，“您可能在这之前就需要我。没有军队，您无法创立或者维持政府。我确信，中国人经过适当训练就能组成军队。”①

从欧洲返国后，孙中山在1911年12月30日接受上海英文《大陆报》记者的访谈时也说：“李君大抵可称为天下最大之陆军专学家，欧美军界均极尊重李君。”② 孙中山有意通过荷马·李来实现为革命政府赢得英美支持的外交战略；荷马·李也尝试通过支持辛亥革命来实现中英美远东联盟的目标。可以说，孙中山在辛亥革命爆发后的一系列外交活动，在相当程度上受到了荷马·李思想的影响。

然而，如前所述，尽管辛亥时期列强在远东口头上仍然应承着美国提出的“门户开放、利益均沾、保全中国、自由贸易”等主张，实质上都在中国积极寻找本国利益的新代理人，或者意图趁火打劫、扩张在华利益。这是国际政治现实主义的必然表现。政治和军事实力则是列强选择所欲支持者的重要标准。

孙中山虽然名义上是同盟会领袖，但其常年在海外活动，既无兵权，亦缺乏对国内各革命派系的实质性约束力，更受到北洋系和立宪派的怀疑。因此，他对英法美三国的外交虽略有进展，但取得的成果离目标仍然很远。即使宣誓就任“临时政府大总统”后，如其自己所言，他面对难以控制的

① Sun Yat Sen, “My Reminiscences”, *The Strand Manazine*, Vol. 43, No. 255, April 1912, p. 330.

② 《孙中山全集》第8卷，人民出版社，2015，第156页。

内部党争和外部压力，为避免中国分裂，只能退让以求一时稳定，哪怕是维持“假共和”。孙中山后来评价说：“十二年来，所以有民国之名，而无民国之实者，皆此役阶之厉也!”①

英、美、日、法、德、俄六国对辛亥革命引发的中国南北分裂状况有各自判断，其采用的对华政策则与孙中山和荷马·李所欲达成的外交目标有相当距离。盖因辛亥之前，孙中山多与各国民间人士交往，仅代表个人和反对党，接触的人员、外交层级和方式与国务外交有较大差异；其对中国国家利益的考量亦因地位和立场相异而与政府代表有所不同。1911 年，英国在中国外贸和沿岸贸易总值约有 8 亿余万关两，日本为 3 亿余万关两，德国为 1.4 亿余万关两，俄、法、美都不超过 1 亿万关两。英国对清廷有较大影响力，视长江流域为其势力范围，对华政策重在保护其政治和经济利益。英国外交大臣格雷和驻华公使朱尔典（John Jordon）对中国革命表面上采取了中立和不干涉政策，既不承认革命党建立的“中华民国”，又中止了四国银行团对清政府的两笔贷款，实际上极力支持亲英美的实力派袁世凯和北洋系，而对孙中山和革命党的要求虚与委蛇。日本政府对中国领土满蒙地区存有野心，且欲独占中国市场，但当时实力尚有不足，且外交受到英美俄的牵制。持自由主义的西园寺内阁表面上采取不干涉政策，暗地里却分别向清廷和革命党提供支持。其目标为等待最佳时机以根本解决满洲问题，努力扩张日本对中国大陆的影响，迫使他国承认日本在华拥有最高利益。俄国政府也有意进占满蒙和伊犁，一度与日本联合支持清廷“立宪”，企图找机会出兵干涉中国内政，后转向有条件支持袁世凯并策动外蒙古独立。法国政府为维护其在华南和安南殖民地的利益，也以“中立”为名行支持袁世凯之实，意图通过控制中国财政来左右中国政治，即以同袁世凯进行善后大借款谈判为手段，将法国在华利益与袁世凯政权进行捆绑。德国和美国政府则希望维持中国领土完整，防止被其他国家瓜分，影响其远东利益，遂以“门户开放”为名坚持严格中立政策。随着事态的发展，他们也追随英法支持袁世凯。②

南北和谈时，列强能够协调其对华政策，通过支持袁世凯来避免某一

① 吴相湘：《孙逸仙先生传》下册，远东图书公司，1982，第 1051、1053 页。

② 吴相湘：《孙逸仙先生传》下册，远东图书公司，1982，第 1117-1158 页。

国家深度介入中国内政，或扩大冲突来延续中国内战，这对孙中山而言是可以接受的。不过，各国承认“中华民国”前的考量和周折说明，实力而非道义才是赢得其认可和支持的首要因素。尽管各国社会有一定倾向，但中国的进步和发展并不是英美法日德俄等国政府所关心的。它们在远东的利益才是其制定对华政策的核心关注点。从短期看，由于清末民初中国国力太弱、内部问题丛生，日俄在华势力甚张，荷马·李主张的中英美联合论只会加速中国的分裂，甚至使中国沦为列强厮杀的战场。这是由于在第一次世界大战爆发之前的数年，世界的焦点在欧洲和近东，英美并无暇在远东投入过多军事力量，客观上使日本有了坐大的空间。中国政府只有采用均衡外交，才能在一定程度上抑制日本扩张。后续事实也证明，孙中山并没有因其进步的革命主张得到英美政府的实质性支持，他只能取法以革命创立政权的苏联，将进步力量改造成以列宁主义为指导思想的政党，在其身后统一中国。

五　余论：当事各方意图简评

综上所述，“红龙计划”作为中美革命者共同策划的、完全没有官方介入的反清密谋，尽管因组织者对中国现实情况的严重疏离而沦为纸上谈兵、难以推进，最终汇入辛亥革命的滚滚洪流之中，其运作所反映出的参与者和相关方的态度，尤其是在美国政府鼓吹“金元外交”时期美国资本家对远东局势的判断和对中国革命的真实看法，则值得予以进一步解析。

定居美国东部的容闳支持和参与“红龙计划”的主要动力源自其毕生保持的对中国局势的高度关注和对中国命运的深切关怀。从积极参与洋务改良到大力支持维新变法，从鼎力支持康有为的保皇会到同情和引介孙中山的革命党，他顺应历史大势，始终站在引领中国进步的时代前列。参与“红龙计划”是他致力于中国现代化的最后一搏。彼时，耄耋之年的容闳虽然体弱多病，正忙于总结一生、撰写回忆录，收到荷马·李和布思的书信后，立即摩拳擦掌、出谋划策，主动联络海内外革命会党领袖，欣然赴纽约与艾伦协商，还推荐二子参加革命以报效中国。其字里行间展现出拳拳赤子之心和老骥伏枥、志在千里的气魄，着实令人钦佩。

然而，容闳与艾伦两次面谈并拟写“红龙—中国”《筹款计划》《筹款计划（1号修订案）》后，参与积极性大减，转而将与布思协商的重点放在广西银矿和引进“苎麻转丝”技术方面。后来，干脆将孙中山引荐给艾伦、荷马·李与布思，自己则退出了“红龙计划”，个中原因值得一提。

从容艾会谈后容闳给布思与荷马·李写的书信，以及辛亥革命爆发后容闳给谢缵泰的书信看，容闳对反清革命的态度存在矛盾心理。一方面，他担心中国革命会导致法兰西革命那样的混乱局面，甚至是长期内战，这必将使中国的局势进一步恶化，给列强造成可乘之机。这是他一贯保持的观点，也是他曾支持保皇会的重要原因。另一方面，他又非常明白清廷是所有保守反动势力的中心，必须将其革除，中国才有机会复兴。对此，他曾寄希望于康有为，但终于对康的品行大失所望。“红龙计划”期间，他又寄希望于暂时失势的袁世凯，希望请袁到美国担任推翻清廷和创建新中国的领袖。不过，他既无法与访美的袁世凯亲信唐绍仪会面，当然也无法同袁世凯建立有效联系。在谢缵泰所录辛亥革命爆发后容闳给他的信件中，容闳对袁世凯又大加挞伐，这与《布思文书》里容闳对袁世凯的称赞形成矛盾。彼时袁世凯正走向政治生涯巅峰，腐朽顽固的面目尚未完全暴露。其统领中国可以说是众望所归。如果谢缵泰所录容闳书信没有被篡改，只能说容闳在美国看到了有关袁世凯的极其负面的信息，或者说容闳有知人之明。

容闳之所以曾倾向于袁世凯，乃是希望在推翻清廷后能够有强力人物控制中国局势，从而有效善后、维护社会稳定、保障国家利益。因此，他在共和与君主立宪之间举棋不定，对孙中山的政治主张亦并非完全赞同。实际上，从容闳在庚子年与清廷决裂、组建“中国国会”、投入反政府活动时起，他一直对以革命方式推翻清廷后中国应采用何种国体存在疑虑。如前所述，他曾认为孙中山的革命主张过于激进，在有帝制和中央集权悠久传统的中国贸然采用美式民主共和政体可能会引发长期动荡，他和艾伦在此点拥有共识，这也是他着意拉拢袁世凯的重要原因。不过，在联络袁党不成、康党又不足恃，而清廷必须被推翻的情况下，他只能推荐孙中山与荷马·李等合作，自己则逐步退出。

导致容闳退出的另一重要因素则是他对国家利益和身后名誉的顾虑。尽管容闳本人和艾伦讨论了以岁入还债和通过让渡一段时期的中国铁路、银行、铸币和采矿等特许经营权从美国资本家处筹集反清革命资金之事，他始终没有认可艾伦草拟的“红龙—中国”《筹款计划》《筹款计划（1号修订案）》，后来甚至有意将还款项目限制在15年进出口关税和对苎麻贸易、云杉木浆、石油贸易和电报业务的特许垄断权之中。[①] 容闳之所以如此行事，乃是在与艾伦的谈话中察觉到美国资本家有意掌控新中国财政命脉的意图，因此有所警惕。而艾伦也明确感受到容闳的疑虑，因此在致布思与荷马·李的书信里表达了对容闳的质疑和批评。殊不知，容闳一生致力于中国的政治、经济和社会进步，是晚清具有国际视野的典型的爱国者和民族主义者。他的对手，不仅是国内的保守势力，更包括国际上对中国虎视眈眈的帝国主义者。他不可能在晚年总结一生的时候让自己背上卖国的骂名。因此，当艾伦为资本家的垄断利益步步进逼时，容闳就知难而退了。

孙中山接替容闳进入“红龙计划”时，具备更好的条件。他年富力强，拥有较为丰富的革命经验，与国内外反清力量保持紧密联系。这正是荷马·李和布思所欲寻找之人。不过，孙中山的目标很具体，就是为发动下一次反清革命筹足资金。当时，他对中国革命的思考也较为简单，认为推翻清政府后可以顺利照搬美式共和制度，从而为中国的富强和发展扫清道路。因此，他与荷马·李和布思等人在长滩见面后，立即签署了协议并委任布思为中国同盟会驻国外全权财务代办。从孙中山辛亥革命前后的演说、谈话、书信和著述看，他对欧美资本进入中国之影响的认识不断与时俱进。总体而言，他希望先将英美民间资本引入中国革命以促其成功，其后新政府再以合理方式进行利益让渡，引导外国资本服务于中国工商业建设，同时避免出现英美垄断资本主义的弊病。因此，他将“三民主义”里的“民族主义”和“民生主义”挂钩，更将“民生主义”与当时欧洲流行的“社会主义”思潮联系在一起。他本人身体力行，辞任临时大总统后即拟致力于中国的经济建设。然而，辛亥革命虽然推翻了清廷，却远没有解决中国的“民族”和“民权”问题。“民生”自然难以成为重点。直至孙中山去世，谋求中国政治统一和民族独立，仍然是他坚持革命的核心目标。

---

① 1910年3月28日 容闳致布思 附件：贷款方案，*Charles Beach Boothe Papers*, 1850-1976, Hoover Institution Archives。

荷马·李则视中国为实现其个人价值和验证其国际战略构想的“实验室”。他是大革命时代的弄潮儿之一。虽然是美国政商军界的局外人，他却可以通过对中国事务的积极参与和对全球战略局势的判断得到当局者的关注，并青史留名。因此，他的价值，绝不仅限于郑麒来、安斯切尔和劳伦斯·卡普兰所称的“雇佣兵”。从某种意义上说，他有美国地缘战略专家如马汉、斯皮克曼、基辛格、布热津斯基和约瑟夫·奈等人共有的特质，即企图构建一套服务于美国霸权的大战略思想。当然，由于先天残疾和英年早逝，荷马·李未能如上述专家那样有充足的时间来发展和完善自己的地缘政治和历史文化理论，但其短暂生命所折射的世纪交替时期美式资本主义和个人主义的精神与创造力，可以被置入美国国家精神的产生、发展、成熟和衰退的大历史中予以深度考察。

最后，但最为重要的是，“红龙计划”中以布思、艾伦和 J.P. 摩根等人为代表的美国资本家对中国革命的态度及其考量。美国资本家的对华态度不仅决定着中美贸易的程度和规模，更左右着美国大众对中国事务的看法和舆论。因此，对中美关系的实质层面具有较大影响力，从而成为美国政府制定对华政策的重要参考。从义和团运动到第一次世界大战爆发期间，“门户开放”和“金元外交”是美国政府对华政策的核心，美国资本家们经历了美国内战后四十余年的大发展时期，已经具备了足够的财富和资源，正利用英帝国的全球资本和贸易网络实施经济扩张。这与内战后美国政府向亚太方向开展的地缘扩张相协调。从 1867 年购买阿拉斯加到 1898 年美西战争吞并夏威夷、占领关岛和菲律宾，后起的美国已经拥有了太平洋殖民地链条，具备了构建太平洋和印度洋贸易网络的物质基础。美国政府相应推出“金元外交”政策来鼓励有利于拓展美国国家利益的美国资本家的全球经济扩张。然而，在一战之前，尽管美国在太平洋西岸已经立足，其进一步扩张尚受到孤立主义思想和军事力量不足的约束。这正是荷马·李和一些美国战略学者高呼改革和加强军备的原因。与之相应，在东亚，尽管哈里曼等美国资本家有意通过投资中国的铁路建设来构建美国主掌的全球运输和物流系统，其商业努力终因日俄的地缘政治战略和满洲政策而失败。[①] 军备不

① Alexander DeConde, *A History of American Foreign Policy*, New York: Charles Schribner's Sons, 1971, p. 408.

足导致美国资本家在东亚的竞争中缺乏军政实力保障，只能以“门户开放”为口号，以英美的种族、文化和经济关系来寻求英国的安全保证。因此，他们在开展远东投资的时候，往往会采取非常审慎的态度，强调资本回报的可靠性。

此外，20世纪初有关美国社会世界观的基本意识形态与欧洲列强和日本有所区别。作为曾经的殖民地，美国社会对欧式殖民帝国的构建模式相对反感。地缘扩张则推动美国政府和社会在美洲和亚太酝酿和尝试美式帝国主义。相较老牌欧洲帝国主义对殖民地的直接占领和政治控制而言，美式帝国主义会考虑到让殖民地拥有名义上的主权和独立政府，但通过资本运作和对该地区交通、矿产和货币等命脉的垄断来实施经济控制，培植美国利益代理人。这样的殖民模式不仅能够较好地与美国政治的运作方式相适应，更能够以较为隐蔽的方式实施政治和经济扩张，避免深陷国际竞争和列强争霸的泥沼。这种策略充分体现在艾伦与容闳和孙中山协商的密约条款中。

就集体心态而言，美国资本财团是构建美式霸权的中坚力量。他们在20世纪初的时候仍然充满勤奋上进的资本主义精神。美国新兴资产阶级具有的明智、节俭、责任、有度等道德标准依然体现在他们身上。全球垄断尚未形成使美国资本家们在开展资本投机活动时仍能坚持自我约束的理性态度。他们对美国民主制度观察带来的怀疑和反思在相当程度上平衡了美国社会所谓“天选之子”和“山巅之城”的迷思。

从艾伦参与“红龙计划”所发出的议论可以看出，审慎和节制是J. P. 摩根等商界领袖对待中国革命投资的基本态度。摩根并不愿为了获得中国市场而以革命方式来“创造一个政府”。他的态度充分表明当时中国市场并非美国资本优先考虑的现实，亦显示出美国的统治阶层了解美国政治、军事和资本力量的局限性，并不欲过度进行对外干涉。因此，当时美国的政界和商界刻意与中国的反政府力量保持距离，这同日本军部、政界和民间的对华态度形成对比，也预示了美日俄在中国东北进行资本竞争的最终结果。

总之，美国进入东亚后实施的“门户开放”“大棒政策”“金元外交”都源自美国在东亚的影响力仍无法与列强相埒这一现实处境。日俄战争后，西奥多·罗斯福因美国在亚洲实力有限而选择维系列强在中国的力量平衡，防止日本一家坐大。因此，美国采取了退还庚子赔款等一系列带有“理想主义”特征的决策来营造美国在东亚的道德优势，也使清廷、袁世凯集团、康有为、容闳和孙中山等对美国产生了一定程度的幻想，希望通过引入美国资本来借美国之力制衡列强，尤其是日益强大的日本。[①] 这是 1908 年唐绍仪受命访美借款和“红龙计划”得以形成的认识基础。[②] 在借款方案中，密谋者们以崇高事业的名义将个人利益和集团利益与所谓国家利益深度捆绑，甚至以中国国防、铁路、财政和矿产主权的让渡来换取外国资本介入。这种做法既缺乏道德基础，也没有法理支撑，更低估了资本主义的贪婪性和帝国主义影响下国际关系的现实性。因此，即使“红龙—中国”借款方案能够说服美国财团，一旦按照美国资本家开列的条件施行，恐怕容闳和孙中山将面临空前的政治压力。同时，荷马·李、布思、艾伦和美国的资本家们也必须直面中国社会日益觉醒的民族主义的拷问。这最终会导致“红龙计划”密谋者们事与愿违，其结果自然是南辕北辙。

---

① Warren I. Cohen, *America's Response to China: A History of Sino-American Relations*, 5th Edition, Columbia University Press, 2010, pp. 60-76.

② 杨凡逸：《折冲内外：唐绍仪与近代中国的政治外交》，东方出版社，2016，第 126-134 页。

· 第二部分 ·

“红龙计划”核心档案

——《布思文书》资料编译[*]

一　容闳与布思通信[①]

1. 容闳致布思（1908年10月9日）

310号，萨金特街（Sargeant Street），哈特福德，康涅狄格州

1908年10月9日

早9点

致C. B. 布思先生

尊敬的先生：

9月间，荷马·李将军给我写信，告知您将来美东。我很荣幸您明天下午得以抽空来我这里。很高兴认识您。请告知您将搭乘哪一班火车，以便我做好准备，在车站接您。

您诚挚的

容闳

---

* 本节英文档案来源于 *Charles Beach Boothe Papers*, 1850-1976, Hoover Institution Archives, Stanford University, California。

① *Charles Beach Boothe Papers*, 1850-1976, Box/Folder: 1-1, Hoover Institution Archives.

2. 容闳致布思（1908 年 10 月 21 日）

310 号，萨金特街，哈特福德，康涅狄格州

1908 年 10 月 21 日

尊敬的布思先生：

自您上周日离开后，我得知您正快速推进相关事宜。很高兴您收到荷马·李将军的书信，知道他已准备好付诸行动。鞍马齐备奔赴疆场之前，他还有许多事情要做。

我与中文报界人士李先生全然不熟，最近他在波士顿声名鹊起。我读到一些有关他的报道，和广东省港两地抵制日货相关。我倾向于认为他作为一个年轻的编辑有一些力量，尽管他在香港出版发行的华文报纸上致力于鼓动加强这次抵制行动，但我不相信他能掌控局势。

对于一个渴望出名的年轻华人来说，波士顿也许是一个可以施展才华的好地方，但明智之人不应使自己被虚情假意之辞所左右。他对陌生环境的新鲜感消逝后，将会很快与其层次相当的报界同侪为伍。

我刚给李将军写信。认识您非常荣幸，与您共事很是愉快。

您诚挚的

容闳

3. 容闳致布思与荷马·李（1908 年 12 月 5 日）

致布思与荷马·李先生：

我把致不同会党首领之附函发给您和布思先生以便审阅及酌情修订。此函之内容基于你们来信，即你们长久会商之结果。此邀请函乃贵方有关"军政局"（Grand Council）、"资政会"（Advisory Board）和"临时政府"构想之最佳解释。我认为，有必要让他们清楚了解来此地应做之事，在他们会面就"联合会"（Amalgamated Association）达成一致并予以命名时，即确定"联合会"经费事宜。

信有些长，但在向他们描述当前局势的准确特征方面还不算太长。

你们根据自己意见对此信做出修改后，请将其用打字机打出并寄给我两份清晰副本，一份我留底，另一份寄往中国以便译为中文，这样，任何一方均无借口说自己不能理解邀请函之目的与意图，以及此项行动暗含之精神。

我刻意未以代总统（Acting President，即容闳曾挂名的“中国国会”议长——译者注）的名义签署此函，以免引发他们对该职位的嫉妒而不愿接受邀请。我给予他们被选举为临时政府大总统之机会。除非他们及贵方均一致提名并请我担任，以及我的健康与精力允许我接受，我实无意成为其领袖。不过我确实希望我的两个儿子在我此生选定的伟大事业中能够被诸位将之与我一视同仁。

我尤其希望李将军能被任命为这些会党联合军之统帅，还希望布思被任命为临时政府财政总长和资政会主席。

我很快会写信给布思先生。我正写自传，非常忙。

我希望您能到我这里来，我们有很多事情要反复研究。我们承担的是一项极为费力的任务。

您诚挚的
容闳

附：

周六，1908 年 12 月 5 日

寄给您和布思一份《哈特福德快报》（*Hartford Courant*），内有我对皇帝和太后死后中国当前局势的评论。

4. 容闳致布思（1908 年 12 月 6 日）

310 号，萨金特街，哈特福德，康涅狄格州
1908 年 12 月 6 日
周日

尊敬的布思先生：

我于周六早晨寄给您和李将军一封挂号信，信中我对你们那次很长会议的结果全面背书，并将其作为我完全赞同的证据。

我还向您提交了我写给在中国具有领导地位的各政治组织不同领袖的邀请函副本，以便您审阅许可；同时，你们可以根据自己认为妥当的方式对邀请函进行修改。我还要补充的是，你们也可以全面否定此函，按照符合自己想法的方式另写一封。我也会将其发给不同方面。我还不太了解“军政局”在成为临时政府后还能起到何种作用。临时政府成员在某时重组为“资政会”以对其自身运作提出建议，我认为这样的构想有些自相矛盾。

这就好像把内阁阁员加以重组以规范其自身行为那样。但我已尽我所能来理解此事，并草拟一份邀请函供你们批准，而留下明显的矛盾之处让你们做出进一步解释。这就是我同时寄给你们两人该函副本的原因。

邀请函中，我故意没有以代总统名义签署。这是为了使那些领袖没有借口推辞不来，也不给他们任何机会躲起来并对位次和品级暗生嫉妒与误解。除了财政部和陆军部外，临时政府各部门的官位都空着。至少未来十年内，上述两个部门的部长之职没有中国人能胜任，或者说应当担任。我个人认为，他们可以分配总统及其他职务，只要他们能够团结以构建一个友善亲密的联合政府，而不要擅自行动以使中国陷入无政府和混乱状态并最终引发内战。

非常感谢您和布思夫人邀请我到洛杉矶小住的慷慨而友好之邀请。由于哮喘对我健康的影响，我怕不能长途旅行以赶赴加利福尼亚，因此无法满足你们的美意。我打算天气热一些再动身。

几天前我寄给你们 11 月 17 日的《哈特福德快报》，其中有一篇我撰写的有关皇帝和慈禧太后死后中国时局的评论。这虽无法给你们有关局势的满意论述，但可使我免于在信中重复。我现在忙于完成自传，朋友们都催我快点完工以便一读。

再次为你们热情的邀请感谢您和布思夫人。

您诚挚的

容闳

5. 容闳致布思（1908 年 12 月 14 日）

1908 年 12 月 14 日

C. B. 布思先生

1515，加菲尔德大道

南帕萨迪纳，加利福尼亚州

尊敬的先生：

根据对您上月 20 日来信与荷马·李将军来函所谈事宜再三斟酌——我已于 12 月 6 日回复两信——我现在进一步提出以下之切实建议，即：

既然我们已经形成确定的联合计划、后续行动的明确方案以及分别给不同领袖在新中国担任一定职务的建议，以便借此促动其当前逐步消沉之雄心，从而投入共同事业中，与其邀请不同政治组织领袖来美，不如将全部事宜写成文字，派遣一个可充分信赖且合适的代表赴华逐个拜访每位会党领袖，接触该人，判断其在人力和物力方面对我们事业的切实价值，然后将其引入通往正确基础的轨道上。

我们进而向每位领导说明革命乃不断发展之事业，他必须进入轨道以参与其中，否则他会离开并完全退出。

另一方面，如果每人都被邀请加入某种全面开放的议会并可以自由表达其观点和意图，我们就是在制造无休止的讨论和无限制的私欲，而使相关革命行动毫无前景。

如果我本人能够执行此项任务，毫无疑问，有足够的支持我就能使他们多数人进入轨道，立即给革命运动增加非常雄厚的力量。

然而，如果我本人执行任务，会立即遭到北京政府以及我的一些正在政府工作的过往门生的猜疑和监视，同样，会通过报界对我行动的跟风报道使我们的计划过早公之于众。

不过，我有一个儿子能够作为我的代表被各方完全接受，他能在不引起北京和相关方面疑虑的情况下进行必要的工作。

这个年轻人是耶鲁毕业生，事实上他是一个务实的商人，担任此信信笺抬头公司（The Rotary File & Machine Co.）的总裁和经理。

只要我告知他时机适宜，他随时准备辞去当前职务，如果必要，他可以为我们的事业献出生命。

派他赴华我们可以用最务实、最快速和最便宜的方式构建我们的组织框架，同样可以获得当前中国方面有关这些事务准确状况的一份可靠的秘密商业报告。该报告毫无疑问能够防止贵方和其他有意加入此项伟业者在时间和金钱方面的巨大浪费。

如果你们双方都同意我的计划和建议，愿意提供支持，请给我电报。我会马上建议我的儿子处理好他的商业事务，准备立即赴华。

您诚挚的

容闳

6. 布思致容闳（1908 年 12 月 28 日）

加利福尼亚洛杉矶，1908 年 12 月 28 日

容闳先生

310 号，萨金特街，哈特福德，康涅狄格州

尊敬的博士：

收到您 12 月 14 日来信，该信邮寄途中遭到些许耽搁，直到 23 日夜我才收到它。当时我非常繁忙，部分源于筹备圣诞节和一些商业事务不寻常的压力。

我首先找机会与李将军一晤，认真研究了您的计划，可以说其中有些要点特别符合我们的判断。然而，还有一些内容我一时难以实现，如：使财政支持者保持对中国局势密切了解的难题，以及一开始就出现的难题，即给出合作各方均可接受的财政保障方案。

在时间允许的期限内全面研究此事后，我认为最好能让您与将代表财政支持方的纽约人士建立直接联系。

艾伦先生是一位头脑冷静的商人，不受情绪干扰，能够切中商务事件之肯綮，与其合作者对他也有充分信心。我们自童年起便是朋友。尽管他对许诺异常谨慎，一旦同意却会付出比承诺更多的努力，因此极为可靠。如果可能，我想亲自和他一起推进此事，但现在情形是我无法到东部去，别无他法，我只能请您着手此事。我能向您说明，艾伦先生曾组建过古根海姆勘探公司（Guggenheim Exploration Company），多年来与一些纽约和伦敦最大的金融世家保持联系。

我认为可以让他尝试安排让令郎代表您与之会面，意在使未来的安排根据您儿子与之会面的成果来定。在今天致艾伦先生的信中，我将建议他在执行任务方便之时安排与令郎的密切合作。若可能，我相信，一旦您能安排他到哈特福德会面，您也会乐意在纽约与他会晤。这是由于他很难连续数天离开办公室，而您与他就行动计划达成默契则需要数天时间来沟通。

当然，需要清楚向艾伦先生说明，提供财政支持者将以何种方式获得回报。我一直在等此地各组织领袖会议以制定计划，以便对前述问题之解决给予明确保障。您极有可能在此点上使他满意。在与艾伦的协商中，这可能是您需要考虑的最重要的一点。我倾向于认为艾伦先生相当直率，喜

欢单刀直入而非以外交官的方式循序渐进。此外，我能向您保证，他是诚实的，对所承担之任务是守信和忠诚的。如果您能够把你们协商的进展进行记录并告知我，我将感激不尽。这是由于您将担任本该由我来扮演的角色，而我日后会承担此任务。

祝您获得成功，新年好。

您诚挚的

C. B. 布思

7. 容闳致布思（1909 年 1 月 4 日）

310 号，萨金特街，哈特福德，康涅狄格州

1909 年 1 月 4 日

C. B. 布思先生

1515 加菲尔德大道

南帕萨迪纳，加利福尼亚州

当整个世界都反对清廷时，是时候出击了！

尊敬的先生：

本月 2 日收悉您和李将军之回复。次日我将两信转寄犬子，以便他能被及时告知我们所筹划之事。

一旦您在纽约的代理人艾伦先生获准与我会晤并进行安排，我会让犬子出席我们所有的会商，也许还能在我们的交谈中起到积极作用。希望您方便时也能来此地，尤其是在从中国方面获得袁世凯突然被罢黜这个惊人的消息之后。他是中国转型期间最强有力之人。因此，李将军也应到此，盖因我们规划事业需要非常之举以促成实质性变化。

由于我是美国唯一一个能够对中国新政府摄政王的突然举措做出合理解释之人，我必须扼要指出我们务必在规划中清除康有为。我不想和他有任何关系。他不是一个能够与伟大事业发生联系的可靠人士。

我寄给你们本月 4 日《哈特福德快报》的一篇剪报，请你们注意本月 3 号周日刊第二版的《纽约先驱报》。

您诚挚的

容闳

8. 容闳致布思与荷马·李（1909年1月16日）

310号，萨金特街，哈特福德，康涅狄格州

1909年1月16日

布思和李先生

1515加菲尔德大道

南帕萨迪纳，加利福尼亚州

尊敬的先生：

我尚未见到W. W. 艾伦先生，但计划在下周一，即本月18日会面。

我要告诉你们的重要消息是澳门被还给葡萄牙了，已就重新划界事宜做出改变。如我稍早以前给你们的信中所说，澳门将会还给葡萄牙人。现在已经既成事实，我们行动方案因此变得简单。但我们的准备工作应当精益求精，以便应对突发事件。也许英国和法国会为了改变他们以卑劣手段获取的殖民地所面临的命运而插手此事，并排挤我们。

为了确保主掌一个帝国，而非只是获得一个小小的共和国，我建议把可能给我们带来恶名，以及中国人民和整个文明世界都无法接受的无用和有害的因素通通清除。

我的意思是，把所有如同康有为那样不切实际、空想和纸上谈兵的改革者，以及如同三合会、白莲教和大刀会那样全部投身于盗匪和抢掠的组织一概抛弃清除。

为了加强我们行动的理由并赋予其特色，我们必须拥有那些人才，他们已经给予这个世界有关其务实政治能力和能为人类谋福利的不可小觑的证据。

现在，袁世凯已经被剥夺了所有政治权力和官衔，遭到匆匆罢黜。我最后设想把他拉入我们的事业中。正因如此，我推迟了与艾伦先生会晤的时间，而让觐槐拜访了他。我正写信给唐绍仪，让他从斯普林菲尔德赶过来。他有可能会来看我。他是袁世凯的门生和左右手，也是我1872年的留美学生之一。从他那里我可以了解中国政局情形，也许通过他我可以和袁世凯建立联系。袁世凯很了解我，非常愿意与我结交。但我在美国，难以如愿。其人现被罢黜，如果我能拉拢他，他就能够自主，还可以让其全部欧式新军自主并听指挥。他价值一千个康有为。他已经得到所有在京外

国代表们的尊重和良好印象。如果他能支持我们，我们为中华帝国进行的战争就已经打响并获得胜利。这是由于他确实是中国的实干改革者，作为务实的政治家，他已经赢得全体民意支持。人民尊重他，对他评价很高。他和康有为是死敌。当康有为给北京发电以毒杀先帝之名让人刺杀袁世凯时，连康的自己人都因康提出如此荒谬的指控而背弃了他。康的支持度立刻下降100%。康再也难以恢复他作为一个稳健可靠的改革者的正常地位。我会晤唐绍仪后会写信告知您会晤结果，让您了解我有意所做之事。

您诚挚的

容闳

9. 布思致容闳（1909年1月16日）

洛杉矶，1909年1月16日

容闳先生

310号，萨金特街，哈特福德，康涅狄格州

尊敬的容博士：

同时收到您1月4日来信和艾伦先生来信。他在信中说同日也给您写了信。我今天还收到了他1月11日来信。他说到那时为止，他还没有收到4日给您寄往哈特福德信件的回音。

我带着非常浓厚的兴趣阅读了您的来信，尤其是您对康有为的评价。我确信唐绍仪就我们不了解的近期中国动向的某些方面与您保持联系。然而，需要注意的是，唐绍仪是袁世凯的追随者，自然会从该人立场看待一切。毫无疑问，我认为康和袁之间的关系至少非常紧张。

我们尽力从报纸摘出的有限信息中了解时局状况，但我们确实仰仗您持续告知我们时事进展，并指明我们必须采取的任何行动。今天早上的报纸里有一篇来自北京的报道，说美英公使正就袁世凯被罢黜之事向中国外务部要求解释。我认为此举过于冒犯，难以理解，除非柔克义（William W. Rockhill）公使及其同僚因有下述想法而得了巨颅症：他们正对中国利益施加宗主国的义务。在一定条件下，考虑到起作用的相关影响，中国政府

也许会明智的允许他们用当前观点来自我欺骗，而我又想到，那种态度也许正会对您有所助益。

我非常希望您能拨冗接受我的邀请，来南加利福尼亚做客。我会尽力使您舒适，您来会使我非常高兴。请不要忘记，只要您有意，这个邀请随时等待您接受。希望很快能得到您和艾伦先生会晤的结果。

祝好。

您诚挚的

C. B. 布思

布思打印

10. 容闳致布思（1909年1月25日）

310号，萨金特街，哈特福德，康涅狄格州

1909年1月25日

C. B. 布思先生

太平洋电气大厦

洛杉矶，加利福尼亚州

尊敬的先生：

您本月16日信已于21日收悉。唐绍仪到我寓所斜对面朋友家做客之时，我期望能与之一晤。但由于只有他自己知道的原因，他未知会我便悄悄溜走了，我因此失去了弄清袁世凯被罢黜夺权真相的机会。我遂立即奔赴纽约与艾伦先生在莫雷山宾馆（Murray Hill Hotel）会面。我给了他一份中国各政治组织的名单，不过只介绍了康有为和孙中山的名字，而未能给出其他领导人之姓名，我也并不知道他们是谁。这并不重要，因为他们的姓名并无任何实际作用。

但我告诉艾伦对袁世凯事件导致的形势的看法，这可以在他游说资本家之时有所助益。

袁世凯遭罢黜有两大影响。除了康有为及其追随者外，该事件会导致整个中国的全面不稳定；另外，列强对清政权的稳固和安全绝不会有信心。

现在，如此宝贵的袁世凯被罢斥，清朝赖以稳定之柱石被击碎，谁能预言接下来会发生什么。庆亲王就此事之解释对英美公使的鲁莽质询来说堪称满意，而后者狂妄到自认为有能力精心调理以整合中国。但是，中国事态发展早晚必然会出现不可避免的合理结果。即如我们所关注的，新政府所做蠢事越多，人们对政府必须更替的要求越大。如果我们准备利用敌人错误的话，其中潜藏着我们成功的机会。

我认为，现在正是我们努力争取袁世凯的天赐良机。罢黜期间，不论指控他毒死先帝之事是否属实，袁世凯内心一定非常痛苦。

新政府中满族人很多，导致袁世凯被罢黜。这具有反动特征。毒死光绪帝的指控是一批对袁世凯充满嫉妒者打出的借口，这是由于袁世凯在人民和外人中声誉日涨，还由于其改革措施会使康有为及其追随者失去动力，并丧失在当前大刀阔斧推行的改革里的领导地位。他们想象没人有权顶替康有为：众所周知，康有为正是袁世凯的头号敌人，他在从槟榔屿发到北京的电报中策划了对袁的暗杀。

几天前，一名中国高官就广西银矿之事拜访了我，告知“康有为因袁世凯毒杀先帝的指控而致函北京刺杀袁，这险些铸成大错”。他说：“康无法提出任何支持该指控的证据，而采取了最仓促和不慎重的做法。”“康有为自作自受、形象受损，在所有追随者心中声望下降，我就是其中一个。”

以目前形势看，我认为袁世凯难以复出。对他的嫉妒和反对力量甚大甚深。有几分可能性的是，或许可以让其以办理子女在美读书为由离华赴美。其他借口则可能促使政府阻止其离境，他也可能被以某种见不得人的方式干掉。一旦他能来，我们将尽力让其与我们达成一致，加入我们事业中。必须趁热打铁。

从袁世凯事件的大致情形中，你马上会发现康有为内心里并不在乎中国的变革，只关心政治权力、影响力和财富。不论袁世凯曾经犯过哪些不审慎的明显错误，其本质上是一个诚实能干的改革者，已经向世界展示了其作为睿智政治家的切实写照。康有为则是一个不切实际的理论家、狂想者和纸上谈兵的改革者，曾因批量制定大堆改革措施而使先帝卷入是非当中。先帝因热忱推行这些措施而注定成为国事犯。

综上所述，我想了解你们在有关本事业的财政方面进行了哪些准备。

犬子觐槐给了艾伦先生一份有关如何补偿财政辛迪加（财团，下同——译者注）的草案。我相信艾伦先生已经就此事致函你们。我还想知道李将军如何看待把澳门还给葡萄牙人之事。来春，我也许能够接受你们的盛情邀请离家赴洛杉矶与您和李将军会面。请将此信转给李将军过目。祝你们安康。

您诚挚的

容闳

11. 布思致容闳（1909 年 2 月 2 日）

洛杉矶，1909 年 2 月 2 日

容闳先生，

310 号，萨金特街，哈特福德，康涅狄格州

尊敬的博士：

收到您 1 月 25 日非常有趣的来信，我很认真地研究了它。很感谢其中提供的信息。我还收到艾伦先生写自 1 月 21 日的来信，他在其中提出一些方案。我对此进行了回复。我今晚没有时间写信告知详情，但我有意认可您信中内容并告知您我已建议艾伦先生全面考虑我们对整个事件的看法；如果您能如同对我一样和他放开详谈，他将会告知您全部事件的进展。

您若能通过唐绍仪或其他方法与袁世凯建立切实可行之联络，这难道不是最可取的选择吗？艾伦先生在其承担的全部事务方面被授予替我代言之权力。我一旦有时间，就会针对您信中所提之事给您写信，进行更为全面的讨论。

匆匆执笔，欢迎您方便之时来此处。

祝好。

您诚挚的

C. B. 布思口述

他外出时邮寄

12. 布思致容闳（1909年2月13日）

洛杉矶，1909年2月13日

容闳博士，

310号，萨金特街，哈特福德，康涅狄格州

尊敬的博士：

2月2日给您写信后，我收到艾伦先生寄来的两三封信，但其中没有任何显示我们计划之事取得较大进展的迹象。我知道，您觉得此事中有些因素对我是难以借通信方式来表达的。

若事态相较我从艾伦先生那里了解的没有发生变化，我写信建议您考虑与欧榘甲（字云樵——译者注）先生安排早日来洛杉矶。我认为当前情况下，银矿之事应从这里而非纽约着手。我对此事有所了解，其余则最好写信交流，而艾伦先生很快会参与此事，我认为，最可行且对相关各方均有益处的处理方法是在这里进行会议。应该可以立即在这里安排会议以制定切实计划并达成可行协议，这些是在纽约难以实施的。我认为您应认识到，最终决定自然将在此处做出。看来务实处理一些事情非常必要，而这只有在彼此充分会谈协商后方可实现，请您予以决策。

我将此信复件寄给艾伦先生以便其考虑，我相信您会尽快抓住机会与之会晤。如前所述，此信写作乃基于我上次提出建议后你们之间未能达成重要决定之假设。

祝身体好。

您诚挚的

C. B. 布思

布思打印

副本给艾伦

13. 容闳致布思（1909年2月19日）

310号，萨金特街，哈特福德，康涅狄格州

1909年2月19日

旁书：欧云樵（即欧榘甲——译者注），保皇会副次长，与梁启超同来

C. B. 布思先生

太平洋电气大厦

洛杉矶，加利福尼亚州

尊敬的布思先生：

收到您本月16日来函。自艾伦先生来此后，我们之间没有交流过重要事宜，这说明手头之事因缺乏有决策权的核心力量而难以处理。

我不认识你信中提到的欧榘甲。他在多大程度上会与我们达成一致？是谁介绍他的，他此来何干？除了一个简单的事实，即某个华人财团拥有在广西开采某些白银富矿的专属权，他们现在急需获得我尚在古巴儿子的服务外，我不认为该组织能对我们的事业有任何帮助。该华人财团的成员，如我所知，全部属于现在更名为帝国宪政会的保皇会，康有为是该会公认的领袖。因此，我们既不能对被允许参加我们会议的华人过于认真，我的姓名也不必向新来者提及，除非此人经过我的认可。

我现在还无法赴美西太平洋沿岸地区参加任何会议。我现在正忙于完成自传，但3月或4月初或可以启程。

祝您及家人身体健康，代我向李将军致意。

您诚挚的

容闳

附：

1

我在古巴的儿子已经接受华人财团派其赴中国查勘广西白银富矿之建议。如果查勘结果如其所述，他会留在财团内担任总监督之职。

现在可以一箭双雕，我向您提出以下建议。

我知道，如果不是完全不可能的话，我们也很难为推行本事业获得财政辛迪加的支持。解决所有问题的简便和快捷方法是请您为我筹集10万美

金，有了这笔钱，我在纽约的另一个儿子、李将军、艾伦和我可以同赴中国考察，了解人力和物力的实际状况，以便我们做出最后决定，看这些条件是否能保障进一步行动。

在我长子担任华人财团采矿总监的掩护下，我们隐藏的目的不会暴露，除非我们自己把这事捅出去。这对我们来说将是难得之机，不仅可以了解两广人民的舆情，还可以查勘两广矿藏。

2

现在，所需的 10 万美金不仅用来支付我们一行的全部开支，而且可以用来执行把苎麻转丝技术引进中国的项目。苎麻是一种中国常见的植物。将其漂白脱胶制成可与蚕丝混合编织，并使蚕丝更有韧性和耐用的制作工艺——我了解此项技术已超过 15 年。我认识这项工艺的发明人，并仍保留有我们之间的通信。他去世了，把技术传给儿子。其子最近找到我，我们遂恢复了有关此事的通信。最近联络的结果是，我可以花大约 3 万美金获得此项技术的全部使用权。不同制作工序使用的机器设备大约价值 5.5 万元，全部大约需要 6.5 万元。总计 10 万元。

如果您愿意为我在几个月内筹集上述款项，我可给您开出带有附加条件之收据，即在两年内以 100%利率归还全部 10 万美金，或提早还完。我的目标是组建两个苎麻转丝工业公司。在中国，生苎麻商品市场价每石（133 又 1/8 磅）为 4-7 美元。生丝每石价值 1000 美元。据此，您可以估计大致利润。

3

您可以看出，我正准备一举两得。如果我们的伟业因缺钱或其他原因无法实现，我希望还有苎麻产业可以维持。

我认为在广州和上海各开一个公司并不难。两地均为丝绸生产中心。广州还是苎麻生产中心。

此信附注仅供您本人参考，请勿告知他人。

敬候回谕。

容闳

14. 容闳致布思（1909年2月22日）

310号，萨金特街，哈特福德，康涅狄格州

1909年2月22日

C. B. 布思先生

634，太平洋电气大厦

洛杉矶，加利福尼亚州

尊敬的先生：

本月19日我寄给您一封信，写得有些匆忙，有不少错误和遗漏。该信附言甚长。其中有向您提出的私人建议，即为我筹集10万美金用以开展苎麻转丝项目。此事不会干扰我们心中的主要事业，亦不会阻碍我们，而能在我们采取最后行动前有助于弄清中国形势。中国政治棋局上已经走出了几步，这使整个局势错综复杂，我认为应当认真研究，而后在不引起敌友怀疑的情况下谨慎从事。

一旦我得到您愿意且能够筹集10万美元的承诺后，我会买下苎麻转丝制作方法。此技术到手后，我会到中国，在广州和上海各组建一个苎麻公司，并让我次子担任两公司的总经理。我会亲自担任企业总裁。

以建立苎麻转丝工业为幌子，我得以接触一些中国南北各地最重要的资本家，在以和平方式造福中国的行动中会获得官员对我们的信心。我的长子则可以通过加入采矿事业来巩固该信心。

我谋划的行动能达成以下目标。

1. 组建2家苎麻转丝产业可以归还您10万美元借款和利息。

2. 该产业的巨大利润，将成为我手中能撬动为中国谋福利以进行公共改革之舆情的阿基米德杠杆。

3. 重大政治行动将不会缺乏能将其推进的物质资源。您个人在两家产业中的股份将被决定并认可。

在此随信寄给您3份苎麻转丝样本。再次祝福您。

您诚挚的

容闳

附：

我们如果回到中国，我的两个儿子将公开投身到实业当中，我们则有

充足时间来了解民情和政府的政治状况、帝后死亡带来的影响、罢黜袁世凯的原因及其对北京和各省政治团体的影响以及新执政的秉性。

在中国各地进行为期三个月的周游考察将会使我们对总体局势建立良好认知，帮助我们决定是否执行我们的目标，以及在多大范围，采取何种步骤来推进——以上一切都可以在和平的佑护下毫无风险地实现。

15. 布思致容闳（1909 年 3 月 6 日）

洛杉矶，1909 年 2 月 13 日

容闳博士

310 号，萨金特街，哈特福德，康涅狄格州

尊敬的容博士：

收到您 2 月 19 日来信，因事务繁忙、无暇详细研究该信与 2 月 22 日来信中所谈各事，故为迟复。

我写信给您谈及欧榘甲，此乃其在美西通用之名。若用欧云樵，保皇会副次长之名，您就极有可能知道他了。数年前，他与梁启超曾来过此地，最近李将军得知他在温哥华处理某些采矿事务。我想我记得李将军说过曾写信请他到这里来。

至于就我们通信谈及之任何事务与其联络，我们这边毫无此意；而我也并不记得信中有任何涉及我们谈论之事。不过，我倒曾考虑，此采矿之事可用来为我们的目标服务，具体情形我将在我们会面时予以告知。

我理解您对与所议之事相关人士提及尊讳之焦虑，我可向您保证，就我方而言您无须为此操心。

与艾伦先生关于我们事业的会谈没有取得任何进展。我认为，除非有更进一步的会商，沿着我们所讨论的这条线很难有成果，而该会议的举办日期则主要取决于您何时方便。我记得您 2 月 19 日的信中曾说，您会在 3 月或 4 月初来这里。我希望艾伦先生届时也能来此地。

看起来您和艾伦先生尚未能对彼此有足够了解以相互欣赏，但我确信您会在不同情况下作出准确判断，发现艾伦先生是我们事业中最有价值者。艾伦先生在其行业中地位很高，有许多很有能力且极富影响力的朋友。

他写信告诉我，已和他所了解的最合适的人一起调查了苎麻业务，收到样本后不久他得到消息说不需要投资了。我带着审慎的心态读了您对苎麻业务的描述。数年前，某位拥有除胶和加工苎麻纤维专利的人士曾到洛杉矶；我有一些和您随信寄来的一模一样的样品。此人似乎说苎麻可以在此地、墨西哥以及世界各处种植，还说苎麻加工制造可以获取巨额利润。

不久前，另一人来此地按同样的方式设立公司，看起来他们加工苎麻非常成功，开始销售苎麻丝制作的服装。有两三年，我曾穿过据说按该人方法用苎麻丝松散编织的内衣裤。尽管此事曾使本地很多富豪介入，但据我所知毫无结果。看起来该技术多少只是试验性质，尽管据我所知，我认为应该可以把苎麻纤维掺入真丝或亚麻中，某些条件下，如果处理得当则可以顶替二者。

恐怕您并不知道，为广西设厂而在美国筹资有多难。一定要有一些对人们非常有吸引力的项目，才能使他们在遥远、不熟悉和难以掌控的地区投资。无论回报率多高，尽管您给我写信全面告知此事并寄来样本，我仍认为我难以从正常情形出发接手并如愿推进该事务。如果您能亲自直接与相关方会面，而非通过第三方进行，您则有可能更成功的获取合作。我的判断是，要在此处获得投资，除非您抵达这里，否则言之过早。在纽约，除了艾伦先生外，我不认为能有任何其他人适合委托处理此类事务。

最后，我认为我们应重新考虑最初的计划。我研究当前形势愈多，则愈发相信，在取得进展之前，必须要依靠沿着那些计划脉络的某些事情。

相信天气预报报道的今年这时候您那里的恶劣天气对您的健康没有不良影响，希望您的事务能很快处理好，以便来太平洋东岸。祝好。

您诚挚的
C. B. 布思
布思打印

附：

我的建议是，康有为已经在美国失去大量保皇会成员和支持者的拥护。我有可靠信息说，前保皇会成员中有非常大比例的人士抛弃了该组织，转向致公堂输诚。我知道致公堂是革命党的别称。除了获取情报的目的外，我认为不应与那些会党中的任何一个普通成员或下级头目协商，我们是通过与某些会党领袖的联络获得上述事实的。据说因不当挪用公款之事，将康有为从保皇会中除去并不很困难。

16. 容闳致布思（1909 年 6 月 5 日）

310 号，萨金特街，哈特福德，康涅狄格州

1909 年 6 月 5 日

C. B. 布思先生

634，太平洋电气大厦

洛杉矶，加利福尼亚州

尊敬的布思先生：

自我们上次就伟业进行书信交流后，一晃数月已过。

经过对此事进一步思考，我认为不经过详细研究、了解全部情况则本人难以承担之。该事业牵涉巨大但难以言表的责任。一旦启动，数百万人的生命安全会因此面临危险。在现代社会，革命也许能够在不把整个国家卷入无政府混乱漩涡的情况下得以推行。就中国而言，在当前情况下，以和平手段解决有关国家变革和重建的整个问题，也许可以不通过极端暴力手段达成，那些手段无一没有掺入比罪恶本身更难以根除的社会和政治恶行。

在中国采取决绝措施发动革命之前——除非完全必要，否则不要去做——我建议到中国去研究一下整体情形。如果我发现我们从报纸杂志上读到的所谓改革与实际情况并不相同，只是为耸人听闻和安抚不满民众而制造的虚假骗术和空言大话，若整个中国都处于蠢蠢欲动和酝酿变革之中，就到了考虑我们下一步行动的时候了。这就是我的决定。我因此一直没有向被授权代表您的艾伦先生推进此事。这不是由于我对他缺乏信心，也不是为了保持和睦。艾伦先生很好，是一个有良好天赋常识之人，也非常适合以商业方式行事。如果条件允许，我打算本年秋天返华。如果途经太平洋东岸，我一定接受您的邀请拜访您。我希望李将军能够与我同行。祝您身体健康，也请代我向李将军问候。

您诚挚的

容闳

17. 布思致容闳（1909 年 6 月 11 日）

1909 年 6 月 11 日

容闳博士

310 号，萨金特街，哈特福德，康涅狄格州

尊敬的容博士：

收到您 6 月 5 日非常有趣的来信，也非常高兴得到您的消息；从您信中的语气看，我认为您身体如通常那样康健。

中国事态此起彼伏，从我们获得的报纸和私人信息判断，事情正向比以前更令人满意的方向发展。

我完全同意您对寻求问题和平解决的意愿，这些问题存在多年，近年来尤为突出。了解美国内战的人知道最令人害怕的是让那样的经历在任何国家重演。

我们谈到的改革措施也许会有一些实质性的意愿，但是否足以达成稳定和长久的结果——我相信您的说法——只能通过近距离审慎的调查来决定。

最近您一定注意到报纸上的一段报道，据说五位大臣受诏访问袁世凯，以黄绫的形式传达了当政者的意愿。

根据事态发展顺序，从康有为有意除掉袁世凯起，罢黜、退休和现在的黄绫事件承前启后向着致命的方向发展。袁世凯与一些域外国家有很深瓜葛，我们需要更多的思考和时间来完善此事的细节。

友人私下告诉我，康有为的计划包括今年秋天某时在北京找一座寓所。由于他是已故皇帝的强力支持者，现任摄政王自然应将其视为合理的顾问。如果我的猜测日后成为事实，这个问题就会循序渐进按照康有为给出的建议逐步得到解决。

大约 3 周前，我收到艾伦先生在匆匆奔赴布宜诺斯艾利斯前夕发来的一封信，他提及与令郎进行了会晤。

我想您曾在古巴的次子已经启程前往中国。如果他还未动身，我非常乐意请他在洛杉矶逗留以便在出发前与我交谈。

我认为艾伦先生在本月中旬左右会回到纽约，其后不久会来洛杉矶。我希望他来太平洋东岸前能和您会晤。

我当然希望您不会不安排经过太平洋沿岸以前往中国，在继续更长途

的旅行前，请来我这里做客。

李将军已经完成他新的军事著作——《无知之勇》。我给哈勃兄弟（Harper Brothers）公司寄去了手稿以便出版。寄出前我把作品给沙菲中将（Adna R. Chaffee）和斯托瑞少将（J. P. Story）审阅，后者曾任炮兵总长和海防委员会主席，现在两人都已退休。他们每人写了一篇书评，高度评价该书；他们各自都对我说李将军是一位最高明的军事天才。这不仅仅由于读了他的书，还由于我安排了几场他们和李将军的会谈。

将军健康状况很好，正在写另一本书。我相信他正把《朱笔》改为剧本。我收到您信后他偶然来到我办公室，我把信给他读。他让我向您致意，并说没有什么比能与您一同到中国旅行更令他愉快的了。他的一些朋友正怂恿他担任美国驻华公使。他的一些非常有影响力的朋友正尽力帮他达成此事。我相信，如果不受一些政治伎俩左右，他被任命应当不成问题。我认为他就任该职将不仅对美国有巨大价值，对中国亦然。

希望您有意此事的时候给我来信，也希望不久之后将有幸与您长谈。

祝好。

您诚挚的

C. B. 布思

18. 容闳致布思（1909 年 9 月 14 日）

16 号，阿特沃德街，哈特福德，康涅狄格州

1909 年 9 月 14 日

尊敬的布思先生：

我将写一封短信给您告知我仍活着，仍时常想起您。

从我近期的沉默以及我上封信的内容，您不必认为我已经全然放弃致力于中国当前形势所需之希望。

我一直为准备出版的回忆录忙碌，待其出版后，将送您一本。

我认为李将军仍然致力于撰写著作，他也许发现出书比策划中国的军事行动更有利可图。一旦他完成写作，准备担任战地元帅，他一定要让我知晓，因为我明白我能在文治方面协助他。

看起来中国的一切都发展顺利，但无人能预言明天会发生什么。《纽约

先驱报》发布了袁世凯被召回担任东三省总督和唐绍仪担任直隶总督之职的新闻。《纽约先驱报》的报道历来耸人听闻，我对上述关于袁和唐的消息有所怀疑。根据《纽约先驱报》的报道，或许您还记得袁曾收到执政大臣送给他的黄绫命其自杀，而唐则被报道说已经辞职退休。这些报道自相矛盾，但如果属实，则说明清政府是多么虚弱，而被迫采取摇摆反复的政策。

希望这您和李将军身体健康。

您诚挚的

容闳

19. 布思致容闳（1909 年 10 月 2 日）

加利福尼亚洛杉矶，1909 年 10 月 2 日

容闳博士

16 号，阿特沃德街，哈特福德，康涅狄格州

尊敬的容闳博士：

收到您 9 月 14 日来信，当时我正在海边进行必要的休息，因此对您那封非常有趣且令人欣赏的来信迟复为歉。

我希望能尽快得到一本您的自传。

李将军正准备在本月某时通过哈勃兄弟公司发布他的著作，我了解到他已经提前为您准备并邮寄了一本。在 9 月 18 日和 25 日的《哈勃周刊》（*Harper's Weekly*）中有一些书摘，尽管很零碎，但能部分展现该书视野。我期待这本书到书评者手中后会造成一定程度的轰动。书中有一些新思想，我确信其结论会使读者感到吃惊。

几周前，李将军的父亲在与将军准备到檀香山进行一到两月的旅行时去世了。他的去世使将军深受打击，以至于对近期的行动无所适从。相信不久您就能收到他的来信。

至于美西海岸这边，来自中国的消息都是负面的。艾伦先生在纽约的时候不断给我寄来《纽约先驱报》剪报。他曾来这里数周，与李将军进行了两三次长谈。艾伦先生现在去北方了，不久会回到纽约短暂停留，然后可能再次返回加利福尼亚。

艾伦先生对我们给他的计划非常积极，他相信这些计划如果按我们的

构想推进的话会一定能获得成功。如果计划任何部分开展到足以引起您的兴趣，我会乐意及时告知您。

我很高兴听到令郎部分来信，这是某天午餐时由凯洛格医生（Dr. Kellogg）为我读的。这封信描述了令郎初次进入中国与朋友和亲戚聚会的感受，信中对中国的赞赏表述十分欢快，极具绅士风度，体现了他对祖国民族精神的敏锐洞察力。

我仍期望您能拨冗来加利福尼亚，那时我们就可以坐下一起长谈。

祝好。

您诚挚的

C. B. 布思

布思打印

20. 容闳致布思（1909 年 10 月 20 日）

16 号，阿特沃德街，哈特福德，康涅狄格州

1909 年 10 月 20 日

C. B. 布思先生

643，太平洋电气大厦

洛杉矶，加利福尼亚州

尊敬的先生：

本月 2 日来信已于 7 日收悉。很遗憾李将军父亲去世。我深表同情并希望痛失亲人不会影响他的健康。

我非常高兴能读其新著。他的《朱笔》一书证明他有写作才能。我难以猜测他即将出版的新书能够在美国军事界制造多大轰动。但是，我想，他将震动全世界的不是其著作，而是有展示其自身具备伟大军人才华之能力。他应召奔赴疆场的时日已然不远。关于此事，我会耐心等待您将发来的您和李将军制定的计划，您说艾伦先生对其实现可能性的态度相当积极。

在此信中，我必须对如何评论中国的政治现状不发一言。尽管有很多报道都说中国正向更好的方向快速发展，但所有都需要核实。

我希望中国不需要另一次革命，从旧中国向新中国的转变可以通过和平方式实现，而不必经历火与剑的考验。然而，这并不可能。如日本、法

兰西、英吉利、德意志和俄罗斯那样不断扩张且咄咄逼人的国家，就像猛禽扑食那样紧紧盯着伟大的中华帝国以寻找机会下手。满洲已经落入日本的魔爪。美国想要抗议最近签署的《中日协定》，但除非抗议有强大的陆军和海军作为坚强后盾，否则毫无用处。

日本就满洲问题强迫中国签署的协定已遭美国政府抗议，并可能引发大战，将其煽风点火以促发大战并不费力。

在这样的情形下，中国政府的无能和腐朽助长了对中国领土的攫取。应当容忍和支持这样的政府以满足欧洲列强和日本的野心吗？正是中国政府的腐败阻挡了中国向伟大国家的进步。因此，摧毁该政府成为必需——这是最高使命在道德上的必需。

我不知道自传什么时候能出版。一旦印行，我打算送给您和将军每人一本。它只是我在中国和美国生活回忆的简单叙述。你肯定会对其失望。

向您和李将军以及艾伦先生问好。

您诚挚的
容闳

21. 布思致容闳（1909 年 12 月 23 日）

634，太平洋电气大厦，洛杉矶，加利福尼亚
1909 年 12 月 23 日

容闳先生

16 号，阿特沃德街，哈特福德，康涅狄格州

尊敬的容博士：

过去两三周我一直试图给您写信。此信为李将军的秘书帮我记录的口述内容，但由于自本月 1 日以来李将军生病，我很难见到她。

关于您 9 月来信，我认为，李将军对中国事务的行动及其参与问题，全然取决于他的顾问们对事态发展到需要他参与之决定。相对您和其他人感兴趣的事业来说，他的著述工作位居其次。一旦受到他可依赖和完全信任之人的召唤，可以确保他会回应。

您 22 日的电报说孙逸仙已到纽约，并邀请李将军和我到纽约或哈特福

德与您会晤。我今晨已经回电，告知您李将军最近的病情。现在让他离开此地到气候很不适宜的地方将会是非常不审慎的决定。我相信他不久会恢复健康。我在电报中还建议您和孙逸仙到这里来。我非常乐意得到您早已承诺的到访消息，没有您，在这里开会就有反对意见。我认为在这里举办会议能同美东一样好。

至于我本人，现在刚到年头，我还设立了一家公司，这使我以后数周必须集中精力于此事，无法离开加利福尼亚。给您写信的时候我还无法预期孙逸仙想要什么。如果您同意，我会让艾伦先生同您会面，他会按您的要求做。前些日子他离开了一段时间，他的地址是“纽约联盟俱乐部”。我很遗憾，这里的商业事务使我无法按照您所建议那样与您和孙逸仙会晤。我非常想同您将整个事业重新研究一遍，尤其是从孙逸仙那里了解他对当前形势的看法，他最近刚刚从革命行动的战场上归来。如果有任何原因使您或孙逸仙不能来美西，我想请您代我向孙逸仙保证我非常乐意邀请他来访。尽管我认为面对面商谈会更令人满意并得出更好的结果，若您能详细写信研讨，亦可使我们抓住机会并定下未来的计划。

祝您节日快乐，身心康健。

您诚挚的

C. B. 布思

布思打印

我将在家中招待孙逸仙。

22. 容闳致布思与荷马·李（1910 年 3 月 4 日）

16 号，阿特沃德街，哈特福德，康涅狄格州

1910 年 3 月 4 日

C. B. 布思先生

荷马·李将军

634，太平洋电气大厦

洛杉矶，加利福尼亚州

尊敬的先生们：

听说孙逸仙医生在洛杉矶已与您会晤两次，但还没有制定可以用于行

动的成熟计划。他对您的热情接待非常高兴，并表示衷心感谢。他在2月21日的信中更说明，最近的广州事件是一次流产的起义，这正如我所料。

因此，你们失去了筹集几百万美元来护送孙逸仙返回广州发动远征的机会。不过，也许还会有下次机会，如果我们要做一些决定中华帝国未来命运的事业，我确实希望不会耽搁太久。

你们现在见到孙逸仙即孙文了，听到他亲口描述其所做和将做之事，知道他手下人的构成和特点，以及如果得到精良装备他能达成的事业。我还想问一下，你们对他的看法如何？

我很清楚，没有足够经费存在银行，我们无能为力。现在我把2月16日致孙逸仙书信的一段节录在此：我指出，在行动前我们首先必须拥有在银行的至少150万美元现金存款，另有200万美元用以应对急需。另三项必要条件都属次要，决定于首要条件。也许孙逸仙与你们的会晤中已经提及此事，但他在给我的信中并未透露一言半语。

结束行文前，我必须请您告诉我，如何能够公平获得贷款，而不会招致拿一个国家的主权换取如麻乱局的嫉恨指控。如果您能设法解决，请让我知晓。

祝好。

您诚挚的

容闳

附件：容闳致孙中山（1910年2月16日）

16号，阿特沃德街，哈特福德，康涅狄格州

1910年2月16日

尊敬的医生：

您本月14日从加利福尼亚旧金山史普福巷30号（30 Spofford Alley, San Francisco）发来之电报于本月15日晨收悉。

在当前中国的形势下，于广州发动革命是否明智，您是最好的评判者，而事情后续的发展将会予以证明。

我认为，除非我们进行了周密准备，不应发动任何革命。而所谓周密准备，我是指具备如下先决条件。

第一，在银行里拥有至少150万美元现金储备，以及另外200万美元紧急备用金的可靠储备。

第二，有干才组成的临时政府，以负责新政府行政和已夺取省份或城市的重建事宜。

第三，将整个军队交由一位干将指挥，他确实能够将其训练成符合现代战争观念之科学原则的可用于攻防战目标的军队。

第四，着手组建由少数蒸汽快艇和战舰构成的海军。

具备这些条件后，我们就能拥有信心和希望以开展革命事业。

有关财政事务方面，我不知道布思先生及其代理人艾伦能够如何帮助我们。这很大程度上取决于我们所能提供的担保条款。我希望我能和你们所有人一同聚会并就此事交换意见，但也许攻占广州将会实质上改变借款的条件。在您扬帆启程赴东方之前，我期待您的来信。

请经常给我写信，以便让我对中国正发生之事有全面思考。天气正日渐稳定，我想我的健康状况会逐步转好，也许能够赴洛杉矶拜访李将军和布思先生。

衷心祝你成功和健康。

您诚挚的

容闳

附：请代我向布思夫妇和李将军致意。

23. 容闳致布思（1910 年 3 月 16 日）

16 号，阿特沃德街，哈特福德，康涅狄格州

1910 年 3 月 16 日

C. B. 布思先生

荷马·李将军

634，太平洋电气大厦

洛杉矶，加利福尼亚州

尊敬的布思先生：

谢谢本月 8 日之来信。

我是否大意忘了说已收到您 2 月 9 日之来信？您和夫人在信中都表达了对鄙人自传之兴趣。我记得好像回信了，但现在看起来错了。你们给我如此高的赞誉，的确出乎意料，我深表荣幸。我的次子也这样认为，他来访时我将你们来信给他看了。很遗憾我未能把叙述加长以满足你们的兴趣。

但我的方案是简短而甜蜜，扩大篇幅则会冲淡该书意味。

我将您本月 8 日来信里指出的两种为事业筹款的方法铭记心中。既然孙逸仙医生将在某日赴洛杉矶。我很想从他那里了解他对投资家们能够采纳和落实的切实可行的、基于商业行为的贷款方式的看法。

期待获知孙医生与您和李将军所安排会议的结果，并向布思夫人问好。

您诚挚的

容闳

24. 容闳致布思（1910 年 3 月 28 日）

16 号，阿特沃德街，哈特福德，康涅狄格州

1910 年 3 月 28 日

尊敬的先生：

孙逸仙医生在最近一封信，即本月 17 日的来信中说，他和您及李将军再次会晤。现在他必须奔赴檀香山了。

为了协助达成获得贷款商业基础之事，我向您提交后附计划以供参考。还请告知您对其内容的坦率看法，并请无保留的告知应如何办理以使其合理可行。

恭候佳音。

您诚挚的

容闳

附件：贷款方案

贷款协商方案

贷款

1000 万美元

以每笔 200 万美元的额度分 5 笔支付，或根据事态必要性来支付。

贷款期限为 10 年，自第一笔 200 万美元支付完成之日开始计算，该笔贷款在贷款协议签署和批准后立即执行。

10 年期内，或在贷款到期前任何时候，新政府有权选择部分或全额归还贷款。

利息

贷款利率为每年 15%，每笔贷款付款前预先支付。

补偿

占领某省并恢复境内和平秩序后，新政府应马上任命财政辛迪加成员担任海关专员，以征收该省进出口关税达 15 年。被任命者应按照要求为他们的任命发行可靠债券。债券的特点和规模待定。

特许权

鉴于财政辛迪加为新中国所提供之宝贵服务，作为对此服务之进一步承认，新政府负责授予其以下特许权：

1）对苎麻贸易的垄断权

2）对云杉木浆的垄断权

3）石油贸易垄断权

4）电报站（Telepost）业务垄断权

上述特许权为期 15 年，自新政府正式启动之日开始计算。

临时政府

临时政府各机构人员如下：

1 名总统

1 名副总统

1 名国务卿

1 名财政部长

1 名检察总长

1 名陆军部长

1 名海军部长

1 名邮政署长

1 名教育专员

1 名农业专员

1 名专利专员

1 名警务专员

将从事最艰苦之工作，以启发推行伟大事业最广泛之信心的机构人员有：陆军部长、海军部长、财政部长。

荷马·李将军必须担任陆军部长之职。此外，他还应当成为新政府所属全部陆上军队的战地元帅，因此应获双薪。此举措将立即把所有怀疑转变为积极的信心，即贷款将不仅不会被无知无能之人挥霍，而由一位知道如何组建军队之人来使用：我们开始应建设多大规模的陆军？使用何种式样的战争装备和武器？何时何地给敌人致命一击，以便在遭到最小抵抗的道路上实现我们的目标？如此情形下，难道财政辛迪加不会感到偿还贷款的机会得以确保吗？难道我们应当忽视这个与他们约定的机会吗？

对海军部长这个职位来说，我们应当从美国海军部寻找一个真心实意赞同新政府的年轻人。他必须是安纳波利斯海军学院的毕业生。选拔他不是因其海军天赋，而是因其健全且坚定的头脑和品格，及其拥有伟大胸怀和灵魂之无可置疑的证明。

就财政部长人选而言，我认为没有其他年轻人比容觐槐（Bartlett G. Yung）更适合担任此职务，尽管他是我的儿子。

他有明晰准确的判断力，他有良好的管理和执行力，他非常忠诚。

目前很难找到适合临时政府名单中其他职务的人选。总统和副总统，国务卿、检察总长及其他职位将由外国顾问指导下的中国代理担任，直到新政府可以无须外国帮助独立运作为止。

此信结束前，有一重要事项不能遗漏，即归还贷款事宜。

每年都应拨出某省全部岁入的固定比例作为国债归还这 1000 万美元。比例为多少须待我们确认广东和广西的切实岁入后决定。两省极可能率先被我们占领。

构成中国本部（China Proper）的 18 省全部岁入总额据统计为 9000 万两银。在改革和改组后的政府管理下，全部收入也许可以增至 4 倍之多。

25. 容闳致布思（1910 年 5 月 26 日）

16 号，阿特沃德街，哈特福德，康涅狄格州

1910 年 5 月 26 日

C. B. 布思先生

686，太平洋电气大厦

洛杉矶，加利福尼亚州

尊敬的布思先生：

我本月 18 日曾给您和李将军一并致信，请问你们的工作现在进展如何？其进展程度是否足以确保你们致电孙医生，让其尽快来洛杉矶会晤。得知

您已发电报给孙后，我和次子将安排出席会议。我刻意提出此建议，是为了节省你们横穿大陆的时间并避免劳累，我知道您是个大忙人，将军身体也不好。我也想在哮喘于秋天发作前治愈我的花粉热症。

如果有其他事务需要您来此地。我很高兴欢迎您在任何时候来哈特福德。

向您、布思夫人和将军致以最亲切的问候。

您诚挚的

容闳

26. 容闳致布思（1910 年 11 月 10 日）

16 号，阿特沃德街，哈特福德，康涅狄格州

1910 年 11 月 10 日

布思先生及夫人

尊敬的朋友：

在令千金萨拉·惠勒·布思（Sarah Wheeler Boothe）小姐的婚礼来临之际，非常感谢你们想到我。我尚未见过令千金，与她并不相识。衷心祝福她即将大婚，并致以我最诚挚的祝愿，希望她享受幸福的婚姻生活。

也许您知道，中国政府出于执政动机以及延续王朝生命的意愿，向中国人民承诺两年后开设国会。

不论这个承诺能否实现，届时如何施行仍未可知。我的观点是，如果这个国家的领导者和思想者对各国曾尝试的代议制政府之历史有足够了解，他们就会不急于在中国实施民主。民众政府或民主，就像柏拉图的亚特兰蒂斯那样，作纸上谈兵非常容易、简单且富于吸引力，但在落实的时候就完全不是一回事了。至少，美国的民主就是这样，其社会和政治问题总是不断出现，需要解决。

如果中国的领导人在这个关键时刻知道国家的真正利益所在，他们就不会以宪政政府或国会来统治国家，而坚持用有限君主制来管理。该制度须由某些良好的设计来变革，这些改革包括稳重而有度之财政、官员薪俸、通过竞争考试确定的官员流转，以及为责任最大之职位选拔最能干和道德纯粹之人。如果有限君主制建立在这样的基础上，就比训练创立一个共和政体的任何政治实验更有价值，这些实验可能如同 1788 年和 1790 年法兰西

那样把国家卷入混乱的革命之中。这就是我对中国在新近觉醒中应做之事的模糊想法。在此，我预先向您致以圣诞节和新年祝福，同样也请代我向李将军致意。

您诚挚的

容闳

二　布思与艾伦通信①

1. 世纪编码公司致布思（1908 年 10 月 28 日）

世纪编码公司

284 号，石头街，纽约

1908 年 10 月 28 日

C. B. 布思先生及公司

洛杉矶，加利福尼亚州

先生：

我们将在下个月把"世纪标准编码册"的用户名单增加 1000 人，为此将花费 5000 美元经费。

收到您 10 美元（原价）订购 1 本编码册的订单后，我们将给您的通信人寄去 1 份免费副本，邮资除外。

这是以其实际价值十分之一的价格获得已经出版（全皮包装）的最经济、全面、简单和安全的密码的大好机会。

若您在检查该作品后有异议，请将其归还，则可收到购买支付价格的全额退款。

本密码可节省您一半电报费用，其中包括超过 5 亿种表达法，不仅允许您以第一、二、三人称和过去、现在与将来时态表达每一件事，还可以用问答以及否定与肯定的形式来表达，这些都是其他任何同类作品不具备的优势。

---

① *Charles Beach Boothe Papers*, 1850-1976, Box/Folder: 1 : 2, Hoover Institution Archives.

密码单词均为人造，字数相同，它们可以与任何有语汇单词的编码联用而无须顾虑发生冲突。

此外，该编码册纳入了备用词，是可以满足您个人需要的私人密码。

我们将此信发给甄选出来的4000名密码使用者，尽快回复则能确保您获得此函所承诺之利益。

您诚挚的

世纪编码公司

附：我们是隐私与目录方面的编码专家。

2. 布思致艾伦（1908年11月18日）

洛杉矶，加利福尼亚，1908年11月18日

尊敬的先生：

我同李将军进行长时间的会晤后，刚刚返回。相信您已经通过报纸了解了上周那个古老国家发生的一系列事件，由于这实质性地改变了局势，毫无疑问对我们这里正着手之事颇有助益。李将军今天会写信给容闳，并通过容闳与康有为和其他将组成资政会的人联络，一旦人员汇集，资政会将在这里召开。自我返家后，经过对当前局势及其结果的深思熟虑，李将军信心十足，认为资政会会晤后，只要手中有一笔数额为X的资金，或者有在12个月内可根据需要提取的等额款项，以及另一笔承诺按需支付的用以应急的X数额的款项，革命工作可以立即启动，并能确保至多在18个月内取得成功。现在，相信康有为手中有1-2 X和X数额的款项，我们会请他将这些款项入库以增加革命资金。此信息仅供您本人参考。

我能给贵方的最合理的保证是，由于资政会将包括那些抵制美货团体的负责人和发起者，当前的抵制美货运动（Jingo）将会很快被彻底终止。可以保证，一旦筹集资金，无论是现金或特许让利等任何红利，均可在实际行动开始后六个月内予以回报。至于如何操作待我向您做出详细解释。当然，您不要以任何方式提及或暗示构成资政会人士之姓名。若您能够积极参与此事并成功完成，您必然会理解其重大意义。如果您有必要带某人加入，我们亦不反对，但您务必谨慎，需要对此人有充分了解。如果您同意与此信附件剪报上提及的那方面接触，我能给您寄一封不错的介绍信。

这马上意味着它是一项事业。事态发展尚无法赶上形势变化。正在准备完善的计划以待资政会批准。李将军正在编写密码，数日内完成。

我随信寄给您只供临时用于我们两人之间的密码。也许不太合适，但我必须告知您，那些矿藏按照习俗和法律仅由政府拥有，只有政府有权让渡或处置。还有类似的许多事情我将谈及，但现在没有时间写下来。现在对我最重要的是，一旦您做出决定，我能知道您确定将参与我向您建议的事业，我会把一些情报将向您转达。

您诚挚的

C. B. 布思

3. 艾伦致布思（1908 年 11 月 19 日）

W. W. 艾伦

咨询工程师

纽约百老街 25 号

1908 年 11 月 19 日

布思先生

C. B. 布思先生

太平洋电气大厦 634 房

洛杉矶，加利福尼亚州

尊敬的先生：

就您随信寄来之世纪编码公司通告函一事，我认为：

我已经让该编码作者来会面，现在案头已有一本他的全部编码以供检查。我已略加研究，下面是我当前的看法。

该编码之原理为每句话由 5 个字母构成，这些字母构成 2 个音节。第 1 个音节由 2 个字母构成，第 2 个有 3 个字母。这些由 5 个字母构成的单词每个都与任何其他单词有至少 2 个字母的差异，以便使信息传递错误的风险降至最低。因此，书中任何 2 句话都能由 1 个 10 字母组成的编码单词构成，这是因为每个由 5 个字母构成的词都能成为书中其他任何 5 字单词的前缀或后缀。您要知道，5 字单词和 10 字复合词都是人造的，这样的单词和复合词或许根本无法在字典中查到。例子如下：

LOIZY = Instructions have been 指示已

UKAPS = Sent to you 发给您

因此，组合词 LOIZYUKAPS 的意思是：指示已发给您。

这就是编码原理，其普适性取决于对编码书里句子的选择。在此必须说明，编码作者受限于以下事实，即他曾在莱博编码公司（Lieber Code Co.）担任 8 年秘书之职，而该公司的编码书里有不少我见过的最没用的句子。自然，该作者使用了不少，甚至可以说太多此类句子，而影响了他自己编码书的价值。不过，我认为该书比许多同类书籍要好，其人造词汇相对西联、莱博和其他编码中所用的那些恶心词汇来说，当然是巨大进步，上述几家编码公司从所谓《欧洲政府与私人电报伯尔尼公约》制定的词汇表里选用了各自的编码词汇。

只是在近两年，这些人造词汇才被我国和国外电报公司允许使用。我听说，一年半以前一项激励措施触动了所有研发者，使他们意识到其最大利益潜藏在完善所有编码工作方面，尤其是那些在最少的编码词里纳入最多表述意义的工作。

如果我没弄错，国外有一两套处理人工词汇的系统要比世纪公司的综合性更强，现在我正与其所有者沟通，有结果了会通知您。

几年前，我搜集了某种密码资料，其可满足侧重于采矿和冶炼事务的一般用途。当我能找到合适的编码系统，以及我认为自己足够富裕时，我将制作一种能够让所有编码使用者震惊的密码。然而，既然到那一天还有些时日，我倾向于认为，直到目前世纪编码是美国创造的最好的密码。据我所知，外国编码系统基于 2-3 个字母的音节，如果不是过于复杂，就可能比世纪编码的综合性更强。因此，我们可以稍等一阵再决定。

上文没有谈及数字编码，这是由于美国电报公司的业务还不够全面，没有采用以一组 5 个数字代表 1 个单词的外国方法。如果美国公司采用该方法——相信他们很快会采用的——我相信数字编码会成为综合性最强和最有价值的系统。

我认为，当世纪编码的所有者事业足够发达，拥有能印制适合手持的袖珍版本的资本时，该编码的价值将会有实质性增长。如果依赖上这种编码，将会人手一本。也许西联编码最大的价值体现在人们可以在所有国内外城市的西联电报局里找到其编码本。

您诚挚的
W. W. 艾伦

4. 艾伦致布思（1908 年 11 月 25 日）

W. W. 艾伦
咨询工程师
纽约百老街 25 号
1908 年 11 月 25 日

尊敬的先生：

我刚刚收到您 18 日来信和密码，我对此详加考虑，并对我能获得的公开文件和其他信息来源进行了两三周研究。

直到目前我尚不能找到有关抵制美货运动的任何确切信息。美国领事报告对此只字未提，却对我们倾销货物的商业手段充满批评。我对东方人的性格有足够了解，知道领事报告的批评是正确的，我们的人必须改变方法并确保消除抵制美货的行为。

同样，我发现，我们的大量制成品经英国卖到东方国家，另有部分经那些国家边境的英国定居点（租界——译者注）输入。因此，尽管我们确实把很多货物直接运输到那些东方国家，却有实无名。

此外，我从“美国外贸航行”档案中提取了从 1903 年（含）至 1907 年（含）的一些数据，希望发现我们当中哪一大群制造商受到“抵制美货”的冲击最大。我发现，1907 年面粉出口是前一年的 12 倍，而其从 1903 年至 1906 年出口持续增长；1907 年小麦出口数量极大，是前一年的 100 倍。很明显，农业出口利益没有受到冲击。

至于棉花方面，我们发现出口持续增长，只有 1904 年例外，从 1903 年的接近 1300 万美元下降到次年的 400 万美元，但 1905 年又上升到 2700 万美元，1906 年是 2900 万美元，1907 年又大幅下降至约八九百万美元。然而，由于抵制美货在 1907 年以前更加有效，如果说该年损失不是由其他因素导致的，显然有问题。

值得注意的是，1903 年红铜出口额是 2800 美元，1904 年是 2.8 万美元，1905 年接近 1000 万美元，1906 年是 360 万美元，1907 年只有 27 万美元。原因是1905年和1906年出口的大量红铜去年又被运回这里，而没有由那些输出红铜的投机商来铸为钱币。

包装工业看起来遭受了一点损失，但他们1905年的最高收益也没有超过总计60万美元。我认为他们一直注重欧洲市场，而忽视了东方市场。

从事石油工业的团体则非常兴旺，从1903年的180万美元发展为1904年的470万美元，再到1905年的830万美元，1906年的420万美元，1907年的590万美元。这些人当然没有受到抵制美货的影响，他们看起来也没有受到与1905年或1906年进入的欧洲石油制造商之间合约的太大影响，根据合约，他们同意不进入东方市场。显然他们没有彻底保持在外。

对不了解情况的“街头人士”来说，前述事实表明抵制美货似乎不是一种很有效的力量，如果有人非要让这些“街头人士”中的某个支持解除抵制，他很容易受惊并指责对方受贿。

如果我的推理正确，如果没有我无法获取的有关抵制美货的消息来源，看起来要筹钱就必须转向另一批人，以贷款所获之让步和利益为索价基础。从您的信中，我判断投资将会在六个月左右偿还，而新的安排成熟后就会获得利益让渡。这就需要一批完全不同的人来支持，于是成为银行家而非制造商的事情了。

至此，我们曾谈及某总领事馆。我的调查显示，该馆现任领事有驻该国公使的支持，亦有来自纽约的参议员们的支持和纵容。看起来他的位置非常牢靠，难以改变。如果现在想要改变他的地位，这绝不是一件轻而易举之事。

对基本问题的讨论大致如此。很遗憾我们的朋友们未被告知最近死亡事件（指帝后死亡事件——译者注）的急迫性，以便帮助他们在过去几天的行动中妥善表现。看起来继位者已经坐稳，决心留下来。我相信我们在平原上骑马得来的经验是：野马只能在开始几个跳跃的时候把骑手摔下来，之后就驯服如常了。然而，这个时期还有其他方面的一些问题，但我们只需针对此事进行处理。这是常识，我们能从中推导出此事对我们打算接触之人的影响。就此而言，我请您注意此信所附今晨《先驱报》的剪报。虽然只是假设，但更多事实表明两国政府之间已经进行了相当程度的接触。我非常明白，在影响抵制美货运动方面，资政会起的作用将比政府还大，但我相信上文给出的数字清楚显示，当前抵制美货运动并不是一股特别活跃的力量。

我从自身带有局限性的观点出发讨论了此事，如果有错我愿意改正。只要能给我提供数据和其他所需资料，以便向那些我要接触之人证明我在为一项伟大事业合法的请求他们的合作，我就准备担负此事业属于我这边的工作。我明白，这样的信息和条件难以通过信件来完整传递，如果您对此信的回复看起来值得一做，我计划立即动身前往洛杉矶或美中地区，以获得所有必要信息。然而，如果资政会在洛杉矶开会，最好我能在那里与您见面。

祝好。

您诚挚的

W. W. 艾伦

注：书信空白处有“抵制美货，1905 年春”的字样。——译者注

5. 艾伦致布思（1908 年 12 月 7 日）

W. W. 艾伦

咨询工程师

纽约百老街 25 号

1908 年 12 月 7 日

C. B. 布思先生

太平洋电气大厦 634 房

洛杉矶，加利福尼亚州

尊敬的先生：

针对上周我匆忙写给您信中所谈商业密码之事，我非常仔细地研究了留下来的 3 种密码系统，最终认为便宜的两种均无一能满足我们当前的目标，或长期使用之目的。

然而，向 A. S. &R. 公司提供了超过 1000 份密码的“采矿冶炼密码”（The Miners and Smelters）看起来令人满意，我认为通过该密码人们几乎能够说出任何必要的事情。例句如下：

假设我们造一不寻常的复合句，即：

Send me full details of the policy indorsed by the Advisory Board in relation to the minimum amount required and their general plan for its disbursement.（请发我与所需最小额度和开支总体计划相关的资政会批准政策的全部细节。）

ozvys	Send full details of
nhaak	Policy indorsed by
eimja	Board of control
oixjy	In relation to
jyode	The very least
dovna	Amount required
dowto	and their
nelme	approximate plan
ickal	for
gnacu	disbursement.

所发之信息转写如下：

Ozoysnhaak, Eimjavixjy, Jyodedorna, Dowtonelme, Ickalgnacu.

从上文可见，我们以 5 组密码词汇发出的有 26 个单词的信息，使该条电报中仍能加入另外 5 组每组 10 个字母的密码词汇。这仍处于我国电报公司计算的最低电报费用之内。

我一度没有时间转化其他复合和特殊的句子，但昨天我用了数个小时来研究该书，将我略有增长的使用经验用于为特殊句子编码，以便发现该密码体系的弱点。我不得不说它没有太多此类弱点，我认为它是当前拥有的最好的编码体系。

该书另外一个很有价值之处是，其尺寸为 5 又 3/4 英寸乘 8 又 5/8 英寸，厚 5/8 英寸，因此很好拿，也便于放入普通套装的口袋中。

该密码体系唯一的缺点也正是所有新近编码体系的缺点，即编码词汇的结构特点，以及这些词汇无法在任何字典中查到的事实。但要创造某种能够节省大量电报费的编码别无他法。

您认识的威廉·戴蒙公司（Williams Dimond & Co.）的经理有一个很大的白糖进口公司，其在加利福尼亚有一个重要的分公司，他告诉我他用该密码传送的电报没有任何问题（该公司用同样类型的编码词汇制作了特殊密码）。他还说，这些词汇的特点使电报员在处理时要比使用英语普通单词"聚精会神"得多。

上周，我与我在西联电报公司担任总管的朋友谈论这些编码词汇时，他告诉我他的公司反对这些词，然而，另一方面，该编码作者告诉我他已经获得提尔尼先生（Mr. Tierney）的口头赞许。他说提尔尼先生是西联公司的密码专家。此外，威廉·戴蒙公司已经在美国使用这些密码达 6 个月之久，如前所述，超过 1000 份"采矿冶炼密码"（The Miners and Smelters code）被交付给美国采矿精炼公司。今天，可以想见，在美国使用这些密码词汇事实上已经被电报公司接受了。

我想要购买一本或多本此项编码书，并尝试说服作者同意在本地电报公司拒绝编码词汇的情况下收回编码书。我倾向于认为您最好用电报授权我来为您购买一本编码书。

在收到您电报授权书之前，如果我发现该编码有任何问题，我将不会为您购买。

祝好。

您诚挚的

W. W. 艾伦

艾伦信后所附关于抵制洋货剪报：

抵制洋货争端

英国在香港为维护日本利益付出之努力或造成严重后果

《泰晤士报》电

香港，11 月 29 日——（专件）：因维护日本利益，香港政府为阻止华人抵制日货运动而采取严厉手段，此举对华人社群造成极大骚扰，以致华人决定向内阁大臣请愿。如果请愿不能阻止其所谓"迫害"，则有可能对英货也发出抵制。

政府业已未加审判而驱逐一名编辑和商人。其余六位，包括某报纸编辑及其经理，已被当局要求离开殖民地，盖因编辑们公布了抵制日货新闻，而商人则据说与最近的骚乱有牵连。据报道，两名商人拒绝离开殖民地，以便出庭应诉。极为不满的情绪在蔓延，许多华商企业威胁搬离殖民地。

6. 布思致艾伦（1908 年 12 月 23 日）

1908 年 12 月 23 日

W. W. 艾伦先生
百老汇 1707 号
纽约

尊敬的艾伦先生：

回复您 12 月 18 日附有《纽约先驱报》剪报之来函。该运动领导已经写成一信并发送给我们，经我们许可发回并抄写发给能找到的所有领袖，须待其回复，约需 30 天左右。

祝好。

您诚挚的

7. 布思致艾伦（1908 年 12 月 28 日）

洛杉矶，加利福尼亚
1908 年 12 月 28 日

W. W. 艾伦先生
中央公园西 275 号
纽约

尊敬的艾伦先生：

一两天前，我给您写信，扼要介绍了与“红龙计划”相关事件的进展。今天，________和我研究了那位姓名目前保密的先生的来信，根据当前情形，我决定让您和这位先生认识，这是由于不可能通过信件来快速推进目前正筹划的协商事宜。

现在拟派遣该先生之子拜访各位领袖，先从最重要的人物入手，而非如先前所计划那样把领袖们召集到这里。

该先生告诉我，其子在各方面都完全能执行此任务，对局势亦有全面理解。具体方案是，该先生及其子先来洛杉矶和此处，使红龙计划周全完备，以便实施。该计划草案将由其子亲手交给每位领袖，供其根据情况决定是否参与。但该先生相信计划可以制定到无人能够拒绝。

我今日给该先生写长信，详细告知他有必要向您提供保证，以便促使您说服您那方面的人为该任务提供初步行动的开支，其条件是您对该任务的结果非常满意，其可按照您和该先生都赞同的路线持续推进。如我所建议，我认为在任务实施过程中您应该陪同其子，并在便宜之时与其保持联络，以便尽早获得您认为必要的保障。如此一来，您可在此处举办会议期间来洛杉矶出席。我会告知该先生您收到此信后会与之书信联系（他没有电话）。我已向他建议，也可在纽约您指定的地点与您会晤。

您会发现该先生行为举止有些拘谨，但他是一个拥有巨大能力之人，日本的伊藤博文侯爵称他是其祖国及侪辈中无可置疑的最伟大的人物。您有可能在他推进计划时要稍具耐心，尽管他的所思所行大部分是美式的，但仍保留有一些其种族遗传的直觉。

如果您能对你们的谈话进行记录并告知我你们协商的进展，我将不胜感激。在此情况下，该先生现在将担任我一直计划担任的角色，而我日后仍将担任该角色。

祝好

您诚挚的

8. 布思致艾伦（1909 年 1 月 2 日）

洛杉矶
1909 年 1 月 2 日

W. W. 艾伦先生

纽约百老汇 42 号

尊敬的先生：

收到您上月 28 日带有剪报附件之有关"红龙计划"来函。该附件之记述由某位以稿件篇幅计酬的新闻记者所写，他也许在这些新闻机构中的某个任职，其文字全然基于从北京发来的电报，声称摄政王已经制定一些改革方案。其中值得注意的一项是那些可以接近皇帝的人无须按要求下跪。现在，新的摄政王就是个傀儡，被袁世凯完全控制，那个戴着皇冠的稚子不过是个幌子，正如这些满洲统治者所谈的那些改革一样。

尽管有各种议论，自我们在纽约谈话后，中国的形势事实上毫无改变。皇帝和太后之死及上述其他派系的上升使中国的状况实际上与以前一样，这使我们仅仅有必要以些许不同的方式来看待那些问题。

您诚挚的

C. B. 布思

9. 艾伦致布思（1909 年 1 月 4 日）

中国：红龙

W. W. 艾伦

咨询工程师

纽约百老街 25 号

1909 年 1 月 4 日

C. B. 布思先生

太平洋电气大厦 634 房

洛杉矶，加利福尼亚州

尊敬的先生：

我准时收到您 12 月 28 日之来信，仔细研究后，正如所愿给哈特福德写信。

毫无疑问，您那里的当地报纸会向您提供海外来的所有最新消息，但我想仍应当随信寄一些昨天发行报纸的剪报，我认为挺有意思。

适度谦虚地说，我认为由于某些人出现在大洋错误的一侧而失去了第二次机会。不过，也许我见了我们的朋友后能够比现在了解更多。

我非常想知道我们朋友李将军对摄政王最近行动的阐释。对我来说，它看起来最终是反动的，果真如此，机会就等着我们去把握。然而，对于像我这样看惯了东方性格的人来说，总有可能——甚至非常可能，此事后面隐藏着某种东西，对它的了解将会全然改变人们的看法。

无论如何，我将会见我们的朋友并详细告知您相关情况。

您忠诚的

W. W. 艾伦

附：

经过扩大查找，上周我拿到一份7月的《范·诺登杂志》（*Van Norden Magazine*）并带着极大兴趣阅读了。文章使我大开眼界，我确实为没有能更早从在我国各处聚居的那些人所展示的显著特征上认识此点而感到惭愧。这给我们正在讨论的那个特殊抗议带来不同解释，但我想知道所阐述的原因是不是唯一的。他为什么不挑选一本更受欢迎和更重要的杂志来发表？其观点还有待验证。

W. W. 艾伦

附：

今天将尝试给您寄去密码。

W. W. 艾伦

10. 艾伦致布思（1909年1月6日）

中国：红龙

W. W. 艾伦

咨询工程师

纽约百老街25号

1909年1月6日

C. B. 布思先生

太平洋电气大厦634房

洛杉矶，加利福尼亚州

尊敬的先生：

我准时收到您12月28日来信，根据您的提议，我致函哈特福德表达了做好会谈准备的意愿。到目前为止我没有收到回信。

我随此函寄上1月4日和5日的《纽约先驱报》剪报，其内容很吸引人，由于《纽约先驱报》对那个国家及其人民有浓厚兴趣，这些剪报可能有比您在当地报纸能获得的更为广泛的报道。

我认为在筹备的会议上哈特福德能给我更多内部消息。从目前的文字看，似乎那边的情形非常微妙。

您忠诚的

W. W. 艾伦

11. 艾伦致布思（1909 年 1 月 11 日）

中国：红龙
W. W. 艾伦
咨询工程师
纽约百老街 25 号
1909 年 1 月 11 日

C. B. 布思先生
太平洋电气大厦 634 房
洛杉矶，加利福尼亚州

尊敬的先生：

我准时收到您本月 2 日来信，注意到您对中国局势的评论。

您大可不必介意我不时情不自禁做出的评论，这是由于我在评论时没有任何局内知识。然而，看起来新的摄政王确实开除了那个据说要控制他的人。摄政王貌似极可能成为主宰。

我必须重申，直到写此信为止，哈特福德还没有回我 1 月 4 日去信。由于不知耽搁的原因，我倾向于认为那个著名人物的去职一定对正在筹谋的计划造成实质性影响。当然，也有可能我的信没有送达目的地，但至少目前还是不要再重发一封为妙。

您忠诚的
W. W. 艾伦

12. 艾伦致布思（1909 年 1 月 12 日）

文件 530
W. W. 艾伦
咨询工程师
纽约百老街 25 号
1909 年 1 月 12 日

C. B. 布思先生
太平洋电气大厦 634 房
洛杉矶，加利福尼亚州

尊敬的先生：

我很高兴今晨能接待哈特福德的儿子来访，他是耶鲁毕业生，在布鲁克林从事制造业。看来哈特福德目前受气候限制，年轻人在一次全面协商后作为代表来到这里。

我随信附上一纸，记载了他对我所说的话。当然，还有其他交谈细节，但此纸已介绍大旨。

很明显，袁世凯遭罢黜如晴天霹雳，其原因尚未全然弄清。

我清楚表达了与哈特福德会晤的愿望，可任意约定会面时间，我更希望在两三天内能见面，届时我要探讨附件中所论之事。

我不喜欢建立共和国的观点，这是由于会引起外国的关注，在后续信件中再详谈此事。

祝好。

您忠诚的
W. W. 艾伦

（附文丢失）

13. 艾伦致布思（1909 年 1 月 21 日）

W. W. 艾伦
咨询工程师
纽约百老街 25 号
1909 年 1 月 21 日

C. B. 布思先生
太平洋电气大厦 634 房
洛杉矶，加利福尼亚州

尊敬的先生：

我在 1 月 12 日汇报了与哈特福德儿子的会谈事宜，内附哈特福德通过其子递交的备忘录副本。

18 日星期一，哈特福德来到我这里，我同他们父子会谈了一个半小时。谈话内容比较散漫，多为寒暄介绍之语，真正有助于工作的不多，因此，我把从谈话中整理的部分重要信息用最简明扼要的方式介绍给您。

袁世凯被认为是权力象征，各国都对他评价不错，相信他能够对自己组建的军队施加绝对控制。由于那个种族特别保守，我不认为他被罢黜的最终结果已经被人们观察到。现在还是等等看为妙。据说他的罢黜是由于他在太后镇压皇帝前夕的行动，有人还认为日本人可能与此事相关。相信他将能够听从建议，如果能够说服他就能撼动整个事业。

康有为则疑云重重。看起来他来美国时从洗衣工人和其他人处聚敛了大约 80 万美元，他为了个人目的侵吞了这笔巨款。大家都知道他在墨西哥购买了产业，现挂在其正在纽约哥伦比亚大学巴纳德学院就读的女儿名下。所提产业似乎是维拉克鲁兹的电车道。但无论如何，人们要求对他进行审计，目前还没有开展。大家都认为他使自己身陷窘境。

广州的孙逸仙被认为是所有人中最可靠的。他组织造反，有两次几乎拿下广州。他在粤省被认为是力量的象征，以及可以倚靠之人，尽管也许有时太不稳重，总是在时机成熟前举事。他目前在新加坡，是仍遭受政府通缉的三人之一。

除此之外，现在需要的是立即行动。由于其当前地位所造成的冲击，哈特福德不能去。这会引发关注和猜疑。因此，他提议派其子作为自己的某种传信人前往。据估计，必需 6000-10000 美元经费用以支付其子的开支。未来的行动决策将根据其子的报告来制定。估计需要 500 万美元资金用于本计划，也许还需要更多，以及不少于 10 万支枪和 1000 万发子弹。我估计这些装备将花费大约 200 万美元，重 4000 余吨，构成了一小船货。很明确，上述数字使得 500 万美元不敷开支，更甚之，哈特福德说其中相当一部分要用于游说方面。因此，看来 900 万美元的经费也不算多。我将这个数字作为提出建议的基础，并用于引发进一步的思考和讨论。

昨天，我和一位匿名人士进行了长谈，他对此类事务颇有经验。相信我，我说了约 15 分钟后，他“坐起来并进行记录”，直到我离开之后都没有再次入睡。他人脉深厚、阅历甚广、“诚恳正直、可负重托”，拥有所有相识者的信心。他和我达成一致，这项任务艰巨但前景广阔，真正的难点将是如何筹集资金。我明天会再见他。

我今天制定了《筹款计划》，我把该计划的副本加入此信，其中大略描述了我对当前形势的看法。我很庆幸自己能想出这个点子，即让中国人筹集 4/9 的所需资金并从利润中获取同样的比例。哈特福德认为这个点子很好，可以落实。我并不看好哈特福德建立一个类似巴拿马共和国的想法，原因如计划中所述；在华盛顿或任何其他首都建立一个游说团的想法也不好。这是一项必须秘密且安静执行的交易，应以让外界没有干涉借口的方式推进，任务完成后其结果性质必须是内在的，而不出现在外国批评的视野里。任何从某省起事并在某省建立国家的想法都应放弃——如果您研究了当前形势，就知道，必须或全面起事或按兵不动。我希望您能告诉我您对这个计划的看法，直率指出其弱点。

我忘了说，哈特福德非常希望您与荷马·李能来这里会晤。今天，他的儿子给我看了一封信，信中显示已经给袁世凯发去一封邀请信，请他携家眷来这里，让孩子入学读书。这样安排就可以不必引发关注而举办会议。

哈特福德还说，毋庸置疑，他能够控制其祖国的所有学生群体。

我想上述文字向您介绍了事情概要，两三天内我可能还会给您写信。

您忠诚的
W. W. 艾伦

14. 布思致艾伦（1909 年 1 月 25 日）

红龙—中国
洛杉矶
1909 年 1 月 25 日

W. W. 艾伦先生
百老汇 42 号/R. 1707
纽约城

尊敬的艾伦先生：

收到您 12 日来信，内附容氏之子递交的备忘录。我认为这是事业启动的良好基础，当然，大量细节，可能还有一些重要段落必须进行大幅修改。同时还收到容闳寄来的一封写自 1 月 16 日的长信。他在此信中谈到将在 18 日会见某方，那时他会得到一些信息，这将有助于他以比写信时更加确定的方式来讨论我们的事业。从他的信中可以看出，好像发生的每个重要事件都沿着上天眷顾的路线发展，所有事件都全然有利于我们的主张。发生了好多事，我们在这里都有所了解，关于这些不宜笔述，但看起来更有益于我们事业的实现，因此我觉得拖一拖是有利的，不宜过急。我非常乐意了解你们会商的结果，会商应该是在上周一进行的吧。很遗憾，您、容闳、李将军和我没能找时间一聚。您会发现，我们这里的观点可能与容闳提出的在细节上有所不同，因此我建议，您对他在实施计划方面可能提出的想法表示赞同前，最好提议与我们进一步协商，尽管总体上我相信我们都会同意的。

至于容闳对康有为的看法，我倾向于认为是正确的，尽管给容闳写信的时候我略显保留。毫无疑问，康在某些事情上浮躁、不智且不够策略，考虑到形势的变化，现在极有可能在另一个方向上结盟，从而产生好的效果。

祝好。

您忠诚的

C. B. 布思

布思打印

15. 艾伦致布思（1909 年 1 月 29 日）

文件 530

纽约

1909 年 1 月 29 日

剪报：

> 《纽约时报》1909 年 1 月 28 日
> 中国统治者得了天花
> 北京报道告知幼主生病之事
> 伦敦，1 月 28 日——北京来电。
> 《纽约时报》通讯员说中国的幼帝正患融合性天花症（confluent smallpox）。

尊敬的先生：

昨天，我和我们哈特福德的朋友一起吃午饭，并进行了 4 个小时非常有启发性且令人满意的谈话。我发现我们的想法非常接近，主要的分歧是对方坚持行动应从他构想的某点发起，再从那里扩散至全国。我的观点是，与本地精英人物协商的基础工作应当预先开展，时机成熟后，起义可在约定时间在全国各地同时发动。这样一来，革命就可在日出到日落之间，或日落到日出之间完成，也许这样更显明智。在此我不再重复提出该论点的原因，但我也许应当表明，资助本计划的人不仅有权利，而且应当提出对他们提供资金项目的执行方式进行规定，或至少予以批准的要求。然而，此点目前尚不必决定，这里只是提出来供参考。

下文中，我尽量简要概括我们的朋友针对我提出的不同问题的看法。我对其中一些问题的关注源自对1851-1865年太平天国起义历史的详细阅读，这场叛乱造成超过2000万人丧生和无数财富损失。我的朋友说，他知道叛乱前某地有超过30万人；叛乱被镇压之后，只有不超过50人留在那里。整个地区荒无人烟，四处野兽出没。我提出此点，正可作为对名为"太平"的叛乱的评论，其组织者没有预先采取任何措施以保护、控制和治理占领地区。确实，根据记载，对从反叛者手中夺回的地区而言，清军本身比叛乱者更加残酷。上述事件表明，任何有希望的革命事业必须能给占领区提供充足的保障、控制和管理，这种控制必须从占领之时即开始，并持续全力推行。

在那个国家确实有一种公众情绪，但在通常条件下这种情绪尚未能凝聚，构成可以利用的力量；然而，如果出现新的政党，制定符合所有人个人利益的目标，再有一个或数个有计划执行力的领导人来推进工作，一种有巨大价值和力量的公意就能够凝聚起来支持他们，形成助其事业成功的绝对保障。或多或少，这种公意是由大大小小的秘密会党培养和引导的，以会党为工具，此类工作就得以开展。这一两天我会给您发一份清单，内有人名、官职和机构名，包括部分会党名单及其总部地址和建党宗旨。在此方面，我想请您尽快告诉我美国是否有《朱笔》中描写的那种会党，其地理分布和大致会员人数如何。

相信占领某地后，在各个省份和城市里都会找到某个明智且合适的本地人，他有能力负责组建临时政府并且尽快使地区民众得到控制。尽管如上所述有可能实现，这仍不是一件容易的任务。

相信通过这些不同的秘密会党和个人，向他们说明捐献者会按比例获得参与冒险的投资成果和利益分红后，即可筹集实现本计划所需的大笔经费。

大家都认为，由于到目前为止，美国人在那个国家的风险投资并没有获得良好回报，在我们这里筹集所议数额的资金会十分困难。这是由于我们某些最有影响力的人物在该国获得的铁路特许权因中央政府的要求被强制出售。我最近给您寄去的剪报也应引起您的注意，它可为近期特使来访借款5000万美金以开发满洲的真实目的提供参考。有人认为这是应袁世凯之请提出的，人们认为他行动太快，因此被罢黜。我们的朋友很欣赏该观点。华盛顿方面传来的消息说，那位特使开启了与摩根的交流，如果属实，我最有价值的努力前景之一也许会因此遭到严重挫折。

通过坚持给予报偿和特许权的誓言，辛迪加应当成为任何以及全部领导参与本事业的必要条件，也是一种道德责任，它能把大家实实在在地捆绑在一起，可以进行建构，可以成为投资回报和应得特许权交付的保障。众所周知，本质上某项联合强制执行的协议无法得到完全确保，但相信在各种情况下，会尽可能对与之相关的事情加以保障。

众所周知，思想和生活习惯以及数百年的环境，完全不适合中国人采用共和政府形式，而他们却对此非常倾慕。大家都认为，应当对他们说：“当你们具备能力施行共和的时候我们就会尽快给予你们。”同时，为君主立宪政府做准备的渐进体系能够逐步给予他们所想要的，这和先太后提供的方法类似。

据说，所谓“厘金”源自为镇压太平天国起义筹备资金而设立。虽然造反在1865年结束，该税收仍然继续，自然以各种方法进入了收税者的腰包。现在，如果“红龙计划”的领导者能够废除该项税收，以及其他不公正的类似政策，就可以在相当程度上凝聚人心，获得对前文所说计划的支持。

可以肯定，如果能够以正义及与其密切相关之原则为基础，所有行动都会获得成功。同样，如果对指定负责治理的官员们实行严格的问责制，不允许他们在任何方面有违统治之公正原则，（行动亦能获得成功）。这些都是基本原则，认真遵守就能确保成功。

前文大致展现了我们所谈事宜，现在我从自己的观点出发给予一些评论。

无须赘言，在那些交流中我直截了当、简明扼要说出了自己的看法。我这么做也许会提出批评，就如同在上封信中我针对康有为的批评那样，这也许在您和一些人听来并不顺耳，或者也许不为你们所信，但我必须提供给您我搜集的全部信息和看法。我相信您能够为了事业的最高利益准确理解这些事情的深意。

我们的朋友似乎升到了"道台"的品级，法文对道台的表述为Intendant de Circuit（地区长官），大致相当于"地区法官"（Circuit Judge）。该品级可以擢升为总督，要比"府台"（Mandarin）略高。我认为此即为"四品道台"。现在可以自问："大家都认为中国的局势日新月异，而去国八年后他对计划进行策划的根据是什么？""他能给予我们事业成果的提升期许有多高？""他在家乡的声名有多广，人们如何看待他的事业和选择？"从交谈中的闲言碎语判断，此人并没有系统的联络方式，我亦怀疑他是否有可靠的代表来持续告知其当前形势，或在公众面前彰显其名声。看起来主要依赖于他开启了留学教育，几乎全部在海外受过教育的人都把他视为其阵营的领袖，希望这种情绪能够得以转换为在做大事时的服从力。

依我之见，他不是我们的所谓勇者——体力方面的勇者。他品格力量能达到的高度只能在危急时刻体现。以种族特性来说（Speaking racially），他诚实、公正、具备有限的爱国主义。也许他的参与动机可用我们的话恰当描述为"开明自利"（enlightened self-interest）。我不相信我们正在筹划的事业是他生命里根深蒂固而全能的动机。确实，我不相信这种东西存在于该国，也不相信他认为有这种东西存在。我们正着手处理这巨大而劣质的木材，在事业推进的任何阶段都不能忘记此点。

此信附上《筹款计划（1号修订案）》的副本。修订案的另一副本昨天留在哈特福德那里供其研究。我知道哈特福德不太会喜欢其中的部分，我希望您能与荷马·李讨论一下并把你们的观点详细写信告知我。一两天内我会给你们寄一份官员名单，我获得新消息后会不时增添修订。我会把名单部分纳入为您制作的密码书中，希望您能够将您或荷马·李了解的信息作为补充发给我。

此信开头我贴上一份剪报，内附有关幼帝的重要信息。

我希望您能谨慎对待此信中有关我个人评论的部分。我们完全没有理由不坦诚相待；但有时不必将这些评论告知不了解作者思想和观点的外人。然而，在此我对您无须多言。

您忠诚的
W. W. 艾伦

16. 艾伦致布思（1909 年 2 月 1 日）

机密

纽约

1909 年 1 月 29 日

尊敬的先生：

接着 29 日我做出的评论，我认为：

至少从某方面来说，东方人就如同女人一般——其信件要点总是在附言中加以阐述；或者，其谈话主旨总是在你的手握在门把手上，准备离开的时候才表达出来。此点在我第一次与哈特福德会晤的时候就已显现无疑。当时，我们正握手告别的时候，他说：“如果让我来花这笔经费，辛迪加尽可放心，我会诚实地使用它，等等。”该言论使我初次产生某种看法，即一个东方人总是被叫来开销一个西方人的金钱，我承认我现在对这个看法还没有完全把握。相反，我不变的目标是：如果我受命筹集所需数额款项，就由我来使用，除非我找到某个我认为更加诚实的人，那时，我才会以最慷慨大度的方式将责任交付给他。

毫无疑问，我们的哈特福德朋友认为自己有帝王之气，他并不愿掩饰此点。换句话说：“飞黄腾达，异想天开。”现在不必详谈（有些不合时宜），您应仔细考虑上述看法，因为它早晚会有所应验。

然而，他节俭、精明。他认识到这个伟业也许不会顺利开展，也许会失败，因此他为自己设计了另外两条致富道路。其中之一是广东西邻省份的富银矿，另一条是新近发明的苎麻纤维去胶法，以及深度提纯法。这能使其掺入蚕丝之中获取暴利。据此，关于后者他字里行间的建议是：**此项工作应当在产丝地区及其附近开展，以便将产品掺入生丝之中**，并作为生丝或“高仿丝”来出售。他想将此方案写信告知您。您在他心目中显然与这个建议密切相关。他情不自禁将此想法告诉我并咨询如何落实此事。在闲谈此事期间，我说：“既然布思先生介绍我认识您（容闳），他当然关心您（容闳）和我会协作处理之事。”其后，他就此事问我是否能筹集 10 万美元。他认为这笔钱在妥善着手处理该事宜方面是必须的。您看，他已经“未雨绸缪，加了双保险”。

如您 1 月 25 日来信中显示的，您最近收到的任何有利信息都明显还没有传到哈特福德那里，我确认他对近期发生的所有事件极度无知。他也不知道幼帝所患天花之事，确实，我肯定日报还没有发行到哈特福德那里。

我在昨天的信里告知您，我留给哈特福德一份《筹款计划（1号修订案）》副本。我还说了其中一项必然引发其不快。该项为第2页的f条（即附件第6条——译者注），赋予“海外辛迪加”掌管所有实施项目的最高权力。当我解释道，“海外辛迪加”可以通过以某个价位公开购买其利益的方式解散时，哈特福德闪现了一丝满意的眼光。当我说，不能马上命令“海外辛迪加”离场，就像我此前在信中提到的中国政府有关某个铁路特许权的处理方式那样，他有些惊恐。此间令人想起诗句：

方法阴险，
诡计徒劳，
异教徒华仔（C------）好特别。[①]

---

① 该诗句摘自美国诗人弗兰西斯·布莱特·哈特的讽刺诗《大实话詹姆斯的大白话》。该诗通常被称为《异教徒华仔》，曾是美国最流行的诗篇之一。该诗作者旨在讽刺美国北加利福尼亚地区爱尔兰移民下层的反华人情绪，却发展成对以诗中人物阿信（Ah Sin）为代表的华人社群的种族主义讽刺诗，成为美国仇恨华人移民者经常改编并频繁引用的代表诗篇，是为美国排华主义的象征之一。参见 Gary Scharnhorst，“‘Ways That Are Dark’: Appropriations of Bret Harte's ‘Plain Language from Truthful James’”，*Nineteenth - Century Literature*，Vol. 51，No. 3 Dec.，1996，pp. 377-399。

原诗如下：

Plain Language from Truthful James

Francis Bret Harte（1839-1902）（TABLE MOUNTAIN，1870）

Which I wish to remark,
And my language is plain,
That for ways that are dark
And for tricks that are vain,
The heathen Chinee is peculiar,
Which the same I would rise to explain.

Ah Sin was his name;
And I shall not deny,
In regard to the same,
What that namemight imply;
But his smile it was pensive and childlike,
As I frequent remarked to Bill Nye.

It was August the third,
And quite soft was the skies;
Which it might be inferred
That Ah Sin was likewise;
Yet he played it that day upon William
And me in a way I despise.

Which we had a small game,
And Ah Sin took a hand:
It was Euchre. The same
He did not understand;
But he smiled as he sat by the table,
With the smile that was childlike and bland.

Yet the cards they were stocked
In a way that I grieve,
And my feelings were shocked
At the state of Nye's sleeve,
Which was stuffed full of aces and bowers,
And the same with intent to deceive.

（转下页注）

或者如格言所描述的——

江山易改，本性难移。

会议结束时，我要哈特福德亲笔写下自己对我们谈到的各种事情的总体看法（无须署姓名和地点），我告诉他我会给您寄一份副本。

我们会谈结束时，我承诺会把会谈内容向您汇报，有此约定，他说他就不会就此事给您写信了，盖因他正沉浸在自传写作中。我忘了说，哈特福德提出，一旦计划推进，就有必要离开此处搬到洛杉矶，以便与您和其他人更近一些。我没有说出我当前的想法，即如果我或者另一个辛迪加的代表要跨越重洋，就会请他同行，在方便（但安全）的地方现身，以便与各位领袖进行最后的结盟交流。我也没有说出更进一步的考虑，即这样来安排他，将使他成为皇权荣耀的可能标志。在上述会谈中，我多次觉察到他因生理忧惧而引发的不自觉退缩。

请找到并阅读二月号的《日落杂志》（*Sunset Magazine*），有好几篇文章，请将其全部阅读。

您 1 月 25 日来信在周六收付，大部分内容在寄给您的信中答复了。请记住，在我们所有人一起制定最终协议之前，我不会在哈特福德可能推出

（接上页注①）But the hands that were played
And the points that he made,
Till at last he put down a right bower,
By that heathen Chinee,
Were quite frightful to see, -
Which the same Nye had dealt unto me.

Then I looked up at Nye,
And he rose with a sigh,
We are ruined by Chinese cheap labor," -
And he gazed upon me;
And said, "Can this be?
And he went for that heathen Chinee.

In the scene that ensued
But the floor it was strewed
With the cards that Ah Sin had been hiding,
I did not take a hand,
Like the leaves on the strand
In the game "he did not understand."

In his sleeves, which were long,
Which was coming it strong,
And we found on his nails, which were taper,
He had twenty-four packs, -
Yet I state but the facts;
What is frequent in tapers, -that's wax.

Which is why I remark,
That for ways that are dark
The heathen Chinee is peculiar, -
And my language is plain,
And for tricks that are vain,
Which the same I am free to maintain.

的“通往成功的路线上”应允任何事。迄今为止，建议来自我而非另一方，确实，看起来哈特福德方面缺乏明确建议或确切计划。

您忠诚的

W. W. 艾伦

附：

我想清楚说明，我是《筹款计划》及其《筹款计划（1号修订案）》的唯一作者，因此哈特福德不必对两者之中任何一项负责。

17. 布思致艾伦（1909年2月3日）

洛杉矶

1909年2月3日

W. W. 艾伦先生

纽约百老汇42号

尊敬的先生：

回复您1月29日来信，我认真通读了此信。在对您的来信做出评论之前，我想先请您参考以前的一封信，我在该信中建议您，应设法与Memento（容闳代码——译者注，下同）先生会晤讨论本计划。东方人的心态在表达其目标方面会非常、非常谨慎，您应当注意到，我那时提醒过您，不要期望在一两次会晤里就能被全面告知形势。我都不用考虑您头脑中的印象，很明显，在其能力或计划的完美程度方面，Memento都没有能够给您建立开展明智判断的合理基础。您针对他给出的结论也许是很自然的；如果不是预先得到了有关各种可能性的全面信息的话，在最初与其交谈两次后，我也会得出和您一样的结论。我从您的信中观察到，您从Memento的言论中推断出他曾任道台之职，这个统治长官的职衔只对总督负责，有时候则只对皇帝负责。由于他谈及自身时非常谦逊，这一点您会发现是显而易见的，他显然没有说他曾在太平天国起义的时候被封王。如果叛乱成功，他可能已经成为帝国的统治者。他倾向于对提及这些事情非常谨慎，我认为有时候他更愿意否定之，但我知道这个说法是正确的。那时他并不能控制计划的发展方向，但受到那些因其个人价值而经营事务之人的支持，他也是可以把所有派系团结在一起的人，据我所知，从那时起到现在这个情况就没有改变。

他对提及不同会党的犹豫态度源自其不愿偏向任何一方，以及不愿得罪任何方面的愿望。从其不引人注意的低调行径，您推导出他不是一个体力上的勇者。他的确没有年方四十之人天然拥有的体力，但多年以来他一直精力充沛，他在祖国之时已经充分证明了自己的勇气。有关于此，毫无疑问，他当然不会谈及。您在使用“有限的爱国主义”措辞的时候再次犯错。他的爱国主义是博大的，毋庸置疑，因为我手上有一份书面声明，据我判断，其中有关他的部分显示出，如果任何时候有需要，他会完全放弃自身利益。他称自己为一个领袖，仅仅是由于他认为在这个关键阶段，这么做是必须和有益的。他和祖国发生的各种运动保持密切联系，在提及运动和信息来源时非常谨慎，意在保护线人。除了为自己的同胞实现他认为对其最有益的事业外，我有大量证据说明他并没有个人野心。

对他祖国最著名人物的认真研究会将其置于前列。没有人能像他那样拥有所有派系的信任，并将这种信任深深烙印到外国身上，使之对他产生同等信任。我附带在此信中加入我们通信里可能有意提起的某些人物的姓名代码。在我私人密码本的第 39 页，您能找到已经以密码单词代表的部分姓名，在您的代码完成前，我们可以使用它们。请将以下姓名加入该私人密码本已有的姓名之中。

MEMORIZE	-------	YuanShaikai	袁世凯
MEMORY	-------	Son of Dr. Yung	容闳博士之子
MENACE	-------	Kang Yu Wei	康有为
MENACING	-------	Tang Shao Yi	唐绍仪

Memento 是一个温和慈祥的人，就如同《圣经》里描述的：“像蛇一样睿智，像鸽子一样温柔。”从他是个青年人时起，其整个一生都献给了他的爱国主义思想。你必须耐心发展他和你的关系，这不是由于他对你本人有任何不信任，而是因置于危急存亡之地而自然拥有的警觉。我可以确保，不仅在 Memento 的学生之中，而且在各个不同会党的领导人里，没有其他名字如 Memento 的那样有如此分量、美名远扬。我匆匆执笔是想告诉您我

对此事的看法，希望您能从我的立场看待此事，这样您就不会因缺乏信息而得出错误的结论。我不可能给您我掌握的有关您提及的组织的全部信息。我在此信后面附上部分较大会党的名称。现在，由于不能在这里解释的原因，我提醒您不要试图从 Memento 那里套出此方面的任何信息——除非他自愿——我想这不大可能。只要有必要了解这些组织，相关信息可能都将由我发出——除非笼统言之，无论如何不宜提及它们。因为在某些情况下，被发现属于其中某些组织的成员，对于身份暴露者来说是非常危险的。可以假想 Memento 不属于我们信中提及的任何组织成员。

至于 Memorize（袁世凯代码——译者注，下同）与摩根公司的协商，已经开始采取行动，以使此事成为您沿着那个方向工作的绝妙的垫脚石。至于您提到的给予美国资本家的铁路特许权，如果您翻看丁韪良（W. A. P. Martin）所著《中国觉醒》（*Awakening of China*）前面部分的某一章，您就可以看到他对此事的解释。从其他渠道获得的消息看，我相信该解释是正确的，即：他们是些投机商，并没有真心实意按照特许条款执行的诚信，当他们以大幅边际利润将其售卖给政府时，这种交易并无助于美国特许公司的名誉。

您忠诚的

C. B. 布思

布思打印

附文：

中国官员品级

县代表有围墙的县城及其周边地区

1　知县　即县令

2　知府　掌管两个或多个县的官员

3　道台　掌管两个或多个府，或一府与多县（一省中有 5-10 府）的官员

4　臬台　省级司法官

5　藩台　省级财政官

6　抚台　省级行政官

7　总督

8　六部

9　皇帝

主要改革派会党包括：

保皇会：英文称为中国维新会（Chinese Reform Association）

致公堂：致力于改朝换代的组织（Dynastic Change Association）

或

革命党：（即《朱笔》中提及之洪门，《朱笔》里所说的每项事实都与该组织有关，该书作者告诉我这是正确的。）

哥老会：英文称为 Stalwarts

正气会：自立会，寻求独立（the Independents）

白莲会：The White Lily Society

最后两者实际上是同一个组织，前者分布于长江中游地区，后者分布于北部、南部和东部省份。

18. 布思致艾伦（1909年2月3日）

洛杉矶

1909年2月3日

W. W. 艾伦先生

R. 1707，百老汇42号

纽约城

尊敬的艾伦先生：

您1月21日非常有意思的来信已经在两三天前收到。回复之前我一直在等与李将军会晤。此间他正认真研究您的计划，说该计划完全符合他的看法。

至于您的信，除了有关必要的资金方面，里面所谈事实基本都正确。哈特福德不是军人，有关他的事项我们可直接跳到结论部分即可。李认真细致研究了资金问题，今天把他的数字给我了。他认真规划了战役，表明达到目标必需的全部军力包括：大约1万名战斗人员和5000名非战斗人员。能够支持6-8个月的弹药、给养，以及额外的装备、交通运输和其他事项的开支大约为250万美元。这是详细的近似估算。为了使事业不至于在关键时刻因缺乏补给而失败，我们相信需要另外200万美元意外事件备用款，这将是较为保守但理智的需求。因此，达成目标稳妥而充裕的资金估算为450万美元。李的战争计划不需要专门的“游说”款项。也许在不同方面需要一些小额款项用于该目的，但哈特福德的想法基于红龙密谋的运作方式，而非在拟议中采取的通行方式。仅通过书信难以说清此事的大量细节。

哈特福德在1月25日给我写了一封长信，以他的立场解释了相关事宜。与同您见面沟通的内容相比，信中没有什么新内容，而且他仅仅提及你们的会晤。我从您那里获得一份剪报，提及唐绍仪访美及其与J. P. 摩根公司协商事宜。您应对此事加以关注。如果唐绍仪还没有离美赴欧，我相信您应当敦促哈特福德安排你们三人之间的会晤。您应当使哈特福德认识到，在承担任何重大的财政责任之前，为了推进他的计划，必须与袁世凯建立一些切实联系；此间，如果能有助于沿该方向推进，就可以进行安排，以便落实先期经费，也许尽早确定重点是件好事。我认为您知道唐绍仪曾是袁世凯派往拜见西奥多·罗斯福的特使。我想您和哈特福德的确有必要在唐赴欧前与之会晤，这非常重要。

另：我想告诉您，李将军刚刚完成两卷本著作，题目为《无知之勇（*The Valour of Ignorance*）》。该书目的是以军事观点唤醒美国人民对缺乏防御的重视，尤其是在太平洋海岸方面。沙菲中将（Lietu. Gen. Adna R. Chaffee）和美国炮兵前司令斯托瑞少将（Major-Gen. Story）刚读了该书手稿，两人都居住于此地，沙菲将军读毕该书后对我评论说，这本书是他读过的最伟大的军事著作，印刷后会在美国尤其是在军界引发轰动，等等。斯托瑞少将今天对我说该书是一本最卓越的著作，标志作者是一位军事天才。他急于获得授权，将此书呈送给罗斯福总统，并请其撰写序言。我们已经知道，如果愿意就可以获得总统序言，但我认为更应由沙菲将军和斯托瑞将军撰写序言和开篇介绍。我认为西奥多·罗斯福给太多书写过序言了，这降低了他序言的价值。我想打扰您，请您帮忙在纽约找一家合适的出版社出版此书。出版《朱笔》的麦克卢尔出版社（McClure's）将业务转移给双日公司（Doubleday, Page & Co.）了，我认为该公司不适合出版此书。

匆匆停笔。祝好，

您忠诚的

C. B. 布思

布思打印

19. 艾伦致布思（1909 年 2 月 6 日）

纽约

1909 年 2 月 6 日

尊敬的先生：

2 月 2 日，我拜访了一位大人物，其名称暂且保密。从这个人的通性判断，他正是我有意在我们正筹谋的冒险中寻找堪为后盾之人。他有这样的美名，即他一旦接手，就绝不会放弃。您知道该人姓名后，您就会对我选择的这个最合适的人感到满意。

我向其慷慨陈词——他的回答很简练清楚，即：“我准备与地球上任何已经建立的政府打交道，但我不能着手创造一个用来打交道的政府。”这就是他的本意，基本上是原话，非常明白，没有怀疑其立场的空间。

2 月 4 日，我与前信称为“诚恳正直、可负重托”之人进行了另一次商谈，他对此类项目有大量成功经验，他也能动用大量、大量金钱。他告诉我，在 2 月 1 日，他开始在有影响力的圈子里提出相关建议，但很快认识到，那里并没有“运做什么”，遂未确定任何事便退出了。

除了众所周知的美国人对外国投资的反对态度，我们主要的困难体现在我们必须开展工作的薄弱基础上，以及对相关局势难以把握等方面。

我们的视野里只有一位老绅士，他在这里连续居住了 8 年；此间他从公众视野里完全淡出；他在行动地区并无有组织的联络员，也没有代表；他仅仅掌控少数学生阶层，或者希望能够掌控；他也不能给予能够联合的保证，以让那些现在或近期身居比他所担任官阶更高职位之人在某一时期可能认为不是毫无价值。

如果那位最近被废黜的人物能来这里，采取明确的立场，形势就可大幅改进。此事近期被提及，亦引发公众关注。毫无疑问，此时他在媒体方面有自己的人和追随者，最重要的是，他可能还有对某些经过训练以服从的人群有最高控制力。

确实，在给儿子的一封信里——该信被转述给我——哈特福德已经建议以子女就学为由邀请该重要人物来这里，再告诉他整个计划，也许这是获得成功的唯一路径。

经哈特福德确认，并且到目前为止我已经用我们政府的统计数字来向您证明，抵制美货已经是过去的事情了。即使其仍然奏效，我们包装业务的利益因从未在那里立足而毫无损失。其全部力量当前正用于尝试控制南美洲的供给资源方面，以及首先控制英国市场，再控制欧洲大陆市场方面。到这些巨大任务完成的时候，他们也许会期望为他们的奋斗打开其他大门。甚至可以怀疑，他们是否有足够的资源来占领现有之外的任何更多市场。其后，他们将会在澳洲群岛寻找此类资源（一定主要是猪肉）。供需法则控制着军事，就如同在世界其他地方一样。如果需求增加，他必然增加供给或提高价格。毫无疑问，我们可将供给增加到任何幅度，但这样做需要时间，需要时间建造铁路来运输货物，以及场地来包装货物。

笼统地说，我对那里的包装工不抱希望。我们在哪里能够找到所需的帮助？如果哈特福德的消息正确，方法已然存在，只需要我们将其开发并加以准备，对此有充足时间，而当前正在为最后的行动进行筹划。我提到前信中所谈银矿之事，据说它一吨价值 3000（美元）之多。如果属实，如果白银的蕴藏方式正如曾使人们相信的那些粗制滥造的报告所述，那么只需要 6 个月来准备开矿和建厂事宜，另 6 个月来开采我们冒险事业所需的全额白银。准备好最后行动基础的时间不能少于上述期限。

如果能相信报告，这是摆脱两难处境的一条路。也许还有其他途径。如果《朱笔》中描述的分布广泛并受到控制的组织确实存在，它指明无论如何不能忽视的一条道路。这样就需要找到很多领袖，他们非常重要。工作成功后他们能够获得丰厚回报；而欲在进入工作之前就支付报酬确为不智之举。

有了这个《朱笔》组织（如果它在各处都存在）而其状况正如所述，若能提供足够数量的可靠领袖，那么整个工作就能在一夜之间完成。现在，这些人必须存在，否则整个组织就是无用的、没有凝聚力的乌合之众，无法代表这个保守、封闭的民族，这就是我们了解的情况。

哪些是必要的呢？必须有一个大胆头脑来策划，一只服从命令且坚贞强壮的手臂来执行，一副忠诚且沉着的脾性来保持、控制和统理所采取的行动。读读“太平天国”历史，除了一个成熟的计划和一个确定的“普世”目标，我列出了他们所欠缺的能促使其以较小的生命和财产代价获得成功的全部条件。该运动造成两千三百万人丧生，以及无数财产损失——最后悲惨失败。当花钱就能使条件更有利、方法更多样且找到相关领导人时，为什么还令人不解地坐在哈特福德、汉口、新加坡、槟榔屿和其他地方舒适的椅子上？我们已被保证经费到位，为什么还要与投资人来分配它呢？为什么不在启动之后再让他看能得到什么呢？

只需读读报纸，您就能知道某个邻国已经为收获而播种了，近期来到此地的旅行者们说，观察到许多属于“军方”的德国人已到当地并积极活动。

如果我们无法获得所需条件，我们仍能在现有条件下推进，到目前为止它们仍足以获得成功。

您忠诚的

20. 艾伦致布思（1909 年 2 月 6 日）

W. W. 艾伦

咨询工程师

1707 室，纽约百老汇 42 号

1909 年 2 月 6 日

尊敬的布思：

在昨天的手写书信里，我忘了说，这段时间我没有与哈特福德或任何其他人交流任何信息。我认为这是属于您的，如果您指示我去做，我会执行任务。

匆匆执笔。

W. W. 艾伦

21. 艾伦致布思（1909 年 2 月 10 日）

W. W. 艾伦
咨询工程师
纽约百老街 25 号
1909 年 2 月 10 日

C. B. 布思先生
太平洋电气大厦 634 房
洛杉矶，加利福尼亚州

尊敬的先生：

我附上一份哈特福德按照我的建议所写的小小备忘录副本，以《中国之所求》为名，描述了他的某些看法。我在前信中已提及此事。

该文件并未如我要求那样全面，毫无疑问，作者忘记了我在哈特福德拜访他时，我要他对我们会谈中涉及的各种事项里的每一项写出自己的看法。不过，我在 1 月 29 日叙述会议的信中阐述了他的观点。

您忠诚的
W. W. 艾伦

（附件参见本书《布思文书》第一函附件 8：1909 年 2 月 容闳向艾伦提交之备忘录——《中国之所求》——译者注）

22. 艾伦致布思（1909 年 2 月 11 日）

纽约联盟俱乐部
纽约
1909 年 2 月 11 日

尊敬的布思先生：

我很高兴您给我回复了 1 月 29 日之信。其中有很多内容使我释怀，尤其是 Memento 的爱国主义一事——这的确非常使我解忧。我会在周六或周一回信，明天是假日。

您忠诚的
W. W. 艾伦

23. 布思致艾伦（1909 年 2 月 12 日）

红龙计划第 10 号件
洛杉矶
1909 年 2 月 12 日

W. W. 艾伦先生
R. 1707，百老汇 42 号
纽约城

尊敬的艾伦先生：

针对您 2 月 1 日有关与 Memento 财政事宜之来信，在我们首次会晤时即已谈明，事实上，此事由他首先提起，声明无论如何他都不会以任何方式涉及财政事宜，除非在某些情况下他乐意付款，但即使如此他也会选择他人行事。我回答说，毫无疑问，将由 Memorial 挑选的某个财政代理人处理全部付款事宜。

至于银矿和苎麻之事，此类事件是 Memento 多年以来为了开发其祖国资源进行研究的结果。

谈及您信中第四段之事，日后您将会发现 Memento 并非如看起来那样对“正发生之事”如此无知，除了有直接影响之事，以及他必须表明自己知晓之事，他对承认自己了解某事非常警惕。您必须时刻牢记我在第一封信中就会晤事宜对您的提醒，您正在与这种人打交道——经过漫长年头的或多或少都是逆境的考验，其秉性增添了谨慎行事之智慧。

由于他得了重感冒，我多日没有见过 Melting（荷马·李代码——译者注，下同）了。我计划在周六晚能见到他。他、我和前海岸警卫局局长兼美国炮兵司令斯托瑞少将会在沙菲中将家中相聚，讨论和新书相关的一些事情。他们对此事非常积极，沙菲将军已经同意为该书作序。他们认为此书会非常畅销，在国内引发大规模讨论，不仅仅在军界，在民间亦是如此。

由于信件邮递期间局势屡变，我们的通信很难严格按照事件发展的时间顺序来编号。写此信时，我想起我们每个人都应当为我们的信件编号，这样一来，即使某人弄错也可以被发现。相应的，我将此信编为 10 号。

相信您的家人安好。我们这里的天气非常糟糕。一直下雨，没有晴朗的征兆。

祝好。

您忠诚的

C. B. 布思

布思打印

24. 艾伦致布思（1909 年 2 月 13 日）

1909 年 2 月 13 日

尊敬的先生：

这是我对您 2 月 3 日来信进行准确答复的首个机会。在过去一两天里，我收到您 2 月 3 日第二封来信，今晨又收到您 2 月 6 日手书一封。我现在对上述所有来信加以回复。

我乐意为出版《无知之勇》一书相关之事做力所能及之努力。如果您决定将摘要手稿发给我，我希望您能给我所有可能的指导，以便我就此事寻找最好的出版公司，这是由于我对出版商及其业务特点等不是十分了解。无论如何，您都可以任意指挥我。

我注意到您认真计算了开支等事宜，数额在 Memento 给出的最初额度之内。我希望您和 Melting 能够谨记《筹款计划》《筹款计划（1 号修订案）》中提出的建议，上述文件要求当地人通过其组织或其他机构提供所需任何资金之少部，其目的是确保下列必然发生之事，即巩固其在我们掌握中之利益，说服他们我们不是独吞利益，而愿意与当地的资金提供者按比例分享利益，这样一来，即可给予他们共享一定程度的收获之机会。这样的办法也能使他们满意于把事业的总体指挥权放到我们手中，我认为这是必要的。这就能使外部筹款达到说好的 300 万美元，本地筹款达到 200 万美元，或者日后再行决定的此类其他比例。

我同意您的看法，Memento 的想法与"红龙计划"的方式相符，只要可能，此类方式应当被尽量废止，而直接用基于公正的方法予以替代。

Menacing（唐绍仪代码——译者注，下同）在袁世凯被废黜后很快便扬帆远航。他仅在哈特福德停留了几天，拜访老朋友，但没有去会见 Memento，也没有与他通信。实际上，后者确信 Menacing 是故意避免与其发生任何交流的可能性。自然，Memento 颇感不悦，但同时他认识到该行动源于 Menacing 想确保其在国内地位的愿望。您建议会晤的信件在 Menacing 离开一段时间后才收到，否则我将会传达您的建议。

现在，针对您 2 月 3 日第二封信中有关 Memento 的评论，我记得您早先信件中对东方人性格的谈论，我对那些种族有足够了解，知道您的评论是正确的。然而，根据您的要求，我致力于在信中向您提供每一点信息、每一个印象，正如我所获得的那样，不掩饰任何内容，让我自己在任何时候都保持全然开放的态度。有一件事使我有一点困扰。我提到，Memento 说“厘金”是为剿灭“太平天国”设立。实际上，“厘金”是对国内城市之间材料、货物和供给品转运所抽之税。在某些欧洲国家也有同名之税。解释可能是这样的，在“太平天国”起义期间，该税收被用于剿灭叛乱，但其存在了很多年，现在仍以我所说的形式存在。我希望自己曾知道 Memento 在太平天国兴盛时期获得的显著地位，这可能使我避免对该税收的管理做出一些更苛刻的评论。然而，很明显他不应对这些管理负责，评论也不算太差。

很高兴收到您的信，欣然了解到 Memento 拥有真正的爱国主义。如果我有这样的想法，即该国没有爱国主义这种道德，您大可不必责备我；很荣幸能够被纠正——针对某个人——尤其是针对在某种形势下愿意站出来为其种族代言之人。同时，我再次重复说，那些如 Memorize 等最近进入公共视野之人是非常有影响力的（世界忘记那些淡出视野者是如此之快），我也非常同意您的看法，会和 Memento 说 Memorize 应当被隆重地请到美国。

感谢您提供的有关会党的信息，会将其加入我今天将发给您的相关名单以及其他事项之中。

摩根目前在欧洲，他大约将去两个月。我最近的相关努力，可以作为您正筹划的进一步寻找此类机会之工作的前奏。确实，我曾提到的某些特许条件并没有获得强力跟进，中国政府有理由抱怨。同时，我认为，要求卖回那些特许权的表述非常不令人满意。然而，毫无疑问，那些投资人仍愿意听听我们眼下正讨论的合适的特许条件。

我从卫三畏（Samuel Wells Williams）两卷本著作中获得了有关那个国家大量的普通信息。我还没有机会咨询丁韪良，但我今天会去做。

总之，简言之，我想说我会继续推进搜集信息和相关看法的工作，如果您能在我们的通信中以类似方法处理该问题，我将非常感激，在指出您认为我出错方面，请千万不要迟疑。

我对您上封信的部分内容予以回复，同时附上一份最近的水泥债券广告，因其与您的某些活动相关，这也许会使您感兴趣。我尤其想提醒您注意总统评估利润的方法。您会发现他以铁路人的方式来估算这些利润，这种方法在估算工业利益方面远远不够安全妥善。

您忠诚的

附：

刚收到您 8 日有关墨西哥油田的来信。

25. 艾伦致布思（1909 年 3 月 1 日）

第 530 号文件

1909 年 3 月 1 日

纽约

尊敬的布思先生：

我刚收到 Memento 来信，说他已经告知您，直到 4 月他都无法西行。我希望能在那个时间之前到洛杉矶，但现在还不能确定。

请找到一份 1909 年 3 月的《大都会杂志》（*The Metropolitan Magazine*），注意里面的第一篇文章，文章后部关于我们感兴趣的 Memorize 的某些阐述如果属实，就与报纸刊载的从其他渠道获得的消息吻合。

我附上一份今天《纽约先驱报》的剪报，显示出新加坡和周边地区的情况。关于此点，我在晚间的一份报纸里看到报道，说小皇帝发布了一份上谕，命令所有督抚和其他官员立即全力应对各种革命党人。我们从这些报告的字里行间读出，可能整个帝国遍地都存在对抗政府的大规模地下活动。

我再附上一份今天《纽约先驱报》有关所谓两亿美金水泥信托债券的剪报。如果信息可靠，对您会比较重要。

祝好。

您忠诚的

W. W. 艾伦

（信后所附剪报遗失。——译者注）

26. 艾伦致布思（1909 年 3 月 19 日）

第 530 号文件
W. W. 艾伦
咨询工程师
纽约百老汇
1909 年 3 月 19 日

C. B. 布思先生
太平洋电气大厦 634 房
洛杉矶，加利福尼亚州

尊敬的先生：

我收到您 3 月 2 日来信，该信于 16 日收悉——或者日期写错，或者邮递延误——我没有收到您提到的同日发出的另一封信，但收到 3 月 3 日一封关于“红龙计划”的来信，我想这封信就是您所指的，我将其编为 11 号。我发现我没能把我的去信按您建议的顺序编号，的确，我归档的体系不是特别适合这种安排。

我在此寄给您一份 3 月 17 日和 19 日的《纽约先驱报》剪报，从中我获悉日本人和德国人之间的协议，这绝不符合我们的最佳利益。我正把这些剪报的副本送给 Memento，一段时间里，我从他那儿没有获得任何直接与此事有关的信息。我明白，我们大家在洛杉矶会晤之前，所有与他的安排都或多或少悬置着。

至于苎麻建议，我刚刚通过其子从 Memento 那里收到苎麻样本。他提议的大旨如下。

> 生苎麻的市场价是每石（133 磅）5-7 墨西哥元。极品生丝价格每石约 1200 美金。任何能将苎麻混入生丝的工艺必然会给投资者带来丰厚的利润分成。
>
> 我父亲说在对生产工艺的控制方面一旦获得满意的条件，他就能动用中国资本，但现在还没有采取任何确定行动。他想知道，一旦您的朋友们确信该工艺良好可行，他们会建议如何去做。

我今天或者明天就会给那个年轻人写信，也会给您发一份副本。

我记下您对《无知之勇》的评论，等待您进一步的指示。

我不久将尝试给您一些有关位于墨西哥瓜纳华托（Guanajuato）的佩雷格里纳采矿公司（Peregrina Mining Company）的信息。

祝好。

您忠诚的

W. W. 艾伦

注：此处未见所附剪报。

27. 艾伦致布思（1910 年 3 月 14 日）

纽约联盟俱乐部

1910 年 3 月 14 日

C. B. 布思先生

太平洋电气大厦 634 房

洛杉矶，加利福尼亚州

尊敬的先生：

我准时收到您 3 月 7 日两封来信，认真且极富兴趣地阅读了它们。

您建议比奇先生（Mr. Beach）来拜访我，我不胜荣幸，我任何时候都愿意会见他。

我们来自东方的朋友（指孙文——译者注）看起来已经完全向您暴露行踪了，据我对您的深度了解，知道您没有给他可能的理由或借口，为了与计划相关的任何数目的金钱来拜访您。我怕他并非如其所表现的那样，看起来好像接近计划的顶层。离开这里之前，他告诉我他接到电报，因即将举事，要他立即返回。虽说如此，此后他仍有时间在波士顿待了几天，然后才动身前往海岸。我对他的从容相当吃惊，他带着这份从容走近了他能扬帆远航担负大任的唯一港口，这些大任必须会党领袖才能负责。

您对他缺乏审慎和预警的批评尤其正确，您确实可以把这个批评散发到向我概述的全部计划之上，这是由于，当处理一件必须由成千上万甚至数百万人担负的使命时，很显然现在正以最幼稚的方式进行着，它如同稚子一般依赖所有相关者每个人的善意。该人鼓吹的方案以及发出的宣言是彻头彻尾的乌托邦，却准备在新近才接触这些思想的人群中施行。如果他有完全读懂人心的天赋能力，能全然了解每个人不断变化的性格特质，如果爱国主义本身为那些人所理解，他的计划才可能成功。公平地说，该计划中有一些亮点，但并不足以确保计划成功。

我认为我们朋友对其有意实现目标的鼓吹缺乏连贯性。显然各个地方有小暴动，可称之为零星的，很容易被镇压。

依我看来，该运动本身缺乏一致性。看起来几百万人拥有了该思想，但还没有联合起来，从其中间进行筛选，以便决定谁来负责整个工作，谁来执行。除非这个问题得到解决，并得以维持下去，事业就不会成功，这不是由于缺乏或多或少的金钱，而是由于缺乏纪律；没有纪律，这样的计划就不能持续。我不相信这个人被公认为“领袖”（The Leader）；他也许是“某个首领”（A Leader），但直到他们在谁能担任“领袖”方面达成一致之前，每一项努力都会失败，投入的每一元钱都比丢了还糟糕，这是由于这样会使其他人提防他，使实现计划的第二次尝试比第一次难两倍，往后难度以几何级数增长。直到建立确定的组织和纪律并全面实施，对任何资本家的智慧来说，让他在这个计划上冒险投钱，都是一种羞辱，胆敢提出这个建议的人将会被永远诅咒。

现在我对所有这些事感到遗憾，因为我非常喜欢这个人，喜欢哈特福德，喜欢这个项目。该计划对这个国家的重要性与日俱增，同样，我们必须承认，困难也与日俱增。在当前情况下我不能承担该任务，但如果该计划能被修订完善，就会成为一生的机遇。

祝好。

您忠诚的

W. W. 艾伦

（复写给李将军）

28. 艾伦致布思（1910 年 3 月 31 日）

纽约城

1910 年 3 月 31 日

C. B. 布思先生

太平洋电气大厦 634 房

洛杉矶，加利福尼亚州

尊敬的布思先生：

兹回复您 3 月 24 日来信，我非常认真阅读了该信及其附件，现归还《伦敦时报》（*The London Times*）（即《泰晤士报》——译者注）的剪报，我认为：

我刚从与杜奈卡先生（Mr. Duneka）的会晤中返回，为了避免陷入我们谈话的细节之中，我尽可能简要地把我们商谈的结果道出。

a）大家认为《无知之勇》的阅读周期要比先前预想的长很多。该书在英国造成相当程度的轰动，罗贝尔勋爵（Lord Roberts）在他们的英国议院里对该书进行了大力宣扬，这些都验证了罗贝尔勋爵在致李将军书中所说之事。

b）到目前为止，销售该书收入划出的每一元钱都已经用于广告宣传。由于广告先于销售，很容易按照每本书一美元的费用来将钱用于广告宣传，且只有销售后人们才能判断付费广告的价值。出版商的广告费基于销售收入的某个固定百分比，一旦该书未来的销售量确定，就能从中划出固定百分比来用于广告宣传。

c）没有任何削减该书销量的想法。相反，出版商承认他们对增加比作者预定更多的销量更感兴趣。与此同时，两者之间本质上是合作关系。没有对限制该书流通施加任何影响的征兆。实际上，出版商欢迎这种信号，因为它可以因广告宣传的目的而被充分利用。

d）至于从罗贝尔勋爵致作者的信中所摘录文句之事，简言之是由于出版商非常热衷将其作为广告材料。我指出，作为英国高官致作者的手写亲笔信，没有笔者同意当然是不能被使用的。杜奈卡先生立即同意这个观点。他已经从其伦敦出版社管理人员那里收到了罗贝尔勋爵热情赞扬该书的全部文字。

e）我向杜奈卡先生提出建议——到目前为止我已经将该建议告知作者及其秘书——我们国家的妇女儿童构成了有意阻止战争的最重要的阶层，

本国著名杂志和报纸应当接近他们，尤其应当迎合女人的需要。杜奈卡先生立即领会了我的想法，真心同意。同时，他说女人一般会不合逻辑地认为只要不建造战舰就可以防止战争，因此她们的影响并不可靠。我回答说，这是教育问题，同时指出那些妇女杂志里充斥的陈词滥调，并建议说，如果此事能够经过其编辑妥善处理，加上阅读该书，她们就能如同理解那些富有现实重要性的生活事务那样明白著作的要义。杜奈卡先生指出，由他给那些编辑写信实质上就是特殊申请，而他的公司主要关心销售额，他建议由我来给6家大刊物写信。我回答说，我在文学界并不知名，在遣词造句方面也难以应对如此重要之事，他于是承诺草拟一封信发给我，由我来署名并寄出，等等。现在，我的问题是，我在文学圈完全没有名声，在那个保护主义者的世界也没有名气（这是“保护主义”的一种重要形式），我的签名毫无价值；然而，正相反，您因某些广泛的公共活动而有流传甚广的美誉，因而有尽可能大的社会影响力和认可度。这件事非常大，非常重要，获得编辑们的关注后不能因某个无名之辈的签名而得不到认可，如果能有像您这样广为人知之人的签名，就会立即引起他们的重视。我得到杜奈卡先生所拟函稿后，会将其连同当时我觉得不错的评论一起发给您，您即可做出决定。也许那时您已经到这里来了。

我发现杜奈卡先生对李将军著作主题的态度，仍然处于我初次引起他对该书注意时的思绪框架当中。他看起来似乎没有失去对该主题的哪怕一点点兴趣，也没有失去任何对该书至关重要性的信心。当然，他还受到通过该书谋求其公司财政成功愿望的驱动，因此，他欢迎任何有助于该书广泛发行的建议。我怀着确定的看法离开，我当初选择哈勃兄弟（Harper Brothers）公司出版此书没有错，我充分相信他们正按照商业原则尽力印制该书，商业原则自然是他们的基本立场。杜奈卡先生说，他一开始预期该书会造成亏损，但现在相信亏损要比他们预期的小很多，也许最后投资会由亏损转为赢利。我将此信副本直接寄给李将军，以便他能将此信永久归档。祝您二位好。

您忠诚的

W. W. 艾伦

（复写给李将军）

29. 艾伦致布思（1910年4月4日）

纽约城

1910年4月4日

尊敬的布思先生：

兹为回复李德（Reed）3月26日来信之副本，我已在答复中对该信进行了全面解释。

同时，我将今天《纽约先驱报》报道在摄政王家中发现炸弹和其他事宜的剪报附上。

我非常明白关于炸弹的所有报道可能是假的；同样，我知道炸弹可能不是S-（指孙文——译者注，下同）的人安放在那里的，然而，任何此类可以归咎于S-党的事件都会扼杀在这里筹款的所有希望，使事业“死得透透的”。

现在最为重要的是告诉他此事，让他明白他必须采取任何可能的预防措施防止此类事情发生，为此目的必须发布最严厉的命令。

请将此信给我们的军人朋友过目。

您忠诚的

W. W. 艾伦

30. 艾伦致布思电报（1910年7月12日）

电报

G-14 Ny Ow 42 夜间信件

纽约 7月 12-10

C. B. 布思

卡吕梅大道2008号（Calumet Ave.），芝加哥，伊利诺伊州

今晚施密特（Schmidt）回家，商谈无果。很明显，在妥善处理此地事务之前，跨洋之旅势在必行。需要时请告知您的行动。

W. W. 艾伦

凌晨3点

31. 布思致艾伦（1910年7月19日）

洛杉矶

加利福尼亚

1910年7月19日

W. W. 艾伦先生

c/o 纽约联盟俱乐部

39大街东1号

纽约城

尊敬的艾伦先生：

我昨晚在家收到一份委任状，上写中文，并盖有中国同盟会大印和17省之印，以及同盟会总理与17省支部理事长之签名。

委任状硬纸的另一面是打印的英文翻译文字，文句与我发给您的副本完全一样。我让李将军今晨对该文件进行了研究，他说签名的真实性毋庸置疑，其中一些人是他熟悉的，那些印章很明显是每个人亲自盖上的，每个签名都横跨各自的印章。该文件签署日期是1910年3月20日，地点是香港。这样就刚好有足够时间来进行电报联络和制作该文件。日期可能是在第一个人签名时署上的。黄兴代表湖南省签名，朱执信（Chu Shen Kai）代表广东省签名。

孙医生现在建立的绝对控制权不容怀疑，这份文件的制作能消除任何人的疑虑。经过审慎考虑，要解决的唯一要点是完善计划并确保其成功，关于此，我准备将所有资料都提交辛迪加，让我们的合法性全部建立在他们身上。

我在昨天给您发出的短信中说过，在写该信时，医生正在这些人之中，他了解他们，而他们没有机会从他那里获得有关其计划的任何消息。毫无疑问，他要比可能在那里会见的任何人都聪明。

他有足够的影响力使暴动在冬季之前暂停，这是第一步，届时他完全控制局势应该不难，我希望到那时我们能就我们的合作事宜给他一些明确的保证。

此信经复写，一份副本将寄给施密特先生，我会接着去做此事，这样一来你们两人就都能获得同样的信息。

祝好。

您忠诚的

C. B. 布思

李将军今晨告诉我，7月的《评论回顾》（*The Review of Reviews*）杂志里有一篇非常有意思的文章，是由一个日本人撰写的，他在其中将黄兴和孙逸仙称作两个伟大的领袖。

32. 艾伦致布思（1910年7月23日）

纽约联盟俱乐部

1910年7月23日

尊敬的查理：

刚收到您7月18日来信，认真阅读了正本及其附文。

我能理解为什么外务部要让他离开，但陆军部让他留下却难以理解，您能给予解释吗？

下周早些，J.Y.怀特公司（J.Y.White & Co.）的谢尔顿先生（Mr. Selden）将会来俱乐部与我共进晚餐，饭后的咖啡和抽烟时间里我们将会有所讨论。通过特别申明没有重启一项已经论定议题的意愿，并说明我唯一的目的是想了解和找到一个有实践经验和个人知识的人选，我消除了我们之间可能存在的某些距离。

很多事情都取决于其思想态度及其最佳行为方式，但如果一切顺利，我可能会向他出示东京来信之副本。

我仍然坚信约翰是这世界上唯一堪为所用之人。

那只狗怎么样了？

请代我向布思夫人和孩子们致以最亲切的问候，您可对萨利（Sallie's）的邮件整理法进行一些策略性的调研，相信我。

您忠诚的

W. W. 艾伦

见下一页。

附文丢失。

三　孙中山与布思通信[①]

1. 同盟会总理孙文签署颁发之中国同盟会驻国外全权财务代办英文委任状（1910年3月14日）

兹经中国同盟会本部之同意与授权，特派任美国加利福尼亚州洛杉矶市之查尔斯·布思为中国同盟会驻国外唯一财务代表。经本会总理认可授权后，委托布思全权代表中国同盟会协商借款、收银与支付事宜，并在本会总理指导下随时办理任何交洽事项。

同盟会财务代办查尔斯·布思代表本会经手之任何协议，与经本会总理及本部签署之协议有相等约束力。

The Federal Association of China
By Sun Wen (Sun Yat Sen)
中国同盟会总理
孙文
洛杉矶，加利福尼亚
1910年3月14日

2. 孙文致布思（1910年3月21日）

旧金山
1910年3月21日

布思先生：

本月19日来函及所附剪报收悉，颇为感谢。

余途经贝克斯菲尔德（Bakersfield）、汉佛德（Hanford）及福瑞斯诺（Fresno）等地并停留，今晨甫抵旧金山。明日午时，余将搭乘高丽轮（S. S. Korea）赴檀香山。余在檀香山通信地址为：转 孙逸仙，《自由新报》（*The Liberty News*），1020号邮政信箱，檀香山，夏威夷；电报地址为：

① *Charles Beach Boothe Papers*, 1850-1976, Box/Folder: 1 : 3, Hoover Institution Archives. 译文参考中国国民党中央委员会党史委员会编订《国父全集》第3册，中国国民党中央委员会党史委员会出版，1981。

Losun，檀香山。望早获先生之佳音。

此颂近祺。夫人及女公子统此致候。

您忠诚的

孙逸仙

3. 孙文致布思（1910 年 4 月 5 日）

自由新报

旅馆街（Hotel Street）40 号第 1020 号邮箱

檀香山

1910 年 4 月 5 日

布思先生：

3 月 24 日来函及所附《纽约世界报》（*New York World*）、《福莱特报》（*La Follettes*）剪报与容闳博士（D. Y.）信件收悉。《纽约世界报》所刊文章颇为有趣，余将原件随此信一并奉还。

至于容闳博士，余已告知吾等会晤之事，但未及详述。余并告之阁下不久将赴美东事宜，其可从阁下处了解一切。余现将此事全部托付阁下决策处理。

犬子安好，仍在此处学校学习。余以为将来其应赴美国先生处拜访。

此颂近祺。

您忠诚的

孙逸仙

4. 布思致孙文（1910 年 5 月 12 日）

洛杉矶

加利福尼亚 1910 年 5 月 12 日

尊敬的医生：

您抵达檀岛之来信收悉，并附有阁下父子之照片，我们对此深感欣慰。您与公子看起来相貌极为相似，甚感相念。

自您来美后，我一直致力于我们的事业，但仍不能告知您最后结果。令人高兴的是，到目前为止我已经得到非常令人满意的鼓励。

如您所述，我们非常必要为事业建立牢固之基础，且必须得到外交与财政支持。我与李将军已多次商讨此事，两周前，我安排我们纽约的朋友艾伦前来此地，我们会商并就一些重要事项达成非常令人满意的决定。

明后两日，艾伦将启程返回纽约为相应准备奠定基础，而我将赴美东完成这些准备工作。我之所以略有耽搁，乃因尚无法联系到某人——绝对有必要将该人纳入我们的计划之中，不过也许并没有真正耽误时间。

我希望阁下能劝导您在不同省份的朋友们加强其组织，但勿轻举妄动，直到阁下告知起事时机已经成熟。本国会很快报道贵国任何失败的起义行动，而我则必须对其做出解释，将来发生这些事会给我带来颇多不便之处。如果阁下能与各会党领袖联络，要求他们务必设法避免出现此类行动，最终就能极大促进以达成我们所欲实现之目标。应该只有一种革命运动，即经过完善规划和协同实施之革命运动。

若阁下能将所获任何信息定期告知我，我将不胜感激，这些信息我会妥善传递。阁下能发给我的全部细节可能在一些时候会变得非常重要。

我对我们计划成功的信心与日俱增，但我仍不敢冒着可能导致失败的风险仓促推进。美国当下有一句非常流行的俗语，是由一位叫达维·克罗凯特（Davy Crockett）的成功拓荒者所说：“确保正确后再行前进。”

希望不久之后我能在信中给您发出一些特别的信息，但除非我的计划如愿推进，那样做是不现实的。

以后您的信件请寄至 No. 1515, Garfield Avenue, South Pasadena。

祝您父子安好。

您忠诚的
布思

5. 孙文致布思（1910 年 5 月 24 日）

自由新报
旅馆街 40 号第 1020 号邮箱
檀香山
1910 年 5 月 24 日

布思先生：

余将在本月 30 日搭乘“蒙古轮”（S. S. Mongolia）启程赴日本。在日小住以等先生覆示，并为将来之工作筹谋。余目前之通信地址如下：Y. S. Sun, care of Mr. K. H. Ike, No. 10, Nakanocho, Akasaka, Tokyo, Japan。一俟余抵日安顿后，即复信先生告知常驻地址。

专此，敬祝阖府安好。

您忠诚的

孙逸仙

6. 孙文致布思（1910 年 6 月 22 日）

东京

1910 年 6 月 22 日

布思先生：

先生 5 月 12 日之来函在余将从檀香山启程之日收悉。现余抵日已两周之久，嗣后北京政府竭力促使将余驱离日本。日政府为余之居留深感困扰，其外相明示拒余之留驻东京，而军部大臣则对此持有异议。余抵日当天，日内阁即举行会议，陆军部意见获胜，余因此得以被允许留日，而一切均在北京政府采取措施之前。目前，北京政府大力施压日外务省，余自忖当主动离去，以减轻日政府之不安。

余抵日前，已有部分会党领袖前来见面。余已告知阁下之意见，暂停一切未成熟之举动。众人均表赞同，并承诺通告各省同志，立即阻止相关行动。余以为至本年冬季，此类行动均可暂停。余等遂有数月安静时间以筹备革命。

余正收拾行装，而与军部有关系之友朋则冀余多住几日。目前余之计划颇难落实，而俟各项事务确定后即致函先生。

若在余联络先生告知地址之前，先生之工作已完成，请将电报发往香港下述地址：

Chungkokpo, Hong Kong

Ahmi Settled

余之香港联络人将在余抵达时即刻将电报转达。

各省代表签署之委任状已制好在此，余将尽快寄给先生。

此颂近祺。

您忠诚的

中山

7. 布思致孙文（1910 年 6 月 25 日）

1910 年 6 月 25 日

尊敬的先生：

将离家出发之时，即得您将赴或已赴东京之消息。我自然期望从贵处得到您新地址之函件，以便以通信或电报方式联络您。我已拜访“Y 先生”（指容闳——译者注），他给了我此信使用之地址。其内容以电报传递则过长。我对访问此地之结果非常令人满意。我从“L 先生”（指荷马·李——译者注）处收到电报一封，尽管他要求我给您发电报，却没有给电报地址。其电文内容非常不明确，我难以利用。我将持续推动此工作，我们彼此需要有清晰的理解，我也需要通过直接寄到我办公室的邮件或电报以保持对任何新进展的认知。我已进行安排，在我离开时我的秘书会非常审慎和智慧地处理这些事宜。我们的事业是经过如此严肃认真的筹划，您正设法获得的那些签名文件应当尽快转给我，这非常重要，亦十分迫切。

尽管我尚不能完全确保成功，目前取得的成果极令人鼓舞，且事业自协商开始后一直持续推进。与我写信告知事务相关的流言颇令人担心。因未收到您对我去信之回复，我特意提醒您，有必要持续向我全面准确通报相关信息，必须承认，未能掌握相关信息乃我正进行谈判之严重障碍。

请保持紧密联系并告知最新情况。

布思

8. 孙文致布思（1910 年 7 月 15 日）

日本邮船会社

秋丸轮（S. S. Aki Maru）

新加坡

1910 年 7 月 15 日

布思先生：

余六月末离日，两天前抵达此地。余居留日本及途中造访上海、香港期间，曾会晤多位党团领袖，其均乐意遵嘱静待一时，以期尽早共襄义举。

余目前尚无要事相告，唯有一项，即有一曾任清廷水师某巡洋舰管带之吾党同志，现已升任海军统制之职。俟时机成熟，余以为其当与吾党并肩作战。

先生处事业进展如何？先生纽约之行结果如何？余望先生告以确信。

余之新加坡临时地址如下：

Y. S. Sun

c/o Kong Ye Chiong

77 Cecil Street

Singapore

Straits Settlements

电报地址：

Enghock Singapore

此颂近祺。

您忠诚的

孙逸仙

附言：

未来数月余或造访马尼拉，先生能否引导余拜访彼处先生之朋友？若先生认为得宜，余愿请先生，函央故旧美国前驻菲律宾将军介绍余往访当地官员。

康有为目前亦在新加坡小住，余抵达前两月其即在此地。

9. 孙文致布思（1910 年 9 月 4 日）

槟榔屿，海峡殖民地

1910 年 9 月 4 日

布思先生：

先生 6 月 25 日发自纽约之来函，昨日方抵余处。得知先生对访问美东成果极为满意，余亦颇为惬意。此前先生寄往夏威夷之信件，已在余逗留日本期间收悉。余已全部回复。此外，余去日之前，还就先生提及之谣传，给先生或李将军写过一两封信。

余在前信中已告知先生或将军，在日本时，余恰得时机阻止长江峡谷（指长江中游武汉地区——译者注）与华南地区全部未成熟之革命运动。中国各地领袖均同意暂时等待，直至余等在美之事业成功。

余向先生承诺之联署委任状已自横滨以挂号信寄出，先生必早已收悉。

现在各事必已落实。最终结果如何？无论成败，余颇欲尽快得知结果，以便余在来日采取独立之措施。

若先生认为我等筹款之事必获成功，落实只是时间问题，则请以先生之账户预付余5万美元以开展筹备工作。此举当可助余大幅推进此项工作，而数月后即使十倍之资金亦难奏此效。若先生可预支此数，筹款计划成功时先生可获两倍之回报，以为先生承担风险之利息。

直至今冬，长江峡谷与华南一带不会有起义活动；此间先生大可放心。

未来两三月，余将在槟榔屿小住。此间即使筹款成功，余亦无法拜访先生，除非上述5万美元得以预先寄来。

自上次起义失败，革命党在广东驻军中之影响已然恢复，短期内即可强过以往。帝国内部所有其他军队之态度亦然，正急切等待共同起事之信号。

近来新疆军队发生哗变。此军变为从前安排长江峡谷夏季起事之部分，余在日时根据先生建议，已将峡谷起事阻止。而此中国边陲之地则远超吾等通信方式所能联络之界，吾人无法使用政府电报线路，信使亦无足够时间远赴新疆。

此颂近祺。

您忠诚的
中山

附言：

余发现先生在洛杉矶所赐之电报码（269）不敷所用。最好使用经吾等修改之最新版A. B. C. 电报码。余建议发信者将269加入每组数字，收信者解码时可将其删除。

地址：

Chungsan

c/oTek Cheang

197 Beach Street

Penang

Straits Settlements

电报地址：

Tekcheang, Penang

汇票名亦为 Chungsan

10. 布思致孙文电报（1910 年 9 月 26 日）

1910 年 9 月 26 日
西联电报公司
洛杉矶，1910 年 9 月 26 日

Enghock Singapore

Fitness Decimal memorial meets early October. Beach

Chq C. B. Booth

11. 布思致孙文（1910 年 9 月 26 日）

洛杉矶
1910 年 9 月 26 日

我今日给您发了一封电报，内容转译如下："授权书收悉，将谨遵所嘱。辛迪加将于十月初会晤。"

我在纽约耗时六周，着力将此事大幅推进。然而，因最重要人物缺席，无法达成有效协议。此人现在欧洲，其返回纽约的时间无法确定。极不寻常的酷暑把大家都赶到了山里或者海边，我则在 7 月 20 日返回洛杉矶。自那时起即开展多次咨询，纽约方面一位代表来这里两周，以了解情况并研究形势。我亦拜访李将军两三次。

另外，我建议您给他写信要特别谨慎。我认为您最好先不要写信，可以把信寄给我，让我来向他转达相关信息。最近有不明人士闯入他寓所两三次并进行搜查。他根据我的建议已经采取预防措施，早把他的文件给我了，因此，那些人的做法毫无成果。

自 6 月以来，美国货币市场非常不稳定，很难吸引投资方去研究可能在哪些方面进行投资。现在所有我能向您保证的是，我正不惜任何艰苦、努力或花费来力求达成我们预想的目标。我也希望协商能够获得成功，但我还不能说到协商成功还有多久。我必须非常小心地走好极可能延宕的每一步。

您7月15日来信在邮寄途中被大幅耽搁，但没有被拆封篡改的迹象。我电报中称为“授权书”（power of attorney）的文件很快就收到了，但仍在我返回洛杉矶一些时日之后。

一得到我出席能起作用的通知，我就可能很快动身赴美东。不论我是否在洛杉矶，您寄到我寓所的信件会立即受到重视，我也希望您能持续通报我可能影响局势的任何行动。

报纸最近报道了从北京发来电报里的一些积极声明，说Memorize（袁世凯代号——译者注）将被召回朝廷。我亦得知Memento（容闳代码——译者注）对一则声明非常重视，那则声明从广州或者上海发出，说他以某种方式与美国正筹备的一项基金有关，这使Memory（容闳之子代码——译者注）做出了一些解释。我认为——你一定会同意——不应向任何人提及Memento，他的确不可能有所帮助，因此他也不应对此事负责。

祝贺您如愿摆脱了扰人的流言。

恰在此刻，李将军寄来一封短信，引述了您于8月11日在槟榔屿发给他的信。该消息对我极富价值，我认为您最好将这些信直接寄给我，这样更安全；我会监督把相关信息传递给李将军，无论他在何方。目前他正在各地旅行。

祝您成功，相信我对事业全力以赴的意愿，祝好。

您忠诚的

布思

12. 布思致孙文（1910年10月21日）

1910年10月21日

尊敬的先生：

我明天一早即赶赴纽约进行一次非常重要的会晤，该会晤应该能确定一些具有决定性的事务。

您9月4日来信收悉，同日转寄李将军的信也收到。我非常理解您想要提早收到汇款的愿望，我正尽全力来促成之。一旦确定成功，我会立即用您建议的密码以电报的形式通知您，敬请放心。

如前所述，我个人无法向您确保我的努力一定会获得成功，我会竭尽所能。为获得理想的结果我不惜付出任何努力或代价。

我亦非常理解您现在的处境，重要的是，您应当让相关人士牢记，任何不成熟的行动都可能导致失败，或者使成功无限期延后。如果我确定我的努力并不能在合理期限内取得成果，我会立即告知您相关事实。

有关您友朋行动的信息在您给我的信件中遗漏了，而出现在您寄到这里的另一封信里。这些信息对我非常重要，如我在前信中叮嘱的，最好只把这些信息直接传达给我，因为您寄给我的信件可以不受那些可能持有恶意人士的检查。我会通知另一方（即荷马·李——译者注）。这是为您的自身安全，也为我的安全着想。

我在信件和电报里有意持续向您准确通报事件进展，以便不使您产生超现实的预期——换句话说，在成事之前不将我的希望当成现实。关于此类事件，我相信您将会理解我较为保守的态度。

衷心祝好。

您忠诚的

布思

13. 孙文致布思（1910 年 11 月 8 日）

槟榔屿

1910 年 11 月 8 日

尊敬的布思先生：

9 月 26 日来信收悉，先生所提电报则尚未收到。先生所填电报投寄地址为何处？

10 月已过，辛迪加会议结果如何？直至此时仍无先生发来之确切讯息，尽管先生为吾等目标奋力工作，余仍恐纽约事务将会失败。先生是否有其他渠道为吾党筹集资金？吾等所需资金并不如在先生寓所初议之巨。盖因自余抵此地起，多项筹备工作已然就绪。余以为，初议资金 1/10 至 1/5 将足以使整项事业获得成功，即目前所需仅约 50 万美元之数。筹集较小额度之资金当较大额经费容易且快速，先生以为然否？若先生能从即日起 3 月内筹集此数，可为吾等事业之及时雨。过期则我们难以再等，必须尽力寻找它法另筹资金。若吾等在先生获得贷款前成功建立长期立足点，则所议之部分回报条件必须全部修改；若因我方之故无所作为或行动失败，则洛杉矶所订条件如故。

中国形势依旧，无新消息相告。

至于 Memento，余完全同意先生意见。

望尽快收到先生佳讯。

此颂近祺。

您忠诚的

中山

电报地址：Tekcheang
Penang

14. 孙文致布思（1910 年 12 月 16 日）

Norddeutscher Lloyd. Bremen

Drapfer Lützow

1910 年 12 月 16 日

尊敬的布思先生：

先生 1910 年 10 月 21 日及 11 月 1 日来信，在余自槟榔屿启程数日前收悉。因先生自来信后未再发出任何电报，余以为事情已定，即吾等难以在该方向取得成功。

余等现已采用它法，将在数月内发动壮举。但现在仍急需援助。请问先生可否设法予以协助？只需额外数 10 万美元，即可使一切顺利推进。但无论是否有此资金，余确信将在近期行动中获胜。

余自 12 月 6 日启程。离开槟榔屿赴欧，明日即将进入红海。待余完成欧洲事务后，将赴美，再返华。余抵美岸后将立即联系先生。若先生能设法襄助，余即赴洛杉矶拜见先生。

此颂近祺。

您忠诚的

中山

15. 孙文致布思（1911 年 3 月 6 日）

温哥华 不列颠哥伦比亚省

1911 年 3 月 6 日

尊敬的布思先生：

余早已有意致信先生，却屡因事务繁忙及未来计划不明而无法着手。

现余将在约一周内离开此地，途经坎卢普斯市（Kamloops）、卡尔加里（Calgary）、温尼伯（Winnipeg）、多伦多和蒙特利尔赴纽约。预计一月内抵达纽约。余在纽约地址为：Y. S. Sun, Care of Sing Fat Co., 1127, Broadway, New York。其间通信可由不列颠哥伦比亚省温哥华 Tai Hon Yat Bo 转达。

因先生无法按时筹集必要之资金，余等必须用自己方法开展革命。余正设法自华侨处筹款，已获得所需之半数略多，另一半望能在余东行期间筹得。资金落实，余等即行起事。

先生筹资计划如何？仍有较最初计划额度稍小之筹款可能否？若可能则请先生立即行动。若先生在余抵达纽约前无所作为，还请先生以挂号信赐还吾党同志所签署之授权书，邮寄地址如上文所列。盖因余曾向同志承诺，若筹款事不济，则返还签署之授权书。

此颂近祺。

您忠诚的

孙逸仙

16. 布思致孙文（1911 年 4 月 13 日）

1911 年 4 月 13 日

尊敬的医生：

在此信中，我纳入给我好友查尔斯·B. 希尔（Charles B. Hill）的一封短信，我和他就我们共同关心之事进行了讨论。

您从温哥华发来的信已收到，我有意迟复，以便您在纽约的时候可以寄达您处。

我已告知希尔先生全部相关信息，您可以如同和我谈话那样与其交流。他是有国际声誉的著名律师，非常审慎，希望您能够与之坦率交流。与之谈论后，您就会更了解事情的发展状况。有些事情他会和您说，而我就不在信里提及了。

非常遗憾您到太平洋东岸时不能来洛杉矶一聚。

在我们想实现事业的道路上有一些障碍，这些障碍现在一时难以克服。是否能克服则要看您与希尔先生商谈的结果。

您提到的文件正在我的保险箱里，我不打算用挂号信将其邮寄给您。我想，您会同意，在我们确保这些文件不会落入他人之手前，邮寄是不明智的。有两封信，我寄到您给我的槟榔屿地址，您到现在还没有收到，此外还有两份电报也是这样。我们联系的方式使我们不可能成功进行协商。您抵达纽约后，如果能够通过您完全信任的、长期驻于某地的第三方来安排某种联络方式，这样会好很多。

我在市区的办公室改在南奥利弗街 1130 号（1130 South Olive Street）。在这之前所有来信和电报都请发往我的寓所：加菲尔德大街 1515 号，南帕萨迪纳，加利福尼亚。

很高兴您在您所说的那个方向上取得成功。

祝好。

您忠诚的

C. B. 布思

（布思备份）

四 布思与荷马·李通信①

1. 荷马·李致布思（1908 年 4 月 7 日）

拉古纳海滩，加利福尼亚

1908 年 4 月 7 日

C. B. 布思先生

634，太平洋电气大厦，洛杉矶，加利福尼亚

尊敬的布思先生：

您的来信不久前已经收到。很高兴得到您的消息。康有为可能在暮春或初夏时候赶赴西海岸，但还不确定。如果成行，他到洛杉矶时我会通知您，我确信他会很高兴受到您的款待。

您是否读了我的著作《朱笔》？该书邮件应该在大约一周前被送到洛杉矶了。我现在正在写另一本书，希望能在 6 月下旬完成。因此，直到那时我会居留此地。希望您能不时写信给我，我回城里时也会去看望您。

① *Charles Beach Boothe Papers*, 1850-1976, Box/Folder: 1 : 4, Hoover Institution Archives.

请代我向布思夫人和孩子们致意。

您忠诚的

荷马·李

（李打印）

2. 荷马·李致布思（1908年8月26日）

长滩

1908年8月26日

R. F. D. 2，Box 163

C. B. 布思先生

洛杉矶，加利福尼亚

尊敬的布思先生：

几天前您的来信被交付于我。一直以来，我每天都想到城里拜见您。但由于非常忙，无法离家。我收到您来信的时候已经在这里住下了，非常感激您对我的安排。我在长滩维斯塔德尔玛（Vista del Mar）酒店住得很惬意，非常希望您能来这里与我共度一天时光。我的电话号码是长滩干线4659，盼望您的到来。

您忠诚的

荷马·李

（李打印）

3. 布思致荷马·李（1908年9月11日）

洛杉矶，加利福尼亚

1908年9月11日

荷马·李先生

R. F. D. 2，Box 163

长滩，加利福尼亚

尊敬的李：

我手头事务甚多，要在下周三离家，搭乘"圣达菲号"铁路客车赴美东，因此很难说我是否有哪怕半天时间，能够如愿在动身前去拜访您。

您对康有为先生的活动了解多少？他现在在美东吗？如果在，您能否把他的地址给我，以便我顺道拜访他。他很快会到洛杉矶吗？我希望您能给我有关他的任何消息。

您能否安排周日来城里？那时，从 11 点至 1 点 10 分左右，我会在太平洋电气大厦 634 办公室里，我想请您来这里，然后一同到我家共进晚餐。晚餐时我们将准备“烤羊羔”。

恭请光临！

您忠诚的

C. B. 布思

（布思口述记录）

4. 荷马·李致布思（1908 年 9 月 21 日）

R. F. D. 2，Box 163

长滩，加利福尼亚

1908 年 9 月 21 日

C. B. 布思先生

华盛顿哥伦比亚特区

尊敬的布思先生：

我刚给容闳先生写好一封信，说您会告诉他将在 10 月 5-10 日间抵达哈特福德。

如果必要，我将会见乔丹博士（Dr. Jordan）、奥提斯将军（Gen. Otis）、弗林特和柏金斯参议员（Senators Flint and Perkins）、南加利福尼亚州长，以及本州各商会和银行家协会。需要的话我将获得跟您说过的南部州长们的背书。

如果要推进我们商议的计划，我认为非常需要此类各种支持。我知道总统颇有意为那些教育背景和经验非常适合的人提供相应职务。我在大学就读之时，主专业是 A. E. 罗斯（A. E. Ross）教授指导的经济学和社会学，总统跟他很熟。该专业的学士学位学习为我提供了一个人所能获得的、有关此类职务的最好的学术知识教育。

另一方面，我对中国人民的了解与那些在东方有漫长和多样经验的美国人大致相当，不论是政治方面还是种族方面的个体和社会认知，我不认为还能在这个国家找到比我更确切了解华人的。您从个人知识方面当对此事实全然赞同。

我相信必须找到合适的人选去见总统。该人应当是在中国南方最重大的商业利益的代表。主要的三大块利益相关者是棉花、棉纺织品和跨大陆和跨太平洋运输行业。

如我所述，我会设法使美国贸易恢复到抵制美货运动前的状况。这意味着美国人民可以有每年数千万美元的收入。您也了解我与此事的关系。但我仍请您找一份7月号《范·诺登杂志》（*Van Norden Magazine*）。我在该杂志上刊文笼统解释了抵制美货运动的起源——您对此非常清楚——以及此前为恢复正常贸易环境所做努力的愚蠢之处。

您当然比我更知道去做什么，但以鄙人之见，有三位重要人物需要会晤，或拜访其中之一。他们是 J. J. 希尔（J. J. Hill），或棉花种植业主席，或棉纺织品协会会长。您可在纽约及其周边地区找到他们。

我只想要在广州的职位，也是由于我认为只有在那里才能很好完成任务。广州是其周边发源的所有反美主义和抵制美货运动的风暴中心。粤商是清帝国商人中最活跃的；从满洲到新加坡，每个大城市都有他们的商会，他们贸易利益和权力在东方的分布蔓延是没有边际的。

您忠诚的
荷马·李

附：

也请找一份10月号的《范·诺登杂志》。

5. 荷马·李致布思（1908年10月5日）

R. F. D. No. 2, Box 163
长滩，加利福尼亚
1908年10月5日

C. B. 布思先生

尊敬的布思先生：

您发自华盛顿的信件刚刚被交付于我。很高兴您认为事态正向积极方

向发展。

恐怕在收到此信之前，您已经与容闳会见并启程。如我们在您出发前夕对事态进行详细商议那样，尚未落实。只有两件事希望您得到确认：其一是容闳是否对我可能执行的任何提议均予以支持，换句话说，他和其余会党领袖对我的信心是否充分到他们理解我不会做出任何不是旨在为中华帝国谋取终极利益（ultimate good）之事。

您要获知的第二件事可以通过提出以下问题来找到答案：如果 H. L.（荷马·李——译者注）成功获得对其有意从事事业的资助，或者获得能够确保该事业的职位，他是否能够得到并保持有中国南部地方实力派的支持？

我确信您想从他那里知晓的，无非是我是否能够言出必践，我能说的是，若我获得该职位，必尝试行之。

期待您尽早回复。

您忠诚的

李

6. 荷马·李致布思（1908 年 11 月 17 日）

维斯塔德尔玛

1908 年 11 月 17 日

C. B. 布思先生

洛杉矶，加利福尼亚

尊敬的布思先生：

因过去几日发生之状况，您若能抽空在某日下午或晚上来此地商议，我将不胜感激。我曾想进城拜访您，但总是太忙，目前看来最近几日实在无法脱身。我曾数次尝试给您打电话，但您一直不在办公室。

我的电话是长滩干线 4659，希望您能来电确认能够来此会面。

您忠诚的

李

（李打印）

7. 荷马 · 李致布思电报（1910 年 6 月 21 日）

Dl32. CH. N4. 47. N. L.

长滩，加利福尼亚

1910 年 6 月 20-21 日

C. B. Boothe, Care. W. W. Allen, Union League Club, 1 East 39th St, Newyork

自孙处所来信息。其抵达日本给艾伦发信后再无消息，峡谷（指长江中游武汉地区——译者注）颇安静。相信他已全面控制当地。给他致电，只要他相信您能成功，就会保持现状。

李

243 A

8. 荷马 · 李致布思（1910 年 6 月 26 日）

长滩

1910 年 6 月 26 日

尊敬的布思先生：

昨夜收到您的来信，非常高兴。

致艾伦信中所传达之消息都是我已知晓的，没有什么值得关注、可以利用之处。这些信息对我们着手的事业来说太贫瘠、无足轻重、不切实际。我基本不认为值得一提，只是聊作谈资罢了。

我确认，如果有任何非常重要的事情发生，孙文会直接通知您。

孙文从日本给我们来函，另需一周或十日之久，那时他就会告知您事态进展。不过，我相信他已经准备就绪。

不知您是否还记得，有一天早上，当埃塞尔和我在您办公室的时候，您收到孙文的一封来信。如我给艾伦写信告知的那样，孙文在信里也许给您提供了一些信息。他在信中告诉您他准备乘坐“蒙古轮”启程。关于此点您可能忘记了。其后一周到十天左右他再没有给我写信。

我真希望离开前，您曾告知我不要就此事写信给艾伦，那么我就不会这样做了。向他出示《备忘录》后，我以为您不会反对。然而，您放心，我不会再给他写信谈论此事。

信内所附剪报是有关一个中国苦力以一天 12 美分的报酬搬运 420 磅货

物的。您还记得某晚我们在您家中对此事的讨论吧。

我现在正忙于写另一本书，我想可以在较短时间内完成。其内容是关于大英帝国的，名为“帝国防御原则”。我相信这将是我完成得最好著作。我打算定稿后将其寄给罗贝尔勋爵，请其为该书作序。如果他同意，就请他代我将此书献给英王乔治。

某天我在一辆豪车中见到萨莉小姐（Miss Sally），设法上去打了招呼；同时有机会向侯爵挥手。

麦克拉克伦（McLachlan）在国会就 V. I.（《无知之勇》书名缩写——译者注）的讲演大获成功。据报道，军事委员会倾向于同意他的决议案。如果愿意，这对哈勃兄弟（Harper）公司来说是个为新著打广告的好机会。

此后我是否还用贝尔蒙特旅馆（Hotel Belmont）的地址给您写信？

祝好，望早日会面。

荷马·李

6 月 26 日

9. 荷马·李致布思（1910 年 9 月 25 日）

周日，1910 年 9 月 25 日

尊敬的先生：

昨日下午我到您办公室，发现您已外出。我收到 S（指孙文——译者注）的一封来信，希望您也看看。也许您已经收到一封类似信件，但如果您还没有收到，我转述如下：

> 先生 6 月 18 日来信于昨日收悉。受调离开的军官现已被召回所属新军部队，务必在一年内为 K-t-army（广东新军——译者注）训练二协新兵。除少数极优秀者与我在此地外，大部分军官均已返回所属部队。不久，吾等当可恢复在 C-army（广州新军——译者注）之固有地位，实力较以往大增。吾党在惠州府与雷州府之成员与日俱增，故无法告知先生确切人数。但可肯定，所有能作战之成年男子均能应召参加起义。在广东东部，C-c-fu（潮州府——译者注）与 K-Y-C（嘉应州——译者注）各地均做好起义准备。潮州地区军人勇敢善战，数量达到好几百万。1860 年英法联军入侵北京期间，曾招募潮州人，事实

证明，他们是最好的战士。就是这些潮州人冲锋攻下了大沽炮台。

H-k F-（香港、虎门——译者注）和 W-（惠州——译者注）之间三角形地域里的各村庄装备了新式步枪，其承诺以所有武器——为数至少 3 万支——协助我们。然须为其提供弹药。

余逗留日本期间，阻止了长江谷地预谋之起义。此事正如在日本写信告知先生那样。当前，Y-（云南省——译者注）颇有动静。余已派人自此地经缅甸赴该地加以劝阻。余以为可以使其在一段时间内保持安静。

请先生赐余一至两本新著。余所有之书被友人拿走。余将在此地居住二三月。

此信于 8 月 11 日发自槟榔屿，从中您可看出 S-（孙文——译者注）正竭尽全力为我们将事情准备好。我比以往任何时候都感到，我们应当尽力设法推进“红龙计划”中我们负责的部分。

您忠诚的

荷马·李

五　布思与查尔斯·B. 希尔通信[①]

1. 布思致希尔（Charles B. Hill）（1911 年 1 月 12 日）

1911 年 1 月 12 日

C. B. 希尔先生

哈里森大道 70 号

纽约蒙特克莱尔

尊敬的希尔先生：

自我返回洛杉矶后，一系列事务彻底占用了我的所有时间。

在讨论此信主题之前，我先说说有关建筑水泥防水之事，我见到理查兹·纽斯达特建筑公司（Richards Neustadt Construction）的 C. E. 理查兹

① *Charles Beach Boothe Papers*, 1850-1976, Box/Folder：1 ：5, Hoover Institution Archives.

（C. E. Richards）先生。地址：704 Wright & Callender Building，Los Angeles。他向我承诺立即与您联系。他从办公室离开的时候我碰到他了，似乎他忘了此事，但您给他写一个便条即可拿到有关该事务想要获得的信息。他告诉过我，他非常愿意和您协作，由您的人在该处生产这些材料，他将给予他们全面指导。

至于中国事务，我至今没有从您处收到有关该事务的信件，自然认为还没有任何进展。昨天我收到孙医生的一封信，此信写于其所搭乘赴欧的汽船正进入红海之时。这很可能是由于在美国谋求合作的进展受阻，迫使他不得不寻找欧洲的联合者。尽管据我了解，他非常想与我们来合作此事。如我对您所说，他已经与3个欧洲国家进行了接触，但除非我们这里的合作可能性消失殆尽，他是不会考虑欧洲人的。

在摩根等人计划的5000万美元贷款协商中，毫无疑问您已经发现其纠结之处。我抵达洛杉矶不久，即获得秘密消息，不批准这笔借款。今天，一个来自日本的私人信使到我这里，带来消息说，在日本的18000名中国留学生全部都成为革命党的铁血党员。在从1月29日开始的中国春节期间，他们必定会发动一场极可能成功的暴动。在这样的情形下，有关5000万美元贷款进行的协商毫无疑问会变成一场政治失误，这是由于贷款事宜已经把大汉民族（Chinese Nation）中的每一个人推到了美国影响的对立面，他们会将此事视为试图为清廷撑腰，通过给予贷款的方式来支持作为中国外族统治者的满洲王朝。

毫无疑问，孙医生不久将成为中国真正的统治者，那些同他签署了我展示给您的文件的人，将成为他的下属官员。经此安排，合众国绝对可以在中国即将出现的巨大发展里，在有关对华政治和商业事务方面处于内部核心圈里。我相信，如果少数人能够被唤醒以正视现实及其走向，现在执行起义密谋还为时不晚。务必进言我们的国务卿，让他明白，应从政治家和外交官而非任何牟利游戏财务利益辅助者与同谋的立场出发对待此事。

在贪婪美梦之外，应当有一块适用于商业的合法领域。一旦孙医生抵达纽约，我会立即得到通知，如果您不反对，我会打电报给他，让他拜访您；或者，如果您同意，也许更好的方式是电报通知您去拜访他，这样一来您就可以有更好的机会来与他交流。不过，无论如何我必须预先提醒您，他是一个中国人（Chinaman），和我们美国人（Yankee）不同，未经充足的预先周旋是不会开门见山、直中肯綮的。因此，如果一开始的一两次会晤不能有太大进展，不必灰心，而认为他对本事业未做好准备。他在给我的最新一封信里，请我先个人垫资以解燃眉之急。我很遗憾目前不能如其所愿。我已经告诉您全部情形，我也会告诉他，即他与您达成的任何安排正与直接和我达成的等效。无论如何，如果您不愿着手孙医生之事，您能否给我发电报告知收悉此信，电报费由我来付。如果未收到您的回复，我即认为您将与他会面。

此地天气甚好。刚有小雨一解干旱。今冬可否有机会与先生一见？

向您及家人致意。

您忠诚的

C. B. 布思

2. 希尔致布思（1911 年 3 月 3 日）

亨特、希尔和拜兹

法律顾问

城市投资大厦

百老汇 165 号

纽约，1911 年 3 月 3 日

C. B. 布思先生

加菲尔德大街 1515 号

南帕萨迪纳，加利福尼亚

尊敬的布思先生：

我于上周六抵达此地，收到您发自 1 月 12 日和 2 月 16 日信件，其与您 11 月来访时所谈事宜相关。

您离开不久，各种要事如潮水般涌来，使我疲于奔命，几乎无法着手与您商议之事。1 月第 1 周，我到欧洲处理一些法律事务。自然，在那里我只能宣传与他们对局势理解相关的不同银行利率。我找到一个对此非常感兴趣的英国人，他对局势的判断与您相似。当然，您也可以估计离开两个月后我在这里的状况，即使事态仍如我们讨论时那样，下两周我也几乎没有时间来着手。当然，如果他来纽约，我非常乐意拜访您所提之人。但从您来信看，我判断他已经离开了，或者选择了另一条路线。

现在，我处理完必须马上解决的相关事宜后，便计划去加利福尼亚，我确定会在4月末前抵达加州。其间，如果您得到孙医生仍在纽约的消息，请告诉我。

祝好。

您忠诚的

查尔斯·B. 希尔

(CBH-Z)

六 布思与其他人通信①

1. 布思致康有为（1909年6月14日）

1909年6月14日

康有为阁下

槟榔屿

马来半岛，亚洲

尊敬的先生：

自您上次与我在圣路易斯会面，我不时从朋友那里听到您周游所在之处，一直希望您能来加利福尼亚，以便让我在家中款待您。

您所钟爱的祖国发生大事后不久，我便得到您从英格兰出发抵达槟榔屿的消息。

首先，请允许我向您就皇帝驾崩之事表达深深的哀悼，您曾赤胆忠心地辅佐大行皇帝。然而，尽管斯人已去、永不回来，我相信推动您支持其改良政府目标的动力依旧存于心中，相信您将把此生献给不断扩大和提升为您祖国全体人民谋福利之每一项目标。

长久以来我都想有必要给您写信，但考虑到有很多重要事务一定占用着您的注意力。我现在给您写信，则是由于我认为我也许可以给您提供一

① *Charles Beach Boothe Papers*, 1850-1976, Box/Folder: 1 : 6, Hoover Institution Archives.

些我认为您应当知道的信息。

我们的老友荷马·李将军最近完成了一本军事著作。我国一些非常著名的军队高级指挥官都阅读并评论了该书，认为质量优异，他们预言此书将在军事文献中名列前茅。

了解李将军对中国人民友好感情的朋友都认为他最适合填补最近的美国驻华公使之缺。认识他的人都相信，以其能力和对中国人传统及习性的了解，担任合众国政府驻北京代表之职将使两国利益均沾。

我偶有所思，因李将军对您之友谊及忠诚，在中国某些地方可能会产生对其任职之非议。然而，我认为，如果告知摄政王李将军与中国相关之往事，及其与先帝忠诚追随者之真实关系，来自不友好方面反对其任职之意见当难以奏效。

去岁，我饶有兴趣地读了很多发自东方的书信和电报文件，经常想知道我到底对那里的情形了解多少。如果可能，我非常乐意请您告诉我当前之政治局势。作为一股政治力量，美国当然是中国的朋友与同盟。有一种巨大并不断增长的普遍感情支撑着我国政府的这个立场。

我经常与李将军会面，我们时常谈到您；希望有朝一日实现所愿，我们能在中国与您详谈。

已告知李将军我写了此信，他让我转达对您之祝福。

祝您前途大好，相信您身体康健。

您忠诚的
C. B. 布思

(C. B. M. - G. 口述打印)

2. 施耐德致布思（1910年6月21日）

1910年6月21日

西联电报公司

2 NY KC AB. 19 Collect 4 ex

Los Angeles Calif 20 Via Hi New York N Y June 21, 10

洛杉矶 加利福尼亚 20 经 纽约 1910年6月21日

C. B. 布思先生，

凯尔·杨思宾馆（Care Youngs Hotel）

今日李给您写信让您向东京直接给孙打电报询问消息。

T. 施耐德（T. Schneider）

9：54 A. M.

七　容闳与荷马·李通信①

1. 容闳致荷马·李（1908 年 12 月 4 日）

310 号，萨金特街，哈特福德，康涅狄格州

1908 年 12 月 4 日

尊敬的将军：

您没有署日期和地址的来信于上月 27 日收悉，比布思先生之来信晚一天。

你们的来信改变了事态前景，启发了我对未来的新希望。我想布思先生是适当的地方出现的适当人选。您挑选他来管理我们的事业，让这位非凡人物来主管财务事宜，说明您独具慧眼，正如您在建立基点以树立标准时所展现的直接以目标为重的锐利眼光。仅此两点，您就应大获赞誉。如果我有权封官赐爵的话，我将任命您为您在中国拿下的第一个省份的总督，任命布思为男爵。

目前，中国人拿下了澳门，现在仍然控制着。但我认为，通过英国政府和其他占有中国土地的欧洲列强对北京政府的共同影响，该地将会被还给葡萄牙人。但不论此事最终将以何种方式收场，我们都应逐步加速，使自己处于可以立即采取行动的位置上。

我完全认同您和布思在长时间商议后得出的结论。该结论与我数月前致中国友人信中表达的观点合拍，即：实现有益于中国的任何事项，帝国各地不同政治组织的领导人都必须搁置分歧、偏好和成见，联合创建一个亲善、友好且爱国的团体以面对共同的敌人。这正呼应了你们共同决定从事的事业——建立作为临时政府基础的“军政局”（Grand Council）。

现在，在向各位领导人发函邀请其来美加入军政局前，我想弄清楚你们

① *Charles Beach Boothe Papers*, 1850-1976, Box/Folder：1：7, Hoover Institution Archives.

称作"临时政府咨政会"（An Advisory Board of the Provisional Government）的含义。是不是他们来美加入军政局后，就可以被认作咨政会成员，或临时政府成员，或者两者名异实同？如何组建军政局？其功能是什么？我想请你们将这些要点解释清楚。别忘了写明他们要到的城市和州名。同样，写明方便他们来的日期和月份。您回信里把这些要点以及时间地点弄清后，我就会发出邀约。邀约样件在此信附件中。

您诚挚的

容闳

八　孙中山与荷马·李通信①

1. 孙文致荷马·李（1910 年 2 月 24 日）

加利福尼亚旧金山吕宋巷（Spofford Alley）38 号

1910 年 2 月 24 日

尊敬的将军：

先生 21 日来信今晨收悉。待余将此城事宜安顿妥当，即前往拜会阁下及布思先生。余定会提前数日告知先生拜访日期。

感谢先生支持吾等之事业。

此颂近祺。

您忠诚的

孙逸仙

2. 孙文致荷马·李（1910 年 4 月 10 日）

副本

1910 年 4 月

尊敬的将军：

余来此地已超过两周，从 C- 处得到有关 C-（广州——译者注）之消息。新军起义失败盖因一标过于鲁莽所致。计划起事时间只为双方少数骨干所知，其余人等仅被告知准备就绪即行起事，并无确定日期。预定日期到后，党人

① *Charles Beach Boothe Papers*, 1850-1976, Box/Folder: 1 : 8, Hoover Institution Archives.

缺乏资金供武装人员进城；同时，粤督亦获知流言，采取预防措施，将新军弹药收缴，意图运进城中，还收去枪机以防使用。党人即时会议，决定将起事日期改为春节第六日，系因统领拟于第五日春节假期结束、恢复公务后再行将弹药、枪机发还。至初六，党人即可步入城中，里应外合协作以取得胜利。然而，初一日，二标士兵与警兵发生冲突。一标士兵却认为起义马上开始，或者误以为政府已经发觉此事，于是团结一致冲入城中，意图夺取军火库，抢回枪机弹药，却被巡防营阻击。义军死伤逾 200 人。战斗双方实力悬殊。义军没有枪机、弹药，无法对射，只得撤回营中，搜寻所剩武器及弹药。义军在目的地找到几打枪支及 7000 发子弹，遂用其在第三天进行微弱抵抗。二标及三标将士目睹同志被防营屠戮，却因自己的武器亦无枪机而无法施以援手。尽管如此，一些党人决定捐躯与同志同生共死，加入这场力量悬殊的战斗。十一营中有七营参加了战斗。只有四营在行动前即遭包围，遂未参与。现在，整个广东民众对官员的憎恨都被激发，要求交还每一个士兵，惩罚开展屠杀的巡防营。据说，由于害怕整个新军全面起义，政府同意了广东人民的普遍要求。广州新军起义爆发后，在 S-T-省（山东省——译者注）和 K-s-省（广西省——译者注）马上发生了兵变。当前，政府下令今年内要在广东完成四镇新军建设，我们会有更多机会进行渗透。

余刚从 S. C.（四川——译者注）处获信，革命党人在 Y（云南省——译者注）和 K（广西省——译者注）边界取得较大发展。该处士兵及民众积极支持革命，他们认为现在革命时机已经成熟，敦促我们立即全面起事。我发函给他们，要他们等我们这里的工作完成后再行动作。

目前湖南有事，但我对此并不了解。但亦显示出 Y 处的士兵也已做好起义准备。如果没有完善指导的起义可以参加，他们将会加入任何此时发生的混乱运动，就如同才在广州发生的那样。

您的方案进展如何？布思先生什么时候能告诉您确切的信息？

此颂近祺。

3. 荷马·李致布思，日期为 1910 年 9 月 25 日，包括孙逸仙于 1910 年 8 月 11 日从槟榔屿发给荷马·李书信一通。参见四号布思与荷马·李通信文件夹第 9 件（1910 年 8 月 11 日）

4. 孙文致荷马·李（1910年9月5日）

槟榔屿，海峡殖民地

1910年9月5日

尊敬的将军：

余甫收悉布思先生于6月25日自纽约发来书信一封，其内容颇令人鼓舞；但其后将军及布思再未来函，而余则在自日本发给先生之信中有所安排。因此，余以为布思先生之方案或已告失败，或有所耽搁。余在回信中请布思先生，若其认为筹款之事可确保无虞，请从其账户中预支5万美元急用。待事业成就，其即可收回两倍之资金以为风险利息。余颇需该款以进行筹备工作。若资金即可获得，余能完成较数月后该款所堪实现之十余倍工作。

余在前信中已告知先生，中国各处均传来令人振奋之消息。在广东沿海各地吾党均得热烈支持。与吾等在长滩宾馆安排时相较，我们现在即可方便迅速发动革命，且代价较小。余颇确定，起事之初便可占领广州城。因可随时从内部以奇袭获之，此即可省却我等在起义后筹划从外部攻城之麻烦。据有该城后，吾党即可获得至少10万支新式步枪及充足弹药，另有数百门新式火炮，以及兵工厂、充足现金和大量军需补给。多数革命党领袖除首先攻占广州城外，多不愿支持其他方案。余亦认为，该城当为先期行动之首要目标；此外，起事之初即行占领要比随后容易许多。用于此目的之资金亦较吾等在美国制定之其他方案少许多。

目前，若布思先生之纽约筹款方案失败，余请先生另行设法为余筹款50万美元，仅用于广州起义，其余安排则暂缓，直到吾等达成首要目标为止。先生能否尽快筹集该数目之资金？如果一时无法实现，则无论如何请先生立即汇款5万元以便着手准备。

自余遵行先生建议，阻止今夏长江谷地及华南地区之革命起事运动以来，吾等之希望均聚焦于美国筹款事业。若先生及布思之方案均告失败，还请先生立即通知我，以便余近期设法采取另外办法。

此颂先生及鲍威尔小姐（Miss Power，荷马·李夫人——译者注）近祺。

你忠诚的

中山

地址：Chung San，c/o Tek Cheang，197 Beach Street，Penang，Strait's Settlements

电报地址：Tekcheang，Penang

附 1：

若有汇票，请寄上述同样地址。若用电报联络，请用最新第五版 A. B. C. 编码，再于每个单词转换代码后添加 269 作为密码发送。收到信息则去掉每词后之 269，即为解密之信息。

附 2：

在广州起事前，吾党最重要之事为获得英国政府之理解。为达此目的，先生与我当并赴伦敦合作争取。若在美筹集资金之计划达成，准时汇给我 5 万元，余即让他人接手工作，本人则马上赴伦敦与先生相见。以便在攻取广州前未雨绸缪。

若筹款失败，请助余获得尽量多之赴马尼拉介绍函，并立即寄予。万分感谢。

九　荷马·李对反清革命之评估及其与艾伦通信①

1. 荷马·李"将军"对反清革命的成本估算（1909 年夏）②

单位：美元

23 30

9950 战斗人员

3780 非战斗人员

合计 15530 人

个人装备人数	15530 士兵	——720000 美元
个人装备人数	500 军官	—— 75000 美元
装备火炮费用		——167800 美元
火炮弹药费用		——157000 美元
购买一艘汽船费用		——300000 美元
军官工资	每月 100 美元，共计 10 个月	——500000 美元

① *Charles Beach Boothe Papers*, 1850-1976, Box/Folder: 1 : 9, Hoover Institution Archives.

② 参见 1909 年 2 月 3 日布思致艾伦信件

士兵军饷	每月 5 美元，共计 10 个月	——750000 美元
伙食等给养	每人每日 10 美分，共计 10 个月	——450000 美元
工程和信号兵部队装备		—— 75000 美元
运输队装备		—— 50000 美元
合计		3244800 美元

1/9 = 500000	4500000
4/9 = 2000000	3244800
5/9 = 2500000	1255200

2680		25000
12	大致成本	6
32160		150000

步兵　　步枪及刺刀	5000	15.00
2 套咔叽布军装	15	7.00
2 副绑腿	25000	2.50
2 双军鞋	5000	7.00
1 套军被	75000	1.50

8400	步兵全副武装	@ 每人 60.00	504000
2230	炮兵、工兵等	@ 每人 60.00	150000
3000	运输装备	@ 每人 20.00	60000
	装备总耗资		720000
	供所有军事部门　15530 人使用		

500	名军官装备	@ 150.00	75000

火炮	12 门野战炮	@ 每门 5000	60000
火炮	12 门山炮	@ 每门 1720	20640
火炮	12 门 1 磅轻炮（Poon Poon）	@ 每门 2680	32160

火炮	12 门榴弹炮	@ ------	40000
			152800
	12 挺 机关枪	@ 每挺 1250	15000
			167800

36
4
3
4
4
60

360
140
500

大致数字

		人数
6	步兵团　@ 1400 人	8400
2	7.5m 野战炮（12 门）队	400
2	7.5m 山炮（12 门）队	400
2	1 磅轻炮（Poon Poon 12 门）队	300
1	榴弹炮（4 门）队	300
6	机关枪	150
1	工兵团	480
3	信号兵队	150
1	医疗兵队	150
	运输队	3000
		总计 15530

战斗人员--------------步兵	8400
战斗人员--------------炮兵	1550
	总计：9950

12 12 12 4 40 门炮	

非战斗人员----------工兵	480	
非战斗人员----------传令兵队	150	
非战斗人员----------医疗兵队	150	
非战斗人员----------运输队	3000	总计 3780

炮弹

7.5m 炮，	开花弹	每一百发	1025
	普通弹	每一百发	446
Poon Poon	普通弹	每一百发	180
Poon Poon	钢弹	每一百发	200

每门炮 400 发炮弹

3244800 800000 2444800	

野战炮每门大约	5000×12 = 60000
山炮每门大约	4100×12 ≈ 49000
Poon Poon 每门 1000	2000×12 = 24000
榴弹炮每门 400	6000×4 = 24000
炮弹总计：	157000

250 325 225 800000

15000　150000

2. 荷马·李致艾伦（1910 年 6 月 13 日）

维斯塔德尔玛（Vista del Mar）酒店

1910 年 6 月 13 日

尊敬的艾伦先生：

您本月 5 日来信于昨晚收悉。我在 4 日给您和布思先生已发信，如此行事乃因你们有任何建议，即可通过我发给孙的消息来传递，这也是由于我和孙有关军事和当地政治局势的通信渠道是唯一的。由于没有收到布思先生和您的任何回信，我判断情况正如您在信中所说——无可奉告。孙告知我南方革命力量的状况及政治形势。孙一度控制了局势，但上周在他从檀香山到横滨期间，横滨的情形几乎失控。他抵达后使事态平静下来，我相信至本周末他就能再度全面控制局势。

收到黄、胡、汪、Huwai 和李等人地址变动信息，我看这些都很好。我虽不认为近期会有更多纠纷，但问题是孙能维持现状多久。

祝布思先生好。

您忠诚的

荷马·李

6 月 18 日晨 10：00

十 “布思文书”所附“红龙计划”相关文件[①]

1. 容闳手书致中国会党领袖邀请函（稿）（1908 年 12 月 5 日）[②]

拟邀请下列中国政治会党之领袖

保皇会

革命党

哥老会

正气会（自立会）

诸公同鉴：

近日此间成一大财团，可提供大量资金，只要吾等遵循正轨，即可大为增强吾人之武力。何谓遵行正轨？即置吾等于维新旧邦，创立新国之地位，期以较短年月变吾国为一流强国。

身为汉种苗裔，吾等之责任，即在以统一、固结之博大坚定之原则，建成中华民族。实现此目标，须彻底唤起国人之爱国情操与高贵天性，奉

---

① *Charles Beach Boothe Papers*, 1850-1976, Box/Folder：1 ：10, Hoover Institution Archives.

② 此件为容闳所拟之英文稿，后经布思等修改。修改后的英文函件存布思文件 Folder 10，编号 No. 94。

献于饱受蹂躏与压迫之祖国祭坛。

身为会社领袖，际此时艰，当以极大之包容与耐心相互合作，全然抛却分歧、偏好与成见，聚合众力凝为一军，以雷霆之势共灭强敌，以遂至高、至急之使命。吾等个人与全体唯有循此正轨以救中国，舍此别无他法。相固相结、敦睦和衷而成强权威势，同心壹志，期成一完善组织。若能达此目标，则中国即归吾等之手。

故予得授权，诚邀足下于西历 1909 年____月____日，至美国加利福尼亚州洛杉矶城，共入军政局。此局将行使临时政府资政会之权。期待诸公踊跃参与筹建临时政府，选举各员。临时政府组建后，诸公复为集各会而成之新大会定一合适名称。俟临时政府成立履职，财团募集之 150 万美元即汇交该政府财政总长。6-12 月后，再行拨付 150 万美元款项，并依此类推。军政处筹有足够资金后，即开始运行。

接此函后，无论能否成行，祈即回复。若难亲临，亦请委派一信赖之人，畀予全权，来美与会。

容闳

2. 容闳所拟致中国会党领袖之邀请函（打印整理版）

致中国会党领袖之邀请函

保皇会：The Chinese Reform Association.

革命党：The Dynastic Change Association.

哥老会：The Stalwarts.

正气会（自立会）：The Independents.

诸公同鉴：

余自相关方得确信，近日此间可速建一大财团，立拥足以支持吾人革命大业武力规模之充足资本。

前提：上述中国会党得以团结一体、协作自律、志同道合以投身改变中国旧秩序以及人民安居乐业、帝国中兴之目标。

身为汉种苗裔，吾等之责任，即在以统一、固结之博大坚定之原则，建成中华民族。实现此目标，须彻底唤起国人之爱国情操与高贵天性，奉献于饱受蹂躏与压迫之祖国祭坛。

身为会社领袖，际此时艰，当以极大之包容与耐心相互合作，全然抛却分歧、偏好与成见，聚合众力凝为一军，以雷霆之势共灭强敌，以遂至高、至急之使命。吾等个人与全体唯有循此正轨以救中国，舍此别无他法。相固相结、敦睦和衷而成强权威势，同心壹志，期成一完善组织。若能达此目标，则中国即归吾等之手。

故予得授权，诚邀足下尽早赶赴美国加利福尼亚州洛杉矶城，共议革命诸事以建军政局。军政局成员由所列会党领袖构成，其中三名另由财团指定。此局将负责制定革命计划、组建临时政府，并于临时政府成立后行使资政之职。

因此，必要之条件是，参与本会每一会党之代表应被赋予协商与行动之全权，针对军政局赞同之所有各项事务，各党代表之行动必须对所属会党干部及成员均具约束力。

临时政府成立，财团立即募集 150 万美元（ $ 1500000）交付该政府财政总长。6-12 月后，再行拨付 150 万美元款项，并依此类推。军政处筹有足够资金后，即开始运行。

接此函后，无论能否成行，祈即回复。若难亲临，亦请委派一信赖之人，畀予全权，来美与会。

顺颂时祺！

____

3. 容闳提交艾伦之《建议备忘录》（1909 年 1 月 12 日）

建议备忘录

美国资本家为了保障其利益，必须主动申明他们向中方贷款之条件。此后，方可立即给此革命运动必要之推动力，同时获得合理之保障，即此事业理应归还之本金、一定比例之利息以及开矿、铁路和开设银行之权力，以平衡参与所有此类拟议中之革命事业不可避免之风险。

提议应向 10 人或以上在中国南方之革命领袖提交，内容如下。

其应组建如巴拿马共和国之雏形共和国，其人应担任官员，国库应准备____两白银以为储备；

其应采纳为使广东获得独立并建立稳定政府所制定之战争计划，并按计划在该省进行系统而有序之军事行动。

美国辛迪加将为发行之债券和纸钞向广东共和国贷款 $ ______，同时作为对广州港海关税收入的第一笔抵押权，应自占领广州起，立即开始从该海关税中抽取偿还贷款及利息之基金。

广东政府亦应确保美国辛迪加在其控制地域内拥有为期____年之独占性开办银行、铁路和采矿之权利。

我的提议是：您派我的儿子去，向其提供您的详尽建议，以及我提供的包括宪法和翻译成中文之巴拿马共和国法律文本的确定的组织计划，还有为获得各革命领导人认同的未来行动方案。直到获得各方同意，你们方可在中国领土上的指定汇合点出现。

作为务实商人，您能意识到，若要做任何事，即应迅速从事并尽量保密。如果不能从少数清廷驻军的手中拿下广西，我相信没必要为中国革命条件已经成熟来多费唇舌，而为此在华盛顿、伦敦和东京进行有效游说确实是整个事业中最困难的部分。毫无疑问，您也看到了那些当前能在中国资助此类成功尝试者拥有的巨大机遇。

4. 容闳给艾伦之中国政界重要人物及会党组织名单（1909 年 1 月 18 日）

袁世凯：直隶总督兼北洋大臣，全中国陆军总司令、军机大臣。与张之洞同为中国实力派官僚。其人曾向荣禄告发光绪帝和康有为针对慈禧太后之密谋，导致皇帝被幽禁、康有为流亡。

张之洞：多年以来为帝国最有实权的总督之一。光绪帝被囚禁时据说仍效忠皇帝，但在 1900 年夏加入后党，遂为慈禧太后之最有力支持者。现为军机大臣，与袁世凯共治帝国。与慈禧太后年纪相当。

醇亲王（摄政王载沣）：光绪之弟，有名无实之摄政王，其三岁之子已被加冕为中国皇帝。两人同为袁世凯与张之洞掌中之傀儡。

宗室溥伦：贝勒载治之子，按清朝祖制"如无子嗣，准将近族之子，过继为子"之规定，该人应代光绪被选为皇帝。该人为清朝宗室人物中最开明者，曾代表中国参加圣路易斯世博会。其人或可争取皇位。

宗室溥儁：义和拳首领端郡王载漪之子，曾被册立为大阿哥，以继承光绪皇帝之位。后因列强以该人与其父曾参与义和团战争为由提出要求而废除名号。其人亦可争取皇位，在中低级宗室中颇有支持者。

梁启超：保皇会（中国维新会）第一副总会长，现居日本。

孙逸仙：反清革命党领袖，倡导在中国建立共和政府，据说现在是洪门（Deluge Family）首领，目前在广西或云南拥有相当规模的军事力量。

保皇会：英文为“中国维新会”（Chinese Empire Reform Association）。康有为任会长。

致公堂：荷马·李著作《朱笔》中所说之“洪门”。

哥老会：The Elder Brother Society，反清秘密会社，主要分布于长江中游谷地。

白莲会：The White Lily Society，反清秘密会社，分布于中国北部、南部和东部各省。

除上述四大主要会党外，还有无数小型组织。上述四大会党成员人数达数千万之多。

5.《筹款计划》（1909 年 1 月 21 日）

1909 年 1 月 21 日

筹款计划

拟筹集 1 万美元款项用于支付实地调查之开支。款项提供者虽尚未列名，但出于善意，将由目前暂居此地之人士出资。

容觐槐将由__________陪同进行上述调研。

若前述调查结果令人满意，将组建一“海外辛迪加”，旨在提供总额为 5000000 美元资金以推进该事业。

所议事业大致规划如下。

1）经认可之领导应宣誓完全无条件服从下文所述之“联合辛迪加”。

2）应邀请（要求）经认可之数大会党或公会筹集总数为 400 万美元现钞。筹款完成后，其经认可之代表将按比例与“海外辛迪加”建立联系以组成“联合辛迪加”。“联合辛迪加”将自始至终对整个事业进行唯一且绝对之指导。

3）“联合辛迪加”刻下拥有 900 万美元现钞资本。总体上，其应向对本事业进行装备和利用方面发展；其只应考虑涵盖整个国土之行动计划，筹划彻底翻转当前之总体局势。

4）应向"联合辛迪加"做出尽可能具有约束力之誓约，誓约以当前尚未向债权人立约之岁入责任为保，以便归还有关本事业之一切开支，其利率为每年10%，自将数笔资金交由辛迪加或其成员使用之日开始计算，并向"联合辛迪加"提供另外可能更有保障之回报，包括：

A. 覆盖全部领土并含有部分可分配之权利之铁路特许权；

B. 覆盖全部领土并含有可分配权之银行特许权；

C. 覆盖全部领土并含有可分配权之铸币特许权；

D. 覆盖全部领土并含有可分配权之煤矿、贵金属和半贵金属之采矿特许权。

5）以上数项承诺及特许权将成为"联合辛迪加"之财产，因利用所产生之利润将在成员中以捐献之资本额度进行直接比例分配。

6）上述辛迪加全部或部分存在期间，最初创立之"海外辛迪加"，因其来源、风险、经验以及商业训练等，当获得和拥有其在"联合辛迪加"中关系方之认可，而在所开展之全部事业中成为具有控制权者。只有在公开向其成员全部购买其每一份股份，及其每位成员之权利和利息得到充分考虑和保障之条件下，该控制权才得以解除。

7）自"海外辛迪加"成立起，不得与任何他人、财团、公司或国家缔结誓约或协议。同时，"联合辛迪加"任何时候不得采取行动以任何方式削减任何个人、财团、公司或国家合法获得之权利。

无人相信东方思想和训练能够容纳共和形式之政府。悠久传统之改变需要大量时间以奏效，即便如此，也应或多或少适应人民之思想和生活习惯。

亦无人相信，若受托予以阻止，世界会乐见中国分裂，或拒不对中央政权施以援手。任何事业想要成功，必须有能照顾各方之目标，其应符合人民之希望，亦不为世界强烈反对。换言之，欲获最终成功，则不可忽视公共舆论。

6.《筹款计划（1号修订案）》（1909年1月27日）

1909年1月27日

筹款计划（1号修订案）

筹集1万美元款项用于支付实地调查之开支。出于善意，将由目前暂居此地之人士出资。由于出资者将要求了解经费使用目的，而关于此事之陈述目前并不适宜，因此，该款项难以用此方式筹集。

________将由________陪同进行上述调研。

若前述调查结果令人满意，将组建一“海外辛迪加”，旨在提供总额为500万美元之资金以推进该项目。

所议事业大致规划如下。

1）经认可之领导应根据宣誓完全无条件服从下文所述之“联合辛迪加”。

2）应邀请（要求）经认可之数大会党或公会筹集总数为400万美元现钞。筹款完成后，其经认可之代表将按比例与“海外辛迪加”建立联系以组成一“联合辛迪加”。“联合辛迪加”将自始至终对整个事业进行唯一且绝对之指导。

3）“联合辛迪加”刻下拥有900万美元现钞资本。总体上，其应向对本事业进行装备和利用方面发展；其只应考虑涵盖整个国土之行动计划，筹划彻底翻转当前之总体局势。

4）应向“联合辛迪加”做出尽可能具有约束力之誓约，誓约以当前尚未向债权人立约之岁入责任为保，以便归还有关本事业之一切开支，其利率为每年10%，自将数笔资金交由辛迪加或其成员使用之日开始计算，并向“联合辛迪加”提供另外更有保障之回报，包括：

A. 计划在全国领土内修建铁路干线网络之39年特许建设与经营权，且含有分配权。此特许权将保障最大化之票货利率，同样惠及此类其他条件。

B. 包含建立一座大型中央发行银行及其在各省会和重要口岸之支行的为期____年之银行特许权。

C. 为期25年之特许铸币权，包括将现有铸币厂转给特许经营者，将其重组以提升，建立当前及日后铸币及回收重铸系统等。该特许权可分配。

D. 对数省之煤矿、贵金属和半贵金属为期____年之采矿特许权，并含分配权。此类特许权将基于制定一部进步的采矿法。该法案应以墨西哥法案为样本，赋予特许经营者在其所选择地域进行选址、建设和开采之权力。

5）以上数项承诺及特许权将成为“联合辛迪加”之财产，因利用所产生之利润将在成员中以捐献之资本额度进行直接比例分配。

6）上述辛迪加全部或部分存在期间，最初创立之“海外辛迪加”，因其来源、风险、经验以及商业训练等，当获得和拥有其在“联合辛迪加”

中关系方之认可，而在所开展之全部事业中成为具有控制权者。只有在公开向其成员全部购买其每一份股份，及其每位成员之权利和利息得到充分考虑和保障之条件下，该控制权才得以解除。

7）自“海外辛迪加”成立起，中国本土人士不得与任何他人、财团、公司或国家缔结誓约或协议。同时，“联合辛迪加”任何时候不得采取行动以任何方式削减任何个人、财团、公司或国家合法获得之权利。

无人相信东方思想和训练能够容纳共和形式之政府。悠久传统之改变需要大量时间以奏效，即便如此，也应或多或少适应人民之思想和生活习惯。

亦无人相信，若受托协助予以阻止，世界会乐见中国分裂，或拒不对中央政权施以援手。任何事业想要成功，必须有能照顾各方之目标，其应符合人民之希望，亦不为世界强烈反对。换言之，欲获最终成功，则不可忽视公共舆论。

7. 人物介绍（1909 年 2 月 1 日）

1909 年 2 月 1 日

- 慈禧：已故太后。
- 光绪：已故皇帝。
- 叶赫那拉：现任太后。
- 溥仪：现任皇帝，醇亲王子。
- 醇亲王：现任摄政王。
- 庆亲王：高官，醇亲王叔叔。
- 宗室溥伦：庆亲王长子（此处错误，溥伦为多罗贝勒爱新觉罗・载治第四子——译者注）。周游列国。圣路易斯世界博览会中国参展团正监督。
- 宗室载掞：庆亲王奕劻次子，现与唐绍仪交好。
- 梁敦彦：容闳学生，外务部会办大臣兼尚书。
- 袁世凯：前直隶总督兼北洋大臣。军机大臣兼北洋新军总指挥，甫遭罢黜。
- 那桐：袁世凯继任者兼政敌。

- 端方：直隶总督。
- 张人骏：两广总督。
- 张之洞：湖广总督，因上奏为袁世凯陈情遭申饬。
- 唐绍仪：容闳学生。袁世凯前党羽。清政府前出访美国专使。
- 容开：容闳学生。唐绍仪秘书，仍在华盛顿。
- Chung Mun Yew：容闳学生，现入唐绍仪幕。
- 伍廷芳：驻美公使。
- 康有为：立宪派保皇会前会长。
- 康同璧：康有为女。纽约巴纳德学院学生。
- 容闳：前正四品道台。留学教育发起人。
- 奎顺（Kui Tsun）：官员。
- 张荫棠（Chang Ting Tang）。
- 梁敦彦（Liang Tun Yen）。
- 梁启超：保皇会领袖。
- 孙逸仙：革命党党魁。现居新加坡。
- Li Sum Ling：香港《华字日报》（*Hong Kong Chinese Mail*）编辑。
- 陈璧：前邮传部尚书。福建人，前顺天府尹。
- Li Ching Tien。

8. 容闳向艾伦提交之备忘录——《中国之所求》（1909 年 2 月）

《中国之所求》（*Wants of China*）

宪政君主制乃中国之政体，基于以下两大原因：

其一

自国家肇建，中国之国民精神即在帝制氛围中成长与适应，直至独裁思想在民族灵魂深处结晶，成为其内在组成部分。因此，贵族观念与作为统治力之专制事实紧密联系、无法分割。东方种族沉浸于此观念中，不因其为东方人，而因其属于世界最古老之国度，这些国度均曾在专制下兴盛。自然，其传承及道统，作为建立新王朝和新政府时实现统一团结之政治凝聚力，总应予以承认而不能被忽视。

其二

自16世纪之大改革以来，宪政君主制恰为两种政治力量权力争夺之成果，即民主制和独裁制之大斗争。经过近四个世纪残酷血腥的斗争后，宪政君主制可被视为双方达成的某种政治妥协，即两大力量得以喘息之停战与等待。

在美国，民主制可被视为已然成就之事实，18世纪里，两大力量的对抗曾在此地复兴并结束，而独裁彻底失败并消亡。拥有未书写宪法之英国政府，正是该国斗争之产物，经历四个世纪尝试后，给予人类一大保证，即宪政君主制也许可以被东方国家安稳遵循。美国之民主制仍属小众，未渡过实验阶段，不能成为其他国家能够效仿的可靠政治先例，除非这些国家做好充分准备且有良好的配备。

至于中国，尽管在物质条件方面与美国有相似之处：如国土面积、自然资源、人力资源和国家能量等；但其人民缺乏现代科学教育，缺乏真正宗教，而所有西方国家均以基督教为信仰。除其他因素外，此两大根本要素在西方与东方文明之间制造一宽广之鸿沟，正如其当前所形成之对比。若中国期望实现共和政府，则必须拥有与西方相同之要素，通过消除过往之陋习而在其余方面弥补缺陷，以便在争取新国运的斗争中不致束手束脚。

9. 秘密会社

秘密会社

- 大刀会：总部位于山东省。引发义和拳运动。
- 白莲会：福建省。
- 三合会：广东省。匪类。各省均有。
- 哥老会：湖南等省。引发义和拳运动。
- 致公堂或革命党：排满。洪门。领袖为孙中山。总部位于广东。
- 保皇会：立宪派，又称中国维新会。总部位于直隶。前会长为康有为。
- 自立会：与长江流域之白莲会结盟。

10. 中国驻美代表

中国驻美代表

- 何永绍：驻纽约领事。
- LSK Wing：驻纽约副领事。
- 曾海：驻檀香山领事。
- Hsu Ping Chen：驻旧金山总领事。
- 苏锐剑：驻小吕宋（马尼拉）总领事，容闳学生。

11. 美国驻外代表

美国驻外代表

大使和公使

日本：Thos. J. O'Brien，密歇根。

中国：公使，柔克义（W. W. Rockhill），华盛顿特区。

美国驻华领事

澳门：Julian H. Arnold，加利福尼亚，领事。

广州：Leo A. Bergholz，纽约，总领事。

芝罘：John Fowler，马萨诸塞，领事。

福州：Sam'l L. Gracey，马萨诸塞，领事。

汉口：Wm. Martin，纽约，总领事。

南京：Jas. C. McNally，宾夕法尼亚，领事。

牛庄：Thos. E. Hunan，明尼苏达，领事。

上海：Chas. Denby，俄亥俄，总领事。

天津：Edw. T. Williams，俄亥俄，总领事。

香港：Amos P. Wilder，威斯康星，总领事。

新加坡：T. Haynes，南加利福尼亚，总领事。

美国驻日本领事

长崎：Geo. H. Skidmore，威斯康星，领事。

神户：J. H. Snodgrass，西弗吉尼亚，领事。

淡水（台湾）：Carl P. Deichman，密苏里，领事。

横滨：Harry B. Miller，总领事。

大连：Roger S. Greene，马萨诸塞，领事。（Dalny，此处原文为日占时期大连旧称——译者注）

汉城：T. Samons，华盛顿，总领事。

12. 中国政府组织

中国政府组织

皇帝		
都察院	Board of Public Censors	（新闻纸）
大学士	Ministers of States（4）	
总理衙门	Board of Foreign Affairs	
户部	Board of Revenues	
兵部	Board of Military Affaires	（陆军）
水部	Board of Admiralty	（海军）
工部	Board of Public Works	（市政）
吏部	Board of Civil Appointments	（公务）
礼部	Board of Rites & Ceremonies	
刑部	Board of Punishments	（刑事上诉法庭）

总督	Viceroy or Governor-General
抚台	Provincial Governor
藩台	Provincial Treasurer
臬台	Provincial Judge
道台	两府、多府或一府多县之行政长官（每省有5-10府）
知府	两县或多县长官
知县	县官
县城	城墙内区域

13. 口岸

口岸

旅顺口	日属
釜山（朝鲜）	日属

长崎	日属	
京都	日属	
兵库	日属	
函馆	日属	
横滨	日属	
燕京	中属	
大沽	中属	
黄河	中属	
芝罘	中属	
威海卫	中属	英占
靖海卫	中属	英占
胶州	中属	德占
吴淞	中属	
上海	中属	
南京	中属	长江上
安庆	中属	长江上
镇江	中属	长江上
汉口	中属	长江上
重庆	中属	长江上
杭州	中属	
宁波	中属	
温州	中属	
福州	中属	闽江
厦门	中属	
汕头	中属	
香港	中属	英占
广州	中属	
黄埔	中属	
澳门	中属	葡萄牙占
广海寨（Cuang Hai）	中属	

后海角（Hongham）　　中属
雷州　　中属
廉州　　中属
Kieng Hian　　中属

14. 地名

北直隶湾
辽东湾
朝鲜湾
胶州湾
黄海
黄河
长江
杭州湾
象山港（Nanrod Sound）
三门湾（Sanimum Bay）
台州湾
温州湾
红海湾
大亚湾
大鹏湾（Miro Bay，又称马士湾——译者注）
珠江
东京湾（北部湾——译者注）

15. 各直省列表

省	省会	面积（平方英里）	人口数（百万人）	面积约同美国州
直隶（煤）	北京	58949	18	密歇根
山东	济南	53762	36	阿堪萨斯
山西	太原	56268	12	威斯康星

续表

省	省会	面积（平方英里）	人口数（百万人）	面积约同美国州
陕西	西安	67400	8	华盛顿
甘肃	兰州	125450	9	新墨西哥
江苏	南京	44500	21	宾夕法尼亚
江西	南昌	72176	25	北达科他
安徽	安庆	48461	22	路易斯安那
河南	开封	66913	22	华盛顿
湖南	长沙	74320	21	内布拉斯加
湖北	武昌	70450	22	俄克拉荷马
浙江	杭州	39150	12	肯塔基
四川（煤）	成都	166800	68	加利福尼亚
福建	福州	38500	22	印第安纳
贵州（汞）	贵阳	64554	8	华盛顿
云南（铜）	云南	107969	12	内华达
广西（硫黄、黄金、石油）	桂林	78250	5	南达科他
广东	广州	79456	30	南达科他
全中国（18省）		1312328 平方英里	38300 万人	
全美国（阿拉斯加除外）		3025600 平方英里	800 万人	

16. “红龙—中国”计划之革命力量基础（1910 年 3 月 12 日）

容闳致布思，哈特福德，1910 年 3 月 12 日

本计划第一大力量基础来自秘密会党，其首要组成部分包括：

天地会，有五大分支：在长江峡谷地区活动的是通称为“哥老会”的组织；在福建和浙江活动的是“白莲会”（Pax Ling Hwui）；在中国南方活动的是“三合会”；在美国活动的是致公堂；在中国北方活动的是“大刀会”和“小刀会”。

上述会党全部人数超过 1000 万或更多。

第六支秘密会社是“革命党”，由 3 万最开明的人、在华学生和毕业于外国的中国留学生组成。

革命党的领袖是上述所有会党的联合总统。这些会党分布地区从满洲

延伸至广东、广西和云南等南方省份，从濒海的东部省份延伸至今新疆地区。

本计划的第二大力量基础，源自革命组织通过其近来担任第一力量联合总统所施展的控制力，包括：

部署于满洲的一镇新军，有1.2万人，以及被称为"红胡子"的2万满洲非正规骑兵。其次：

部署于长江谷地的4镇新军；2镇广东新军，尚未组建完成；2镇广西新军；2镇云南新军；2镇四川新军。后六镇尚未组建完成。上述新军组建完成后每镇有1.2万人之部队。

旧式部队中有3万人部署在广东西南，2万人在广西，1万人在云南，1万人在湖南。

上述13镇即为整个中国的新式军队，总统控制其中5镇。广东、广西、云南和福建新军组建完成后，这8镇新军亦可归总统掌握。

上述即为计划之第二大力量基础。

第三大力量基础是1000万广西人口、3000万广东人口和3000万云南人口。这些人民团结一致支持革命运动。其他省份中所有开明人士（约占50%）也同情革命运动。

17. 红龙革命计划财政支持之基础

首先，资助者预付之款项在其使用期间将按照合法利率获酬，亦将因三方面之风险获得报偿。

另者，将在一定年限内赋予本辛迪加（财团）对新政府所要求之任何借款进行借贷之权力；新政府欲修建任何铁路，本辛迪加将对提供全部财政贷款有选择权；如果新政府认为有必要因军事或海军事务进行借款，本辛迪加同样有权进行财政贷款；换言之：在开展期间及资金使用后的一定年限内，该辛迪加因对本次革命事业预付款项而拥有与政府协商全部贷款之权力。

因铁路横亘在属于中国人民之土地上，其特许权不得被授予他方；且以中国人民当前之心态，此举将难以得到广泛支持。但正在建设之道路则可由本辛迪加投资和建设。作为清朝财产的帝国所有矿脉将转交给新政府，新政府有权赋予特许权，并将为发展而给予本辛迪加以合理之特许权，此乃公平妥当之举。

在革命行动开始并预付款项时，辛迪加应指定一位代表担任财务官，以掌管所有资金进出事务，全部所需物资须根据总统及军队总指挥之要求，经财务官或辛迪加指定之此类其他代表之手购买。

更进一步，新政府组建完成后，在随后将确定的一段时期内，所有陆军和海军军需采购将通过前述辛迪加的代表来完成。行动开始时辛迪加预付之资金，以及利息和增值（Treble Increment），在临时政府组建时应得到偿还，而临时政府则应在占领任何主要省份的总督公署后立即成立；贷款净值与其增值的总和或部分，将可由辛迪加选择转变为对临时政府的贷款。

在辛迪加代表和前述总统正式授权的财政代表达成并签署合作协议后，辛迪加财务官应向上述财政代表支付下列款项：

付款项目1：在此后2个月内支付 $ 500000 以供使用

付款项目2：在此后8个月内支付 $ 680000 以供使用

付款项目3：在此后14个月内支付 $ 720000 以供使用

付款项目4：在此后17个月内支付 $ 600000 以供使用

18. 财政安排备忘录（1910年3月14日）

1910年3月14日之备忘录

第一笔付款

1. 重组联合会党

（a）华中------------------------------------ $ 15000.00

（b）华北------------------------------------ $ 15000.00

根据总统之要求支付，用于100名代理人。

2. 沿东京湾组建军队，建立动员站和弹药分发站------- $ 60000.00

3. 租借部分土地，将其建设为能容纳1万人之行营----- $ 100000.00

由在香港之财政官根据租借总经理的征用要求支付。

4. 广东代理处---------------------------------- $ 20000.00

东京代理处------------------------------------ $ 10000.00

由总统支付。

5. 付款之1/3用于订购1万支毛瑟步枪和250万发子弹，以及36门火

炮和 14400 发炮弹------------------------------ $ 160000. 00

由财政官支付。

6. 控制驻扎于北京附近之 5 镇中国新军-------------- $ 50000. 00

由总统支付。

7. 控制构成中国海军之 4 艘巡洋舰----------------- $ 40000. 00

由总统支付。

8. 军队司令部开支-------------------------------- $ 10000. 00

由财政官根据军队总指挥的征用要求支付。

9. 总统司令部开支-------------------------------- $ 20000. 00

由总统支付。

10. 备用金-- $ 150000. 00

由财政官支付。

合计：$ 650000. 00

第二笔付款

1. 动员并供 5000 人使用 6 月--------------------- $ 220000. 00

由在香港之财政官根据军队总指挥的征用要求支付。

2. 支付美国军官 6 个月的交通费和生活费------------- $ 75000. 00

由财政官根据军队总指挥的征用要求支付。

3. 支付中文翻译的交通费和生活费------------------ $ 10000. 00

由香港财政官根据指挥官之征用要求支付。

4. 战争弹药最终支付款项------------------------- $ 350000. 00

由财政官支付。

5. 全副武装 5000 名士兵和军官-------------------- $ 100000. 00

由财政官支付。

6. 工程、医疗和军需补给运输--------------------- $ 100000. 00

由财政官支付。

7. 马匹、员工和司令部设备----------------------- $ 100000. 00

由财政官支付。

8. 弹药和军需补给运输费------------------------- $ 100000. 00

由财政官支付。

9. 备用金-- $ 50000.00
由财政官支付。

合计：$ 1105000.00

第三笔付款

1. 动员并装备另外5000人------------------------- $ 150000.00
由在香港之财政官根据军队总指挥的征用要求支付。
2. 动员并装备5000名苦力以运输------------------ $ 50000.00
由在香港之财政官根据军队总指挥的征用要求支付。
3. 支付15000人3个月生活费--------------------- $ 200000.00
由在香港之财政官根据军队总指挥的征用要求支付。
4. 5000名苦力每人每月5美元，共3个月的工资------- $ 75000.00
由在香港之财政官根据军队总指挥的征用要求支付。
5. 备用金--------------------------------------- $ 100000.00
由财政官支付。
6. 外交开支------------------------------------- $ 250000.00
由财政官根据总统要求支付。
7. 美国军官3个月薪水---------------------------- $ 50000.00
由在香港之财政官根据军队总指挥的征用要求支付。
8. 7750000发步枪弹药---------------------------- $ 175000.00
由财政官支付。

合计：$ 1050000.00

第四笔付款

战役资金---------------------------------- $ 795000.00
由财政官根据军队总指挥的征用要求支付。

1. 第一笔付款---------------------------------- $ 650000.00
2. 第二笔付款---------------------------------- $ 1105000.00
3. 第三笔付款---------------------------------- $ 1050000.00
4. 第四笔付款---------------------------------- $ 795000.00

总计：$ 3600000.00

十一　"布思文书"所附剪报[①]

1.《纽约先驱报》有关唐绍仪访美报道（1909年1月24日）

唐绍仪声称来美寻求5000万美元贷款

华盛顿报道：中国特使将与美国财界磋商

其为袁世凯之代表，据说该清廷军机大臣倒台已破坏唐之计划

《纽约先驱报》办公室，No. 1. 502 H. Street，N. W.，华盛顿特区，周六

今日，有关中国赴美特使唐绍仪使命之事有了进一步消息，其人因袁世凯倒台之事，被迫缩短在美行程，已启程赴欧。据知情人士，唐绍仪原计划在纽约逗留八天，以便与J. P. 摩根及其他金融界人士磋商借款5000万美元事宜。袁世凯已批准该借款方案，据说此方案及袁世凯托付唐绍仪之其他使命，因其所涉甚广已引起摄政王警惕，因此与袁世凯之倒台亦有所关联。

据说，唐绍仪通过其代理人约好于本月晚期赴纽约，其已收到摩根及他人之私函。

一旦获得借款，该款项将作何使用尚不明了，据说唐绍仪对此闭口不言。然而，相信资金将大部用于发展满洲之中国实业。考虑到美国国务卿罗脱（Elihu Root）与唐绍仪就满洲事宜已进行多次会议，中国特使对美国和日本在满洲贸易状况之地位大幅加码。

曾到此地的唐绍仪特别使团中之友人，承认其希望获得5000万美金借款之事。他们认为，现在袁世凯被罢黜，中国政府将无法磋商借款事宜。因此，袁世凯可能会被召回重新启用。

——华盛顿消息

① *Charles Beach Boothe Papers*, 1850-1976, Box/Folder: 1 : 11, Hoover Institution Archives.

2. 周五《泰晤士报文学增刊》对荷马·李《无知之勇》的评论（1909年12月17日）

《泰晤士报》周刊版 491

主宰太平洋

荷马·李之《无知之勇》（Harpers. 7s. 6d. net.）

这是一本奇书，任何有影响之人都应一读。此书讨论世界列强之事，美国居于列强之中心却岌岌可危。此书出自美国陆军杰出军官笔下，由沙菲和斯托瑞将军作序，但荷马·李将军以其天赋异禀和所选择议题之重要性，使所有序言黯然失色。

该书分为两部分，前部研究国家兴亡之诱因，本质乃一哲学论文。作者在其中谈及国家之伟业实有赖其军事进步并与之呼应，他进而论证，一国之财富与奢侈之风若与其军事力量成反比，衰亡之日必然到来。后部则进行推演，说明美日为争霸太平洋必然发生战争。李将军详细研究了两国可能开展的各种海洋和陆上军事行动，得出全然不利于美国军队获胜之结论。

作者说他写作时非常了解该书的令人不安之处，事实上他并不相信，其祖国作为大共和国的过失和缺陷不会被更多的无情苦难所鞭挞。

那些当前在合众国领土内喧嚣陶醉的各类民众之大小野心，只将国家视为寄生之地，作为个人发达壮大之所，合众国之资源并非为使其更伟大而被加以利用和保护，只是用来满足那些自肥之人的寄生虫般的贪欲。

他认为在美国内战时期，美国人口成分还相当一致，自然能够响应爱国主义的召唤。现在美国人口中有50%是在国外出生的，他们在没有变成好公民的情况下逐步开始掌控政府权力。多数人神圣的权利被荷马·李轻蔑地描述为王权神授的非法遗留。他认为所有未来战争的突发诱因都根源于民众；即会发现，民众的犯罪率与战争爆发的概率直接相关；而美国的犯罪率则超过了其他所有文明国家；美国的犯罪率因人口多元化而飙升，这些人能阅读却没有受到教育，不能分辨真伪，因此无法尊重他人的权利。作者说，这种暴民思想是“盲从而野蛮，原始又残暴，阴柔非理性……只会在制造破坏方面主动积极”。

依作者之见，美国的军事力量也缺乏能满足其所需的行动方式。他点明陆军不可救药的弱点，以及因驻军不足造成的多数海岸防御设施的不敷所用，还有志愿军和民兵之不可靠，更有菲律宾、夏威夷、萨摩亚、阿拉斯加和太平洋东岸地区毫无防御的现状。他描述了美国战舰的缺陷和海军基地之不足，并注意到一支舰队从大西洋到美国西岸要花费的大量时间。他认为门罗主义正在诱发战争，他相信行将建成的巴拿马运河会有多种引发战争的可能性；因此，除非美国为其国防准备好所需之力量，否则不如中断巴拿马运河建设。简言之，这个能干的权威声称其国家既没有陆军也没有军事体系，既无武装亦无装备，没有军人也没有军事规划，并且，从根本上说，有一群可以引发战争但无法将之进行下去的民众。作者在著作的结尾处声称，在对日战争失败后，合众国的军队将“从此作鸟兽散，联邦各地异见纷起，各处蓄谋造反，阶级和派系叛乱此起彼伏，直到这个本质上异质混杂的合众国分裂瓦解，再度落入复辟君主手中，为其浮华自大和鄙夷付出代价”。

李将军对日本人则相当大度，对之颇有过誉之词。他认为驱动日本的精神力量将会最终促其成为世界霸主。他说日本已经在太平洋上把除了美国之外的所有对手消灭了，正准备与合众国进行最后了断。根据作者的观点，这个了断“除了诉诸武力冲突，别无他法”。他指出日本是如何位居太平洋的战略中心，及其在对抗军舰通常离冲突地点 17000 英里之遥的美国方面是如何强大有力。他计算日本有足够的运输能力，一次可以运送 20 万军队在 5 天内抵达菲律宾，14 天内抵达夏威夷，22 天内抵达加利福尼亚沿岸。他进而详细讨论了上述美国领地的防御问题，很务实地下结论说，日本可以轻松获取其想要的美国领土。他认为，由于美国的外交失误，日本可以合法发动战争；他还惋惜地指出，在不迫使大不列颠作为日本盟友进入战争的情况下，美国已经无法组建对抗日本之战团。

对于美国公民来说，这种无情展示美国军事弱点的著作将会非常难以卒读。但该书的刺激力量基于真知。各个情报机构都了解，尽管美国富裕且人口众多，这个大合众国在军事方面却是个泥足巨人，美国太平洋领地处于没有防卫的现状也是事实。关于美国的岛屿领地，除了有一支总体上比日本海军更为强大的舰队永久驻扎在太平洋水域上，其他任何方法都无法改变现状。不知何时才能够拥有这样的一支舰队，而李将军认为德国可以在两周内将 25 万人运入合众国，如果不能揭开东方的面纱，则无法监视西方。尽管对美国来说难以接受，但现在美国的领土安全主要依赖于大英帝国的友谊。在美西战争时期，就是该友谊在欧洲列强计划干预的最初阶段将其阻止。如果日本打算发动侵略战争，该友谊亦具有促使日本审慎思考不做蠢事的重要影响力。不过，尽管可能有此帝国美梦，日本尚未展现出侵略精神，其外交政策的低调和审慎与之全然无涉。人们也难以想象日本会如此疯狂，以至于以兼并为目的进攻与太平洋相邻的合众国，因为，尽管日本可能占领合众国领土，却会开启一场非常漫长而消耗巨大的战争，而且肯定会将其他参战方牵扯进来，这样的局面只能是一个疯狂之人才能设想出来的。

3. 剪报：《荷马·李“将军”》

荷马·李“将军”

莎士比亚和培根均谈及那些佝偻不幸之人的过度虚荣，至于虚荣是否为此类人物之特质，已去世之荷马·李则因夸大其词和热衷赞誉而使自身沦为笑柄。美国人民热爱英雄人物和赏金奇兵，李则以诡计获取虚名，以图大众之仰慕。

保皇会在加利福尼亚的领袖伍盘照（Ng Poon Chew）向大卫·斯塔·乔丹（David Starr Jordan）提供了以下事实，并为后者公之于世。那位中国会党领袖与李家有旧，因而曾与该年轻人讨论中国的维新运动，最后决定派李作为代表赴华。当其在旧金山等待必要之资金和文件时，李愚蠢地接受一位记者采访，并告知一切应当保密之事。中国领事立即将此事汇报中国政府，因此，尽管李受命出行，当其抵达香港后却无法与维新派领袖取得联系，而那些领袖们则不愿冒着杀头的危险与这个暴露了的人联络。

《帕萨迪纳新闻》（*Pasadena News*）评论此事件说：

> 他从香港奔赴澳门，在那里居留数月，日夜受到当局密切监视，维新派成员均不敢与之联络。李最后写信给旧金山，索取回程资金，尽管极不情愿，但还是汇钱给他作为路费。伍盘照说，此事使李与保皇会革命事业的关系终止。
>
> 至于他的“将军”头衔，保皇会加利福尼亚分会领袖声称李不仅从未在维新军中担任将军，而且从未有过此种军队。他的所有头衔均为其捏造。乔丹博士的通讯员说：“早在与保皇会领袖建立关系之前，他就有一个图谋，即使自己受到新闻报道和公共关注，因而为自己的

著作开辟可能的市场。……保皇会在洛杉矶有一分支机构,他与那里的华人保持联系。"

李在美国和孙逸仙医生相识,后者对年轻人的观点印象深刻。其后,当李因健康不佳赴欧就医,中国革命爆发了,孙医生经欧洲匆忙返国。李得知孙之计划,设法登上开往中国的同一艘邮轮。他们同赴上海和南京,孙医生在南京就任中华民国临时大总统。而李则因病无法工作,事实上,因战斗在他和孙医生抵达前已经结束,也没有需要他从事之工作。其年表作者声称:"在华中国革命党人从未听说过'荷马·李将军'。他不过是一个纯粹的阴谋家。旧金山的华人非常后悔在1900年拨款送其赴华。"

4. 剪报:辛辛那提号巡洋舰自瓦列霍开赴中国(1911年11月16日)

辛辛那提号巡洋舰自瓦列霍开赴中国

增援舰队今日启程奔赴远东——总理内阁大臣袁世凯组阁

消息源自《快报》合作新闻社

加利福尼亚瓦列霍,11月16日:

萨缪尔·S. 罗宾逊(Samuel S. Robinson)指挥的辛辛那提号巡洋舰今天自马雷岛(Mare Island)军港启程赴中国。

近日,在军港驻扎4年之久的辛辛那提号被全面翻修以承担新奥尔良号之任务,后者则受命返回美国维修。据说海军部现已决定让新奥尔良号驻扎在亚洲驻地,直至中国形势明朗。

辛辛那提号将在甲米地省(Cavite)停留,向当地军港交付物资。该船装运了大量用于菲律宾的无线设施。

中国内阁总理大臣袁世凯组阁

北京,11月16日(下午7:03)内阁总理大臣袁世凯在清廷今天发布的上谕中公布了内阁名单。其中包括少数满人,但没有皇族。

中国一些最干练的能人不在其中,但在当前形势下该政府架构尚令人满意。

新内阁成员包括:

内阁总理大臣——袁世凯

外务部——大臣：梁敦彦；副大臣：胡惟德
度支部——大臣：严修；副大臣：陈锦涛
邮传部——大臣：杨士琦；副大臣：梁如浩
陆军部——大臣：王士珍；副大臣：田文烈
法部——司法大臣：沈家本；副大臣：梁启超
农工商部——大臣：张謇；副大臣：熙彦
海军部——大臣：萨镇冰；副大臣：谭学衡
学部——学务大臣：唐景崇；副大臣：杨度
理藩部——大臣：达寿；副大臣：荣勋
民政部——大臣：赵秉钧；副大臣：乌珍

根据领事报告，汉口3万清军已经加入民军，在镇江击败来自南京和镇江的清军。联军正向南京进军，将与八旗驻防军作战。

黎元洪将军照会在汉口的外国领事，民国已经选举代表组建位于武昌的中央政府，希望获得各国承认。黎将军是民军指挥。

外国驻京使团相信近两天华北局势有所好转，但对全局做出整体评估前，仍需事态有所进展。

民军控制福建省南部

厦门，11月16日——事实上福建全省南部均落入革命党之手，该省内地亦有不靖。

敌对派系在漳州混战，争夺当地政府控制权。

在福州，逃难的人们返回城内，商店恢复营业。

福州以南约50英里的沿海城市兴化府已经悄悄接受了新政府。许多旧官僚仍在其岗位上。

该城内激进分子正着手推动共和运动，并未征求温和派的意见。

民军积聚力量准备攻打北京

旧金山，11月16日——根据今天旧金山《大同日报》（*Chinese Free Press*）所收电报，革命党正筹划近期攻打北京。该电报发自香港，说广东省革命政府受黎元洪将军之命增援武昌，在该城会师准备攻打北京。

谘议局接到命令后，决定派姚雨平（Jung Juan Quai）将军率军奔赴武昌。

政府商议派兵赴华

华盛顿，11 月 16 日——除非总统塔夫脱下令，任何驻守菲律宾的士兵都不会离开。而该命令尚未被下达，据说下决定之前，总统正在华盛顿等待刚从美国西部返回，将在今天晚些时候抵达的陆军部长亨利·史汀生（Henry L. Stimson）和参谋长伦纳德·伍德（Leonard Wood）少将。

开封出现起义苗头

北京，11 月 16 日——河南省会开封发来电报，根据临时安排，尚未宣告该城独立，但反清情绪高涨，随时可能爆发起义。

·第三部分·

“红龙计划”相关资料汇编*

一 孙中山与荷马·李暨夫人通信补遗①

1. 孙文致荷马·李（1910年2月24日）②

加利福尼亚旧金山吕宋巷（Spofford Alley）38号

1910年2月24日

尊敬的将军：

先生21日来信今晨收悉。余处理完旧金山之事后，将即刻前往拜见您及布思先生。出发时余将提前通知先生。

感谢先生对吾党革命运动之同情与支持。

您忠诚的

孙逸仙

* 本节部分英文档案来源于 *Joshua B. Powers Collection*, 1876-1969, Hoover Institution Archives, Stanford University, California。

① 本节第2-28号文件均编译自胡佛档案馆所藏《鲍尔斯文书》（*Joshua B. Powers Collection*, 1876-1969, Box/Folder: 1 : 68-69, Hoover Institution Archives）文件；部分翻译自尤金·安斯切尔所录《鲍尔斯文书》，参见 Eugene Anschel, *Homer Lea*, *Sun Yat-Sen*, *and the Chinese Revolution*, Praeger Publishers, 1984, 第199-212页。

② 翻译自中国国民党中央委员会党史委员会编订《国父全集》，第五册，中国国民党中央委员会党史委员会，1973，第365页。

2. 孙文致荷马·李（1910年3月24日）

海上，1910年3月24日

尊敬的将军：

余在前信中已告知先生某人拥有关于某军事强国之极重要文件。余启程前收到一份同样之清单，余即随信附上该清单之译本。该清单只纳入12种，此外仍有诸多，共计超过30大册。资料均为该国总参谋部最新作品。我认为这是任何与之竞争的国家均愿意得到的最具价值之文献。请您设法探明美国陆军部能否利用此机会获得这些秘密文件。

此颂近祺。

您忠诚的

孙逸仙

清单

1）全日本现役陆海军动员令

2）海岸防备令

3）战时大本营条例

4）战地电信条例

5）战地卫生条例

6）野炮条例

7）电信总部条例

8）重要计划

9）现役军官细则

10）教育总监部条例

11）交通线条例

12）重炮和攻城炮令

除上述文件外，尚有另外十余种非常重要之军务文献。

3. 孙文致荷马·李（1910年5月9日）

檀香山，1910年5月9日

尊敬的将军：

余今日甫获中国讯息，第一标余部约7000人已安全返回法租界广州湾附近之高州家乡。他们立即开始招兵宣传，现已有万余人。他们从乡里搜集了一千支步枪，每支配弹200发。第一标其余人员亦返回各自故乡，在惠州府所辖二区海丰与陆丰之人数仅次于高州。他们亦发动乡里，动员万余人。高州与惠州均已准备就绪。

广州新军尚未被解散之二标将被派赴高州府驻防。目前虽未发放弹药，但出发驻防时必然发放。彼时其人员武器即可为我所用。

香港革命党支部长胡汉民近期已与黄兴、第一标前标统赵声同赴新加坡。

有一坏消息告知先生，余之秘书汪精卫及部分人士在京被捕，汪精卫被判终身监禁。目下，解救他的唯一希望是攻占北京。

我明日午时将赴小矿脉（Hilo），一周内返回此地。您何时起程赴美东？

此颂先生及鲍威尔小姐近祺。

您忠诚的

孙逸仙

4. 孙文致荷马·李（1910年5月24日）

檀香山，1910年5月24日

尊敬的将军：

余将在本月30日搭乘“蒙古轮”（S. S. Mongolia）启程赴日本。在日小住以等先生覆示，并为将来之工作筹谋。

余甫从中国获悉，余之部分同志得知吾等在美计划之前，已在广州湾法国租界设法谋取部分用于耕种之土地。该处之法国政府正招人开发土地，申请开发者将被分配3英亩土地。但给予答复前3个月必须提交申请。

余亦得知，香港某公司可以提供任何武器，并保证在广东沿岸任何地点予以交付。因此，可省却吾等运输武器之麻烦。若能从该公司购买枪械，货物即可在支付费用前运至吾党所需之地点。若能成功在美筹款，此法甚为稳妥便利。在吾等与其他方面达成协议前，余想让将军先考察此香港公司。吾等可让此香港公司作为总供给商，或仅作为运输商。盖因该公司在远东各个口岸均有船只与仓库，以及合法向各处转运和在各处存储武器之执照。

余目前之通信地址如下：Y. S. Sun，c/o Mr. K. H. Ike，No. 10，Nakanocho，Akasaka，Tokyo，Japan。一俟余抵日安顿后，即复信先生告知常驻地址。

此颂先生及鲍威尔小姐近祺。

您忠诚的
孙逸仙

5. 孙文致荷马·李（1910年8月11日）

槟榔屿，1910年8月11日

尊敬的将军：

先生6月18日来信于昨日收悉。受调离开的军官现已被召回所属新军部队，务必在一年内为K-t-army（广东新军——译者注）训练二协新兵。除少数极优秀者与我在此地外，大部分军官均已返回所属部队。不久，吾等当可恢复在C-army（广州新军——译者注）之固有地位，实力较以往大增。吾党在惠州府与雷州府之成员与日俱增，故无法告知先生确切人数。但可肯定，所有能作战之成年男子均能应召参加起义。在广东东部，C-c-fu（潮州府——译者注）与K-Y-C（嘉应州——译者注）各地均做好起义准备。潮州地区军人勇敢善战，数量达到好几百万。1860年英法联军入侵北京期间，曾招募潮州人，事实证明，他们是最好的战士。就是这些潮州人冲锋攻下了大沽炮台。

H-k F-（香港、虎门——译者注）和W-（惠州——译者注）之间三角形地域里的各村庄装备了新式步枪，其承诺以所有武器——为数至少3万支——协助我们。然须为其提供弹药。

余逗留日本期间，阻止了长江谷地预谋之起义。此事正如在日本写信告知先生那样。他们起初承诺直到冬天都按兵不动，现在我则可以设法使他们多等一些时候，直到我们筹款计划成功。先生现在可以按我们原定计划执行。

现在云南省颇有动静。上周余已派人自此地经缅甸赴该地加以劝阻。余以为该人可以使其在一段时间内保持安静。请先生赐余一至两本新著《无知之勇》。余所有之书被友人拿走。

余将在此地居住二三月。其间先生可写信到以下地址：

中山先生，

c/o Tek Cheang

197 Beach Street

Penang

Straits Settlements

此颂先生及鲍威尔小姐近祺。

您忠诚的
孙逸仙

6. 孙文致荷马·李（1910年9月29日）

槟榔屿，1910年9月29日

尊敬的将军：

阁下于8月7日寄来香港之信件收悉。此后请勿再往香港寄信，请寄到此处。

关于布思先生被委任为财务代办之事，若红龙计划无法成功，则请退还委任状，盖此情形下，余须按要求退还签名。

请先生按照我等讨论之另一方案设法尽快筹集部分资金。余以为，当下25万美金即足堪使用，即使略少，我们亦能有所作为。

自余返回远东后，一直致力于阻止中国各处不成熟之革命行动，并以在冬季提供资金作保。若此保证无法履行，则会重创余之影响力。故请先生敦促布思，按我前信所要之数额从私人账户中划款汇余。只有如此方能挽回余之声誉。若布思先生能多做一些，则可推动事业之成功。

余正待先生之引荐以赴马尼拉。请问先生是否已经发信？许久之前，余即致信先生请帮此忙。因此处一切并未办妥，余目下恐无暇再赴美国。尽管因需要资金而一直努力阻止，但余恐无力制止今冬之起义行为。若此冬之革命运动能够延迟，余即当于年底自马尼拉赴美。

您忠诚的
中山

地址：

c/o Tok Cheang, 197 Beach Street, Penang, Straits Settlement

7. 孙文致荷马·李（1910年11月7日）

槟榔屿，1910年11月7日

尊敬的将军：

先生9月18日来信，所寄图书与杂志数天前均已收悉。其后收到布思先生来信，告知辛迪加将在10月初会晤。但10月已过，直到现在布思先生并无确定消息，因此余对其不再抱以厚望。余希望先生能够设法尽快使我们的革命运动有所进展。当然，若有机会，我不会等待，但没有必要方法很难有所推进。自余来此地后，在多方面促进了筹备工作。现在，我们可以用比预先计划少得多的资金获得成功。我认为有预先计划 1/10 之资金即足矣。您是否有方法可以快速筹集资金？我将设法在此地筹集部分经费，若能获得刚够起义之额度，即使远不足以获得成功，余亦将立即起事。

至于翻译先生著作一事，余将告知日本朋友立即着笔。余以为可以有所收获。汉文译本则难以获利，盖因版权在中国无效，而中国出版商仅能为最好之译本支付每千字 3-5 墨西哥元之润笔费。先生著作翻译后约有 10 万汉字，总计约 500 墨西哥元或 250 美元，但至少需要 1-3 月来完成。但先生著作里有当代中国人不可或缺之宝贵知识。余将在日文译本出版后找人出版汉文译本。

余多次阅读先生对飞机在战争中作用之观察评估，颇为得意。先生之推断切中肯綮，余对先生第一部分十分赞同；而在第二部分"作为侦察手段"中，先生则有所忽略，即飞机与飞艇可以拍摄极佳之照片，从而助力指挥官清楚认知敌人位置。譬如，在辽阳与奉天之战中，日军少于俄军人数 1/3，而前者则展示出坚固防线，将后者纳入两翼之中，使得俄军指挥官误以为日军人数占优。日军战线绵延超过 100 英里，使得俄军之系留气球无法尽收眼底。若俄军使用飞艇或飞机拍照，就能在此漫长战线中立即查明日军人数。

中国政府有关您在美国训练军队之态度，若该军队仍受将军指挥，余以为极可能发生之事为：他们会接管军队，将其运至中国并破坏之，就如同其曾处理第一条吴淞铁路那样，以控制铁路线为由将其买下，交易完成后立刻拆除铁轨，将其与机车和车厢一同运到台湾，任其锈蚀。对现任政府而言，保留您训练的四标部队供其调遣，在当前中国局势里是最难实现的。我认为此事乃中国现任驻华盛顿公使张荫棠为自身利益所策动。先生须对在美接触之所有中国人多加小心，无论如何请不要让任何人知道你我之间的关系。

希望尽快收到先生佳讯。

此颂先生及鲍威尔小姐近祺。

您忠诚的

孙逸仙

8. 时间不详（约为1910年12月）孙文致荷马·李电报

邮政电报公司（The Postal Telegraph-Cable Company）

电报

2 S MR 14 自 槟榔屿

槟榔屿

荷马·李

加利福尼亚长滩，

将赴伦敦，先生能否与我在哈雷街（Haley Street）140号会见。请回复。

Tekcheang

9. 孙文致荷马·李（1911年8月10日）

1911年8月10日

尊敬的将军：

您自华盛顿和威斯巴登（Weisbaden）来信收悉。得知先生在政府和参议院获得巨大成功，余由衷高兴，而先生之眼疾康复迅速，更令人兴奋。后者则至为重要，颇使余宽慰。

收到先生来自华盛顿之信件，余即刻传令在中国之革命党人相应行事。在余之书信寄达他们之前，余收到他们发来之数份电报及信件，文中声称已经策反北京城外十余标新军，京师内所有汉人部队则有望倒戈。最近，吾党人吴禄贞任新军第六镇统制之职。许多来自直隶之军官在各省新军服役后，现已返回北京新军，以便革命爆发后与其余各标配合起事。因此，先生可见，吾党人知道我等计划之前，已为同一目标奋斗。余期待大业很快可以成功。

目前无人愿与我分权，各省领袖均拥护余就任总指挥，他们只怕我会拒绝出任该职。余最近收到多封来信，敦促尽快返华发动革命。目前唯一需做之事为，筹集必要资金以便发动起义。

至于英日联盟续约对吾辈事业之影响，余以为无关紧要。该事件表明，日本尚未做好通过单边行动重塑远东局势以实现自身利益之准备。目前日本国民为新增之税赋所困，日本政府或需要10年之久以巩固并发展朝鲜和满洲，此间亦需要金钱与和平。因此，余等有时间在新征服者准备好之前振兴中华。希望先生能够尽快与英国朋友会面，为我们找到可以推进革命事业之方法。

余即将离开旧金山再赴美东，希望能在10月末抵达纽约。

此颂先生及鲍威尔小姐近祺。

您忠诚的

孙逸仙

10. 孙文致荷马·李（1911年9月25日）

博伊西（Boise），爱达荷，1911年9月25日

尊敬的将军：

先生8月29日来信于昨日收悉。得知先生眼疾日益康复，余颇为高兴。

若有渠道，余仍有意在巴黎或伦敦设立司令部。黄兴将军因在华工作繁忙，尚未召其赴欧。

最近，四川因官民铁路争端扰攘不已。因有流言说四川新军也卷入争端，我党在南方之总部颇受影响。若此事属实，我党人计划让云南新军率先起事，而后是广州新军。但余不知真假，盖因吾党从未有意让川军发动全国革命，因而对此并无准备。根据官报，四川新军并未遵循总督之作战命令，亦未加入民众一边，而采取中立态度，我相信这才是发生之事实。

至于以何法，在何时与何处筹集所需经费，余尚无法做出决定。余只希望能尽快获取。

余在纽约结束旅行后将赴欧，看能与法英做些什么。

请再用以下纽约地址给我写信：c/o Sing Fat Co. 1127 Broad Way。

此颂先生及鲍威尔小姐近祺。

您忠诚的

孙逸仙

11. 孙文致荷马·李电报（1911年10月31日）

商业电报公司
跨大西洋电报
诺森伯兰大街（Northumberland Avenue）1号，W. C.
1911年10月31日
早9：59分收到

FD..445 $纽约 61

荷马·李 萨伏伊宾馆 伦敦

黎元洪之公告（Proclamation）无法解释，也许因突然成功带来之雄心促动。但缺乏统率力使其难以长久坚持。各处组织均很好。若有财政支持，所有人都期待余之领导。余能完全掌控形势。只有吾等抵达该处，否则无法组建强力政府，因此必须获得借款。现授予您全权协商借款事宜。

自孙逸仙

12. 孙文致荷马·李电报（1911年11月1日）

商业电报公司
跨大西洋电报
诺森伯兰大街（Northumberland Avenue）1号，W. C.
1911年11月1日
早9：41分收到

FD..44 纽约 17

荷马·李 萨伏伊宾馆 伦敦

黄将军安全抵达汉口，事态颇有好转，余明日或乘毛里塔尼亚号（RMS Mauretania）出发。

中山（Nakayama）

13. 孙文转抄荷马·李之陈其美来信［1911年11月（农历九月）］

萨伏伊宾馆
伦敦

电报地址：伦敦萨伏伊宾馆

电话：4343 杰拉德街（Gerrard）

尊敬的医生：

我们从收到上海沪军都督陈其美来电，让我们与您联系，告知：武昌起义爆发后，湖南和江西立即按计划起事。本月（中国农历）十三日（1911年11月3日——译者注）余已攻占上海，苏州、杭州、福州和广州相继落入我手。刻下吾等正调动江浙全部军队进攻南京，之后再进军北京。14省已宣告从清政府独立。吾等正等公回国联合诸部。外交问题颇为紧急。我们必须立即组建临时政府以处理内务、应对外人。吾等已任命伍廷芳负责外交事务。此议似为诸国所接受，但目前吾等仍未为任何一国所正式承认。上海乃所有外事活动中心地点。吾等打算在沪建立临时政府，已经以我们名义向各省致电，请其派代表来上海处理诸事。

我们请您尽快回国，并立即来电任命某人作为公之代表，以便满足四万万国人之心愿，并为国家肇基。

由香港 Chung Kok Po 转交。

14. 孙文致荷马·李夫人（1912年6月27日）

上海同孚路（Yates Road）21号

1912年6月27日

尊敬的李夫人：

获悉您与将军回程愉快，余甚为欣慰；更高兴的是得知将军身体日益康复，医生诊断将军未来能够行走。此信抵达夫人处时，想必你们已经在长滩度假了。毫无疑问，新鲜空气和阳光一定有助于加速先生痊愈。

犬子及两女将搭乘明天之春洋丸（Shinyo Maru）赴美求学。孙科将进入加利福尼亚大学，还没有决定学习何种专业。我相信他在美国逗留期间，会有机会与你们见面。

中国形势日渐有序，北京的政党斗争导致总理被迫下野并非严重事件。我相信并期望不久一切又能顺利推进。

我尽力回避政治，期望能够全力以赴投入中国的自然资源开发中，尤其是铁路建设。我希望获得成功。

此颂夫人及将军近祺。

您忠诚的

孙逸仙

15. 荷马·李致孙文（1912 年 7 月 27 日）

加利福尼亚海洋公园（Ocean Park）

1912 年 7 月 27 日

尊敬的医生：

我恢复得不错，可以给您写信。先生来信昨日收悉。我身体状况进展迅速，我和医生们都有信心，我可以在 9 月中旬返回中国，再次投身于您能交付给我的任务。

这次大病很严重，但现在我感觉已恢复不少。最近应洛杉矶华人之邀，我乘车到唐人街去与他们会晤。我在那里遇到一个来自费城、前两天刚抵达此地的华人。他刚收到黄兴来信，说将解雇所有德国军官，并以美国军官取代之。我认为此举旨在将南北新军混合，而您军中并无德国军官。我对此事了解不深，望先生赐教。您是否立即需要这些军官？还请告诉我薪水如何，以便我去见陆军部长时，能按照您所需军官数量来请其批准。

沙菲（Adna R. Chaffee）和伯顿（Burton）将军偶尔来访，总问及您。您可以将您的指示发电报给荷马·李（Flintbar，Los Angeles）。自离开南京后，我没有接受任何报纸采访，如果您见到任何声称来自我的消息，那全部都是伪造的。如果您希望我返回中国前去趟华盛顿、伦敦和巴黎，请及时告知我。看起来这里的美国人全然相信，俄国会在来年春天之前拿下中国。

您忠诚的

荷马·李

16. 孙文致荷马·李（1912 年 10 月 13 日）

上海宝昌路（Avenue Paul Brunat）491 号

1912 年 10 月 13 日

尊敬的将军：

非常高兴收到先生 9 月 15 日来信及李夫人写于两周前之来函，衷心感谢。希望先生持续康复，我们两月后也许能在巴黎会晤。

当米切尔先生（Mr. Mitchell）给我致电之时，余已启程赴京。余之友人自上海将此信息带入北京告我，以致余以为此电报为米切尔先生从上海发来。余遂回电报邀其见面长谈。直到返回后，余乃察觉米切尔先生根本不在上海。李夫人来信已说明一切。

您备忘录所提之条件余已认真记下。数项条款须待你我会晤时详细讨论。

余之访北获得巨大成功，先生定已从报界获知。此行成果之一为加深了南北互信。黄兴将军亦赴北京，受到隆重接待。他刚刚返回上海。

一些山西银号业主找到我，询问可否创办某工业银行。他们有望为此筹集 500 万美元本金。余正同山西都督阎锡山书信讨论此事。

此颂夫人及将军近祺。

您忠诚的

孙逸仙

荷马·李将军

加利福尼亚海洋公园

17. 孙文致荷马·李夫人（1912 年 11 月 14 日）

中国铁路总公司

总经理办公室

总经理孙中山医生

上海广东路 36 号

1912 年 11 月 14 日

荷马·李夫人

加利福尼亚海洋公园

尊敬的李夫人：

余自报纸得知李将军薨逝，悲痛万分。余原想向您致电以表深切慰问之情，但直至现在，余亦难以相信报纸报道属实。

李将军去世，余失一挚友矣！

对此丧亲之痛，宋女士亦感同身受，请节哀！

您忠诚的

孙逸仙

18. 荷马·李夫人致孙文（1913年8月12日）

德国慕尼黑

1914年8月12日

尊敬的孙医生：

感谢您7月13日由万先生（Mr. Wan）笔书之来函。我在一天前才收到此信，明显路上有所耽搁，但我本人亦不断变换住处，邮件总是迟一点才能收到。

《保卫中国》（*The Defences of China*）这篇文章还放在洛杉矶，我回去后会立刻给您一份文章副本和地图。该文或可对您与中国未来的发展大有裨益，我希望事态稳定后，您致力于中国复兴时，会发现将军审慎筹思所成论文之价值并践行之。

信中所附剪报非常有趣，乃真实消息，其中展现了人民的思想状态。您也许听说过一本叫作《爱丽丝镜中奇遇记》（*Through the Looking-Glass*）的小书。该书讲述了爱丽丝在镜中世界的冒险，她是如何被红方王后抓住并开始跑步比赛。他们奔跑，直到上气不接下气，停下来后，爱丽丝环顾四周惊叫道：“我们怎么还在出发点！”“哦，是的，”红方王后回答，“要是想到别的地方，得再快一倍才行。”

现在很多人都认为，在经过一年半应对各种怪事的剧烈奔跑后，中国恰恰还在“她原先的出发点”上。不必说，他们信息的唯一来源就是报纸，我们非常了解报纸“新闻”的可信度有多大。但你我都知道不是这样，“时间”将会证明，在这段不幸时期，中国的确跑得“快了一倍”。向着我们期待目标的进步已经开始，我现在对中国未来的信心，正与我们曾在中国进行缓慢但快乐旅行那时的信心一样，相信中国有一个伟大的未来。幸运的是，我们没有被允许知晓未来会带来什么，但如果我们能够知道，将军定会与您有同样之期待，而我则与他一样。

“工作必须继续！”天意已决，人须遵守！

还不能告诉您我为什么在这里。此行并不快乐，但我把空出的时间都用来学习了，以便在有机会做一些事情的时候有所准备。一个女人能够从事或者希望从事的事情不多，但用心做事时，此类限制总会被忘却。

得知乔克曼（Chockman）先生与您在一起，我非常高兴。请代我向他致意。他是您最为忠诚的助手，我希望他介绍到您身边的所有人都能忠心耿耿。

数天前在瑞士见到肯尼迪（Mr. Kennedy）先生。其子曾一度病重，他们因此到该地疗养。很高兴其健康日渐有起色。与他们再度相见甚为愉快。

我来到此地时，决定找一台打字机用几天，因此写信对我和朋友们而言容易许多。如果有什么奇怪的，就是这台德文打字机造成的，它在写纯正英文时常常不顺手。

此颂先生及朋友近祺。

您忠诚的

埃塞尔·李（Ethel Lea）

19. 孙文致荷马·李夫人（1913年12月23日）

东京

1913年12月23日

尊敬的李夫人：

余写此信乃相信您仍在伦敦，因此欲通过我们的老友康德黎医生（James Cantlie, 1851-1926）转达。

余仍在日本。余之祖国正复辟旧道，颇令人沮丧，然幸运的是，有迹象表明近期事态将向好处转变。独裁暴政再次确立，其压力甚至比落后的满洲统治时期更令人无法承受。回荡的钟摆已经到达极限，一定会发生反弹。也许这是黎明前最黑暗的时期。余了解您及其他朋友对我们的事业充满同情，此想法颇鼓舞余奋力推进我们艰难的事业。斗争或许漫长艰巨，但一定会获胜，因为正义终将胜利。

据说荷马·李将军的《撒克逊之日》在此处很多书店开售。正应如此。此书值得读者倾心接受。您一定记得《无知之勇》的日文译者池亨吉先生，他最近写信给我，请您允许他将此新作译为日文。至于李将军是否曾口头授权他翻译该书，我记不清了，但我想最好能够请您决定此事。

池亨吉先生的地址如下：

池亨吉先生，

台町25号，

赤阪，

东京

趁此机会，祝您冬安。

您忠诚的

孙逸仙

附：

余之地址如下：

头山满宅5号，

赤阪灵南阪26号

东京

20. 荷马·李夫人致孙文（1914年5月1日）

劳克林大厦220（Laughlin Building）

洛杉矶

1914年5月1日

尊敬的孙医生：

我今日就您想请池亨吉先生翻译《撒克逊之日》一事，写信给哈勃兄弟公司。信件副本见附件。

数周之前，我在赴洪都拉斯前夜给您写信说，如果您愿意，我很乐意让池先生翻译此书。如果您能够从中获得一些私人好处，我将更为高兴。

经过一段愉快的旅行之后，我刚返回洛杉矶，目前我想应当留在此地，做一些有趣也能获利之事。

我们关于中国和东方的消息非常有限，以致我有时感觉近乎无知；但还是认为没有消息就是好消息，这里的报纸缺乏对中国的评论，或许意味着那里的一切正如中国朋友所希望的那样逐渐变得有序，尽管可能并非完全如愿。我确信没有人能够比您更乐意中国进入稳定状态。

美国正处于许多麻烦的边缘，所有人都想知道将会发生什么。到目前为止，威尔逊先生用外交手腕应对了局势，我希望他能把我们的小纷争处理好，还有墨西哥的总体局势，而不用付出太多代价和鲜血。

我注意到，加拿大已经通过了排斥所有东方人的严厉法案，其中包括印度人，将军预言的形势现在正快速到来。我想知道我们是否能够在有生之年看到他的理论变成现实？我知道他是对的，但看似要比我所想的——甚至是他设想的来得更快。

您未来有意访问美国否？我很希望再次见到您，希望您很快能够成行。您知道我非常乐意为您服务。

祝您及家人安康！

您忠诚的

埃塞尔·李（Ethel Lea）

后附信件：

5月1日

哈勃兄弟公司：

我在数周前就《撒克逊之日》一书的日文本翻译事宜给您写信，告知您如果没有其他安排，我有意允许翻译了《无知之勇》的译者翻译该书。

因关于此事未收到您的回复，我今天写信给孙医生并正式予以授权。

您忠诚的

埃塞尔·李

（副本发给孙逸仙医生）

21. 孙文致荷马·李夫人（1914年6月17日）

赤阪灵南阪26号（26 Reinanzaka，Akasakaku）

日本东京

1914年6月17日

尊敬的李夫人：

感谢您5月1日来函。至于《撒克逊之日》一书之翻译，余将请一同胞在我们杂志上将其翻译为中文。

有关中国局势，其状况与我向您在长滩时所寄信中谈及的情形类似。我们面临的所有困难里最大的是财政拮据，但我有通过建立百货公司的方式来解决困难的办法。请问您是否能够在此事上给予帮助，帮我找到对运作此事熟稔之组织者？如果能够找到此类人才，他们是否愿意来帮助我们渡过难关？如您所详知，纸币在战时金属货币短缺的情况下对商家而言将会贬值。不过，一旦在每座城市都建立百货商店，我们就能够维持纸币的价值。通常一座城市都会有某种商品过剩，而另一座城市则缺乏之。若能将商品转运，此类问题便迎刃而解。您现在可见此类组织在战时对人民福祉是多么重要。

需要请您帮助的另一件事是，请您告知将军的朋友是否对中国感兴趣？如果感兴趣我想和他们建立联系。

希望您身体康健，在洛杉矶安康。

此颂近祺。

您忠诚的

孙逸仙

22. 孙文致荷马·李夫人（1914年9月13日）

赤阪灵南阪26号（26 Reinanzaka，Akasakaku）

日本东京

1914年9月13日

尊敬的李夫人：

您8月3日来信收悉，余颇为感激，在此深表谢意，尤其是关于您对我开设百货公司之计划所表现的巨大兴趣。

余开设百货公司之计划乃在于减轻财政困难，在革命时期促进商业发展。正如您所深知，中国之财政全然控制于外国银行之手。战争爆发时，商业将会全部中止，而人民必然受到巨大冲击。余之计划乃为避免此类冲击，想必无人反对。

友人戴德律（James Deitrick，1864－1932）最近写信给我，余遂将此事全部托付他处理，因此不再烦劳夫人。很高兴告知夫人余之工作进展顺利。反动政府被永久击垮之时日将近，余对此颇具信心。

一旦您得到余获胜之消息，或余在中国任何一处立足，余望夫人能够尽快来东方，盖因余有数项重要事务需要夫人襄助。

再次感谢夫人来函。

此颂近祺。

您忠诚的朋友

孙逸仙

23. 孙文致荷马·李夫人（1914 年 12 月 31 日）

东京

1914 年 12 月 31 日

尊敬的李夫人：

夫人 10 月 16 日来信数日前已收悉。由于事态进展缓慢，余暂无新消息相告。只是余之英文秘书宋霭龄最近新婚，与其妹宋庆龄（Rosamonde Soong）返回上海。两姐妹均在美国受教育，英语娴熟。余目前遂无助手帮助处理英文通信。余有意请您来此相助，但一切变化太快，余难以制定明确规划。希望不久有机会一起合作。

此颂近祺，并祝新年快乐。

您忠诚的

孙逸仙

24. 孙文致荷马·李夫人（1915 年 11 月 20 日）

原宿 109 号

东京青山

东京，1915 年 11 月 20 日

尊敬的李夫人：

夫人 7 月 27 日与 8 月 24 日两信收悉，迟复为歉。诸事甚多，需亲自处理之事务亦不少，遂无暇搬家。

然通信之静默并不代表缺乏赞赏，余始终将夫人来信记在心间，希望找到机会回复，告知夫人自上次去信后我工作最新之进展。

余相信，因夫人非常关心，您得知下面信息当非常满意：所有的计划都按照余之设想圆满实现，目前条件也非常好。

因此，可能随时会举事，余党全体均做好准备，为全面胜利而战，哪怕为争取自由而捐躯。

至于帝制运动，此乃中国人民所最不堪忍受者。但他们无法表达愤怒与意见。由于许多重要的外国报纸都被贿赂以歪曲事实，人们几乎每天读到的自然都是中国人民全都热切盼望复辟帝制。然而，五国发出的警告照会已经充分向世人证明所有那些报道远非正确事实。列强发出警告的原因是，他们对中国出现的动荡感到忧虑，怕出现反对复辟的全国性大起义。

自日本内阁调整以来，日本对华政策亦发生可以察觉的变化。大隈首相当然与袁世凯保持坚定友谊。但内阁多数成员对袁世凯及其能力并不信任。因此，在其立场遭遇反对的情形下，大隈只能向多数人的意见屈服，在11时向中国发送了警告照会。这个警告当然不会是通过与袁世凯的友谊来促发的！

由于我在这里的工作进展顺利，此处是我们全部行动的中心，我已经彻底放弃到美国进行演讲旅行的想法。我相信，目前我留在此地将比到世界其他任何地方都会带来更好、更有利的结果。因此，请夫人不要在那个方向为我帮忙了。如果机会到来，我会给您电报。

因此，请用上面的地址给我发信。希望能经常收到您的来信，衷心祝福您。

您忠诚的朋友

孙逸仙

25. 孙文致荷马·李夫人（1916年1月11日）

原宿109号

东京青山

1916年1月11日

尊敬的李夫人：

您12月30日来信收悉。得知您在某矿业人士办公室工作，余甚感兴趣。直到现在，我想说，我希望您能够和美国的矿业人士建立联系，这不是指投资牟利者，而是指工程专家与管理者，他们可以做出正确规划，为政府工作。而政府会发起开矿建设，并鼓励人们跟进。正需要此类有技术之人，请代我寻找。时间已近，我确信我们的所有希望不久会被实现。毫无疑问，您肯定已经知道，一些省份已经宣告独立，余者相继，情形就似首次革命那样。这首先证明我两年的工作在中国并没有白费；其次，尽管中国人看似麻木，他们并非没有良知与民族情怀。

这场运动比首次革命任务更艰巨，但其结果也更具重要性。有了对人性本质更深刻的认识以及过去经验的教诲，我们处理所有事务会比过去更智慧。

袁世凯现已貌似登基，但人们都知道他已来日无多。也许在此信抵达您那里之前，我党在华就能够获得举世震惊的成功。

希望很快能收到你回信。请直接寄往东京。

此颂近祺。

您忠诚的

孙逸仙

26. 孙文致荷马·李夫人（1916年10月19日）

环龙路（Route Vallon）63号

上海

1916年10月19日

尊敬的李夫人：

夫人9月6日来信收悉，非常高兴能够再次得到您的消息。关于您有意来华的想法，余以为可能实现，因为有您能够帮助获得的知识，其必然会带来巨大益处。只要在能力范围之内，余乃对襄助此事求之不得。但在中国内地旅行极难实现。您无法想象，旅行之艰辛为身体所难以承受。人们必须把所有起居必备用品带上路，这就使仆从服务成为必需。路上所能提供的最好接待，也是所能想象到的最为恶劣的。简言之，即使对男人来说，在内地旅行也是难以忍受的。我劝阻您来华旅行的意愿，实因我了解如果成行，您将会多么失望。此外，旅费也会比在欧洲或美国进行相同距离的旅行高出许多倍。

然而，如果您愿意到沿海城市，就全然是另一回事了。这样我就能够设法帮助您实现之。

至于中国当前形势，还不能过于乐观，盖因某些不好的派系仍然从内部搅扰着民国的命运。

目前，我得以抽空前，必须摆脱许多事务的牵扯，一旦有空暇我将赴美。当然现在还很难说要多长时间。

此颂近祺。

您忠诚的

孙逸仙

27. 孙文致荷马·李夫人（1921年8月5日）

中华民国大总统府
中国广州
1921年8月5日

尊敬的李夫人：

非常高兴收到您5月14日来信。想必此时夫人一定读到我们成功驱逐广西军阀的报道。这意味着又有一个省份进入我的治下。我们在中国取得了巨大进展。我们期望北伐以驱逐全部大军阀和通谋日本者。当然，英国政府和以往一样，在我们前进的道路上设置了许多障碍，力图抵消我们取得的所有重要成果。

居埃·乔克曼（Jue Chockman）在我们这担任飞行队长之职。他最近有了一个小儿子并颇为之自豪。他经常前来探望我，看起来非常热衷于工作。我会告诉他，您当前在布宜诺斯艾利斯，并让他给您一份对我们现在工作的全面描述。

我们热切盼望您能来华，对妇女的产业工作有所襄助，时机一旦成熟，余便会通知您。

此颂近祺。

您忠诚的
孙逸仙

28. 孙文致荷马·李夫人（1922年2月11日）

中华民国大总统府
广西桂林
1922年2月11日

尊敬的李夫人：

收到夫人11月17日来信，余颇为高兴，盖因颇有一段时间未获得夫人消息。您的信件耗时3个月才发抵余处！获知外部世界信息竟然需要如此长之时间！可见缺乏通信手段和缺乏旅行设施实为进步之大障碍。

余在10月15日离开广州来到此城，尽管路途只有500英里，余乃花费22天乘船才得抵达桂林！幸运的是沿途风景颇为优美，聊可一解旅途之乏味。如您所知，桂林原为皇城，曾为汉人最后统治者们的居住之地。因此，该城历史和文化底蕴深厚。桂林本身即拥有美妙的自然风光，确实如谚语“桂林山水甲天下”所描述那样。此处群山大部为石灰岩构造，层峦叠嶂、千奇百怪。人们稍加想象，便可看到人物和动物之形状与轮廓。

想必夫人此时已经读到康德黎夫人（Lady Cantline）去世的悲伤消息。余是在圣诞节后得知此事，颇为惋惜。作为一位女士，她性格坚强，各方面都让人敬爱。我将会非常怀念她发来的安慰和鼓励的信件。可怜的康德黎医生！我无法想象没有她康先生将如何度日，而他们的子女却分布于世界各处。

余不会在此地驻留太久，很快将启程北伐，征讨北方军阀。如果您给我在广州的地址写信，即可被转交于我。希望不久后条件即允许您前来帮助中国和中国人民。

望夫人身体精神康健，

此颂近祺。

您忠诚的

孙逸仙

二　孙中山日本友人池亨吉致荷马·李信[①]

1. 1911 年 6 月 1 日

《帝国新闻》日报

日本大阪北滨

日本大阪

1911 年 6 月 1 日

荷马·李将军

加利福尼亚长滩

尊敬的先生：

您 5 月 3 日之慷慨来信已于前日抵达余处。余甚以先生之抬爱自豪，衷心感谢先生拨冗迅速回复在下信函，同时也感谢先生之大度，寄来将您著

① *Joshua B. Powers Collection*, 1876-1969, Box/Folder: 1 : 31, Hoover Institution Archives.

作版权转让给孙逸仙医生之正式文件。余定将此文件为孙医生妥善保管，直到下次见到他，估计可能会在某处战场上。

如余前信所说，我开始以“暴虎冯河の勇”为题，向国人简要介绍先生大作之纲要。该题目字面意义是“空手冒险搏虎、赤足过不测深渊之勇气”。余从孔子经典名句中摘取此题目。文章则自我们帝国报纸第 1 期一直刊登到第 25 期，每日占一栏半篇幅。文章反响迅速而热烈。余收到不同读者群的许多祝贺信件，尤其是收到了大阪常驻军团司令的问候函。当然，您的大名和精神无疑深深印在了这些赞同者的信中。我完成该任务后不久，便受邀与博文馆经理签署了一份不错的协议，出版全部翻译。该书局是日本最大的也是最有名气的书局。他们已经动手准备复制您书中的地图，并特意在地图的每个地名旁加上日本字。由于书局目前正忙于一些政府委托的工作，我想第一版将在下个秋天或之后印出。我仍在敦促他们尽快让此书面世。不过，我把您的著作当成一本哲学经典而非关于当前政治形势的应时之作。译本出版后，我非常乐意送您一打甚至更多本，作为该书的最新成果或我的第一份收获。

请允许我再次向您慷慨为我们报纸做出贡献表达忠心感激。能够为人性和自由的原则接受您高贵的思想，不仅是我的骄傲，也是我们民众的荣耀。

同时，我正怀着高度的兴趣仔细观察墨西哥革命运动的发展。现在看来，正是把一个小小的句号置入“不自由，毋宁死”的长篇大论之中，使之在弗兰西斯科·马德罗先生（Francisco Madro）获得的成功里终结。我想知道这位先生到底是个什么样的人。事实上，我想知道他的品性能否获得先生的赞许。如果您认为他是对的，我请求您向他介绍和推荐我，这不是通过您的私人关系，而是通过您享誉世界的声望。这样我就可以尝试成为他的私人秘书，致力于东方外交事务。这不仅仅是个梦想者的异想天开，在我充满热情地帮助孙医生之时，我很看重它，将其当作可以赋予期望的宝贵机会。我憎恨每一点坐井观天的狭隘闭塞，愿意在广袤世界的自由空气中尽情呼吸，并能够服务于全人类。我的唯一座右铭是“耶和华有恩惠，有怜悯，不轻易发怒，大有慈爱”；我曾经如同一个游牧民那样在人性嫉妒和偏见的黑暗荒原中四处游荡，寻找可以嗅到此格言之真正芳香的合适草场。过去，世上只有两人最了解我，或者至少曾坦诚告诉我，他们想要深入了解我。其中之一是托尔斯泰伯爵；另一位则是孙医生。现在，我把在安南东京因急事受命返回日本时，孙医生在我们分离之刻给我的书信副本一并发您。此信可作为对我目标的绍介参考。请先生斟酌并不吝赐教。

请收下余之照片，以志崇敬之情！

静候佳音。

您忠诚的

池亨吉（Koki H. Ike）

附 件

副本

致相关人士：

您好！

余在此证明，我授全权给日本朋友池亨吉先生从事为中国革命筹款之事务，并为革命办理后勤军需或筹办军粮给养事宜。

余亦证明，其跟随余多年，为革命贡献时间、经验与技能；1907 年 12 月 4 日，余率军炮轰中国广西镇南关时，他正与我在一起。

孙逸仙

1907 年 12 月 12 日

安南河内甘必大街 61B（No. 61B. Gambetta Street）

2. 1911 年 11 月 10 日

赤阪新町 5 丁目 1 号

日本东京

1911 年 11 月 10 日

荷马·李将军

尊敬的先生：

先生 8 月 25 日来信早已收悉，余已记下先生在信中吩咐之事。迟复为歉。彼时余生病，难以完成先生交付之任务，请先生原谅。现在余已恢复健康，忙于中国革命运动之事务，先生定会感兴趣。余将在给先生的其他信件中详述此事。

今日，您 10 月 23 日来信收到，内附望月先生（Mr. Mochizuki）信函及先生回信副本。感谢先生之关怀。一周前先生大作译本发售，很高兴告知先生，这几天内该书已经印制三版。出版社很自豪地告诉我该书将销量甚巨。我刚将各装有三本译作的两个邮件打包完，先生的信就寄到了。余同样向诺克斯（Knox）、史汀生（Stimson）、罗脱（Root）、沙菲（Chaffee）、伯顿（Burton）和杜奈卡（Duneka）先生各寄了一本。

有一事告知先生，聊为一笑。望月先生于本月5日专门来访，就其针对我的错误行为道歉。看来他已经将他对您著作的译本印制了2000册，在其友人中散发，好似他肯定能够就该书获得您的版权。但现在我的译本由日本最大的书局刊发面世，一些重要报纸和他的政敌都开始大声谴责他。其中之一是东京市长尾崎先生（Mr. Ozaki），他公开谴责望月，要他立即拜访我以便道歉。他来后，我以武士道之礼原谅了他。从那时起，这本书的受欢迎程度超过了预期。

请记录我上面所写之当下地址。我一段时间前已经辞去了大阪《帝国新闻》职务，现在全身心投入孙医生的革命运动。我也许很快会赴华，但您可以给这个地址写信。我已作妥善安排，无论我在何方，信都会被转寄给我。

此颂近祺。

您忠诚的

池亨吉

三　容闳致谢缵泰信（摘自谢缵泰《中华民国革命秘史》①）

1. 容闳致谢缵泰（1911年12月22日）

284号，沙坚街（即萨金特街——译者注）

哈特福德，康涅狄格州

1911年12月22日

尊敬的谢缵泰：

鉴于您是革命领导者之一，现附上我的一封打字的信件，主要因为形

① 本节所录三份文件刊自 Tse Tsan Tai, *The Chinese Republic: Secret History of the Revolution*, The South China Morning Post, 1924, pp. 26-29, 31；译文参考江煦棠、马颂明译，陈谦校《中华民国革命秘史》，刊于中国人民政治协商会议广东省委员会文史资料研究委员会编《孙中山与辛亥革命史料专辑》，广东人民出版社，1981，第323-327、330页。

式上的周到，而不是其他缘故。

目前使我焦虑的是：掠夺成性的列强在北京，将有压倒一切的权力左右袁世凯、唐绍仪一伙；他们将使用一切手段，影响上海的制宪会议通过君主立宪，并以袁世凯、唐绍仪控制新政府。就简直如同清政权重新执政一样糟糕。

新中国应该由地道的中国人管理，而不应当由骑墙派和卖国贼掌管，因为他们让欧洲掠夺者干预我国的内政。如果聘用外国人，宁可聘用美国人好得多。我们可以按照自己的意愿留用或解雇，并以此为条件与他们签订合同。这样一个重要问题，应当由代表们在参议会（National Convention）上冷静讨论，并做出坚决的决定。

应该立即组织并成立临时政府，以便展开工作，并使社会秩序和治安恢复正常状态。敬候回音。

祝你

圣诞快乐，新年幸福！

您忠实的

容闳

附　件

哈特福德，康涅狄格州

1911 年 12 月 19 日

诸位先生：

上天呼唤你们来领导这次了不起的大革命，它已经在短短的期间内，使清政府不得不跪地求饶。

一方面，你们一直为遭受压迫和抑制将近 300 年的 4.5 亿中国人着想，呼求一个共和国，给他们自由和独立，以作慰藉。现在，你们已经把这些满洲人推翻，不管那些政治骑墙派的言辞可能多么漂亮，好像多么有理，也不能让他们把你们诱离自己本来追求一个共和国的坚定目标。他们会对你们说：君主立宪和你们国家的过去情况更为一致，和你们的民族传统和习惯观念比较协调；有了君主立宪，同时设立一个枢密院，由袁世凯这样的人当内阁总理来领导它，这样，保证你们在政治上会得到一切可靠的希望。

一点儿也不要相信他们这套。一点儿也不要相信袁世凯通过他的喉舌唐绍仪对你们说的话。你们可以断定，他们全是野心勃勃的。袁世凯是个什么人？难道他在 1898 年不是背叛了他的主人光绪皇帝了吗？难道要信任一个叛徒吗？他是最受外国驻京外交家赏识的人。他乘机利用清朝（Manchu Dynasty）的崩溃，披着形形色色的巧妙伪装进行抢掠，直到把卑鄙的大烟鬼庆亲王的总理职位拿到手之后，他的那条跛腿立即变好了，他能够动来动去，想要支撑住可恶的清政府机器（Manchu Machine），再来接管中国，并由他来当司机，任其操纵。

难道可以信任这样一个大阴谋家吗？不，必须把他和满洲人一齐撵走。他的“袁”姓应该从民族的姓氏族谱中删掉。他应当被打上叛徒的历史烙印，永远受到子孙后代的诅咒。

中国人民正处于自己主权的最高峰，他们一直呼吁成立一个共和国，而你们，他们的领导者，也一向支持这个呼声。民声即天声（*Vox Populi*, *Vox Dei*），听从这种声音，他们就对了。

但是在我心中还有另一个微小的声音，需要断然表白。那就是：你们在中国处置满洲政权，这个光荣的任务完成之后，你们互相间应当比亲兄弟还要密切，紧紧团结起来，这是绝对必要的。

在任何情况和理由下，你们都不应该互相纠纷，陷入内部争执和内战的深渊。

我无须向你们描述无政府状态和混乱的悲惨后果。你们自己知道它们是怎样的。自相残杀的战争肯定会导致外国干涉，这就意味着瓜分这个美好的国家，而英明的上帝本来把她留给中华民族，以建立一个模范共和国。

想想你们的革命给你们和子孙后代开辟了一番多么壮丽的事业！

愿支配一切的神保佑你们，愿你们终于受神的感召，聚集到万物的主宰者基督教会中来。

你们忠实的
容闳

2. 容闳致谢缵泰（1911 年 12 月 29 日）

284 号，沙坚街（即萨金特街——译者注），
哈特福德，康涅狄格州，
1911 年 12 月 29 日

尊敬的谢缵泰：

收到你 11 月 21 日的来信和第一期或许也是最后一期的宫门抄，它结束

了。满洲皇朝将和它一齐结束，你再也找不到这种刊物给我寄来了。你得一直等到新生的中华民国的新总统孙逸仙博士就职。到那时，你就能够向我报道他的就职典礼，并给我寄一份完整的内阁名单。在南京参加就职典礼的时候，假如你见到他，千万替我向他致以衷心的祝贺。

请你告诉他，我的健康情况逐渐好转，或许会到中国来，参观参观这个新共和国。

我希望能活到看见我的朋友当选下届大总统，他已经为中国和中国人奋斗了22年之久。

我真希望在没死之前，能够和所有其他革命领导人亲自认识认识。

他们的名字铭记于人们的心中，应当受到人们的纪念。

我的儿子觐彤和埃达（Ada）还没有从欧洲到达这里。我预料要到2月才能见到他们。他们最近从埃及给我写信，他们在埃及南部观赏木乃伊，过得很愉快。

现在他们一定是在罗马。

你真挚的

容闳

祝你和摩利逊（Morrison）夫人的母亲及其在香港的姐妹圣诞快乐，恭贺新禧。愿他们万事如意——容闳再字。

3. 谢缵泰评论容闳

容闳法学博士逝世

1912年4月20日，容闳法学博士在美国马萨诸塞州剑桥市（Cambridge）自己家中逝世。容闳博士是个真正的爱国者，他深深热爱祖国，晚年切望回国，为祖国效劳。我们要说，容闳博士生不逢时。

四　孙中山邀容闳归国函（1912年2月）[①]

容闳老先生伟鉴：

丁此革命垂成、战争将终，及仆生平所报之目的将达之际，遡闻太平

① 摘自中国国民党中央委员会党史委员会编订《国父全集》第3册，中国国民党中央委员会党史委员会，1973，第228-229页。

洋对岸有老同志大发欢悦之声，斯诚令人闻之起舞。然揆先生其所以羁留至此之源，想亦因谋覆清朝之专制而建伟大之事业，以还吾人自由平等之幸福，致有此逃亡异域，同病相怜，非仅为先生已也，即仆等亦尝饱受此苦。

乃今差幸天心眷汉、胡运将终，汉族之锦绣河山，得重见于光天化日之下，仆何幸如之。虽然吾人蜷伏于专制政体之下，迄兹已二百六十余年，而教育之颓败、人民之蒙蔽，恐一旦闻此自由平等之说，得毋惊愕咋舌耶？

以是之故，况当此破坏后，民国建设、在在需才，素仰盛名、播震寰宇，加以才智学识，达练过人，用敢备极欢迎，恳请先生归国，而在此中华民国创立一完全之政府，以巩固我幼稚之共和。倘俯允所请，则他日吾人得安享自由平等之幸福，悉自先生所赐矣。

先生久离乡井，祖国萦怀，量亦不致掉头而我弃也。临风濡颖，不胜鹄盼之至。

谨此，并请道安。

弟 孙逸仙 上言

五 荷马·李著作构想《中国的再次觉醒》(*The Reawakening of China*)(1906年8月7日)[①]

章节目录

第一章 著述目标

第二章 中国古史

第三章 中国古史（续）

第四章 中日比较

第五章 太平天国起义

第六章 太平天国起义（续）

① *Joshua B. Powers Collection*, 1876-1969, Box/Folder: 3 : 2, Hoover Institution Archives.

第七章　太平天国起义之后果
第八章　英法联军入侵
第九章　从太平天国到中法战争
第十章　中法战争的起因、过程和结果
第十一章　从中法战争到中日战争
第十二章　中日战争的起因、过程和结果
第十三章　光绪——维新皇帝
第十四章　戊戌政变
第十五章　反动倒退
第十六章　从戊戌政变到义和团战争
第十七章　义和团战争真实起因
第十八章　义和团战争过程
第十九章　义和团战争后果
第二十章　从义和团战争到现在
第二十一章　新政现状
第二十二章　在华列强之行为
第二十三章　在华列强之现状
第二十四章　中国未开发之财富
第二十五章　“黄祸论”
第二十六章　在华传教事业
第二十七章　在华传教事业的结果和未来
第二十八章　中国在亚洲运用门罗主义
第二十九章　对中国现状和未来的思考
第三十章　对中国现状和未来的思考（续）

章节概要

第一章

著述目标——被视为未来伟大之基础的中华民族政治发展史。需要概述直至 19 世纪中叶之古代史，然后对其衰落的直接原因进行批判性研究，并研讨当前西方国家有关中国的谬论。

中华帝国的未来—此作困难之处—欧洲与中国之比较—时间和灭亡、

中国的古老轮回、谬论—海量人口的一系列思想周期，重视一致性而非如欧洲那样发生国家和文明之间的彼此破坏—中华民族发展中的国家政治史的时段问题，并非王朝的或所谓政治的—中国此项事业之伟大—其伟大不是没有代价

第二章

中国古史

第三章

中国古史（续）

第四章

将19世纪中叶的中国与日本进行比较。

发展道路的分离—日本接受西方人，吸收西方物质文明—原因—并非没有斗争—成功原因—中国拒绝西方文明—王朝原因—违反人民意愿—拒绝的原因

参见第四章第4部分注释

第五章

太平天国起义——反对清朝的巨大抗议—不是洪秀全个人造成的叛乱—时势引发叛乱—研讨造成太平天国起义的条件—巨大的政治动荡—洪秀全—从起义爆发到________之战

第六章

太平天国起义（续）

第七章

太平天国起义之后果——自强运动及其失败—李鸿章等人

第八章

英法联军入侵——原因—过程—后果

第九章

研讨从太平天国起义结束到中法战争开始期间中国人民的状况

第十章

中法战争的起因、过程和结果

第十一章

研讨从中法战争结束到中日战争开始中国人民的发展进步

第十二章

中日战争的起因、过程和结果——罢黜李鸿章—慈禧太后归政和光绪皇帝掌权—光绪皇帝在中国发起维新运动

第十三章

光绪帝—康有为—维新历史—诏书

第十四章

戊戌政变——维新失败的原因

第十五章

反动倒退——失败对中国人民的影响

第十六章

研讨从戊戌政变到义和团战争爆发期间中国人民的发展进步—维新会的发展—其思想的传播—中国秘密会社的躁动

第十七章

义和团战争爆发真实起因

第十八章

义和团战争过程

第十九章

义和团战争后果—给列强提供的机遇—对中国人民造成的后果—对他们是最重大的事件

第二十章

研讨从义和团战争到当前时期中国人民的发展进步—日俄战争对中国人民的影响

第二十一章

新政现状——政治方面—物质和政府—其价值将在终章评估

第二十二章

在华列强——他们的行为等事宜

参见第四章注释 6　第 84 页

参见第四章注释 1　第 79 页

第二十三章

在华列强之现状

第二十四章

中国已开发和未开发之财富——赋税

第二十五章

“黄祸论”——促使其兴起的荒谬原因—由中国历史证伪

参见第四章注释 2　　第 77 页

与威廉皇帝的训令进行对比

参见第四章注释 3　　第 80 页

参见第四章注释 4　　第 82 页

参见第四章注释 7　　第 90 页

第二十六章

来华传教士史

第二十七章

在华传教事业的结果——此类宣传注定失败的原因—同时带着其令人厌恶的历史来到中国—其与科学矛盾—数千年前中国人已经度过信仰时代，思想进入哲学模式等等

参见第二章注释 1

参见第二章注释 4

参见第二章注释 5

参见第四章注释 6　　第 84 页

参见第四章注释 8　　第 94 页

第二十八章

中国在亚洲运用门罗主义——权利—必需

参见第三章注释 12　第 50 页

参见第四章注释 9　　第 96 页

参见第四章注释 10　第 99 页

第二十九章

对中国现状和未来的思考

第三十章

对中国现状和未来的思考（续）

六　荷马·李的“中国盛衰循环论”[①]

<table>
<tr><td rowspan="2">第一次轮回</td><td>第一次兴盛时期
包含 1000-1200 年</td><td>王朝开始之前，自伏羲（前 3468-前 3218 年）时起，至公元前 2208 年止</td></tr>
<tr><td>第一次衰落时期
包含 1183 年</td><td>自夏朝（统治 434 年）建立开始，持续整个商朝（统治 644 年）</td></tr>
<tr><td rowspan="2">第二次轮回</td><td>第二次复兴时期
包含 1334 年</td><td>自周朝创立者武王开始，持续整个周朝（统治 867 年），持续整个秦朝（统治 40 年），在汉朝达到高峰（统治 400 年）</td></tr>
<tr><td>第二次衰落时期
包含 400 年</td><td>自汉朝灭亡开始，持续整个帝国分裂时期，包括三国、晋、东晋、宋、齐、梁、陈</td></tr>
<tr><td rowspan="2">第三次轮回</td><td>回归
第三次复兴时期
包含 160-180 年</td><td>自隋朝（统治 30 年）开始，至唐朝（统治 287 年）衰落为止</td></tr>
<tr><td>第三次衰落时期
包含 184 年</td><td>自唐朝灭亡开始，持续帝国分裂时期，包括梁、唐、晋、汉、周五代</td></tr>
<tr><td rowspan="2">第四次轮回</td><td>第四次复兴时期
包含 157 年</td><td>自爱国者宋太祖赵匡胤重新统一帝国开始，宋朝延续 320 年</td></tr>
<tr><td>第四次衰落时期
包含 241 年</td><td>自金朝在公元 1115 年建立起，将帝国分裂为女真和宋；成吉思汗灭金，忽必烈汗灭宋，持续整个蒙元（统治 88 年）</td></tr>
<tr><td rowspan="2">第五次轮回</td><td>回归
第五次复兴时期
包含 211 年</td><td>自明太祖洪武帝开始（1369 年），持续至 1580 年</td></tr>
<tr><td>第五次衰落时期
包含 90-100 年</td><td>大约自明万历时期（1590 年）起，至清康熙帝执政后数年（约 1670 年）为止</td></tr>
<tr><td rowspan="2">第六次轮回</td><td>第六次复兴时期
包含 130 年</td><td>自康熙帝执政后数年（约 1670 年）起，至 19 世纪初为止</td></tr>
<tr><td>第六次衰落时期
包括　年
回归</td><td>自 19 世纪嘉庆朝起，持续 106 年，尚未结束</td></tr>
</table>

① *Joshua B. Powers Collection*, 1876-1969, Box/Folder: 3 : 2, Hoover Institution Archives.

七 荷马·李未刊论文《保卫中国》(*The Defences of China*)(1906 年)[①]

保卫中国

荷马·李

中国古语有云：人恒难被欺，唯自欺耳。此说对个人而言无论是否属实，却常常发生在国家身上。国家的社会、工业、伦理、政治组织机制变得越复杂，这样的情况就发生得越多。秉承此复杂性与往昔成功之能力，许多国家一往无前的自欺欺人，直至灭亡。当关系到人民之武力时，此种国家之自我欺骗常常持久，只有一次可悲的顶点。

在这种国家间有关军力自我欺骗的毫无差异的倾向中，我们发现，它们的自我欺骗是逐步发展的，由自然律所主宰。

如果没有强制性法规或国家政策来维持军事效能，某一种族或国家之军事能力将随其社会组织复杂程度和经济活动广泛程度之递增而成比例递减。

某国关于其真实军力之自我欺骗程度与其实际军力之下降程度同比例增加。

因此，当某国社会、政治和经济形势变得无比复杂之时，人民的理想不再具有爱国性而变成个人主义，我们就能发现，该国与军事能力相关的自我欺骗所能达到的最大限度。

尽管此状况实乃尚武精神之对立面，奇怪的是，我们却能在其中发现满满的军事虚骄之气。国家解体从这个阶段开始，爱国主义则日益干涸败坏。

政治家们首要而最为艰巨的任务是，确保人民的爱国或军事本能不受侵蚀。无论这个想法是多么让人反感，唯有尚武精神可以为每个国家的创建，以及对确保国家度过各种难关负责。国家只会在尚武精神堕落时毁灭。

人类的进化通过创建政治实体而变得可能。人类的所有进步，包括个人自由，都是由这种今天许多人正努力破坏的机构所开辟的；只要人们组

---

① *Joshua B. Powers Collection*, 1876-1969, Box/Folder: 2 : 41, Hoover Institution Archives.

合成不同的国度，这种机构就不会终止其功能，或者决定某个种族的伟大，或者，因缺乏之而使某个民族及其制度全体堕入茫茫历史之中。

军事力量或者缺陷绝非一成不变，而是如同温度计随时间流逝计量冷热那样时刻变化。它随机应变，饥饿和喧哗的人并不比海洋和岩石更多，以及其上刮过的海风和从缝隙中吹出的尘埃。

战区之高度与纵深、地形与气候，敌人之武力、装备与科技，以及其他无数条件都进入人类冲突转瞬即逝的环节之中，这决定了军事力量在数量、武备、纪律、战术和后勤方面需要持续一致的调整，还需使之不断与新的技术进步和科学发明相匹配，这些创新每年都或多或少改变着战争行为。某个拥有由宪法决定的、民选政客掌控的固定军事体系的国家将会很快因没有军队、军事精神或军事能力而终结。

古今战争从不也绝不会是机械式的。纯粹的装备战争是不可能的。是战士带来了胜利或者失败。指挥官的知识、强制性理解和遵守命令才能决定战果。人们还没有认识到，在科学技术发明改变战斗模式的过程中，必须要有改变战士军事精神的相应心理调整。随着战争装备变得愈加复杂，纪律和团队精神也需要得到相应提升。正因如此，在战争科学的演进中，志愿军会变得越来越无用。

某个种族或国家军力退化的原因尚未普遍为人所知。原始时代，尚武精神以所需为条件，当必需性消失后，随之而存在的尚武精神即行退化。现在，当该种族或国家在随后任何时刻又面临需要时，尚武精神未必能同时随之归来。因此，某些曾厥功至伟、能够颐指气使的国家，一度看似坚不可摧，但其尚武精神却在堕落。当堕落到某一临界点时，无论该国有多富裕、广袤和人口众多，都会被也许并不出众的某一尚武民族所摧毁。

掌控某一民族尚武精神的法则并非人造，而属于自然之原始诏令，它统治着从海洋中某种单细胞原虫到人类帝国的众生万物。

我们将尚武精神划分为三个独立阶段。

1. 斗争生存之尚武精神；

2. 征服之尚武精神；

3. 称霸或维持所属之尚武精神。

在第一种斗争生存的阶段之中，某一民族的军事天赋能够达到顶点，这是由于在所有种类的生命中尚武精神是普遍的。更进一步，我们发现，某个种族或部落为求生存与人类和环境的斗争越艰苦，其尚武精神就发展得越成熟，形成战争精神。正因如此，我们发现，征服者们往往从荒野废墟或怪石嶙峋的岛屿中崛起。

生存斗争成功之后是尚武精神的第二阶段——征服。其中，尚武精神变成积极而非消极因素。正是在这种蜕变里化蛹成蝶，这个种族升华至雄鹰翼端。

鹰变为鹫。

在第三阶段，国家的自然尚武精神退化。新观念创造的制度加速其分解。商业主义发展之时，尚武精神相应堕落，这是由于商业本身是一种争端，但令人鄙视，是一种没有荣誉和英雄主义的斗争。

在国家行为中将尚武理想放逐到次要地位，其后续便是关于军事效率的日积月累的无知，而军事效率的精神——构成尚武精神的直觉认知——消失殆尽，对大多数达到自欺欺人程度的国家而言，尚武理想永不再来。

只有某个国家致力于重获尚武理想以求自保之时，它才能意识到将其与该种可能性隔开的鸿沟有多宽。其中，只有极少数国家能够再次跨过其忽略和蔑视造就之深渊。

中华帝国现在正兀然独立，四方边界遭到蚕食鲸吞、毫无防范，时刻面临着导致其最终解体的威胁。

通常，我们可以将某个国家划分为多个战略区域，这多少由该国的自然地形所掌控，但就中国而言，我们有责任设计可能的防御战区，以重点防范那些已经占据帝国部分领土，并设立势力范围即军事基地的列强之企图。

我们相应将帝国划分为五块战略区域或防区。它们共同组成整个战区。我们将中心设立在长江与大运河交汇处。左部中心主要在北直隶，左翼在满洲。右部中心在福建省，右翼在广州，并顺东京湾（即北部湾——译者注）边界延伸至云南。

未来对中国的进攻将会大致从三处不同地点同时发起，对进攻方来说，其中之一较为特殊：

1. 进攻北京；

2. 进攻以控制长江；

3. 从敌人在中国的基地辐射进攻，以控制其势力范围。

前两种进攻方式适用于进攻中国的任何列强。第三种则由进攻方当前势力范围的位置决定。

在对日本和俄国的战争中，会有三处主要的战区，其中两处是对北京和长江的防御，这同与所有列强作战一致；但第三处战略区域将会是满洲，中方以锦州为中心，其左部中心是牛庄，左翼在沈阳，右翼则为秦皇岛。

与德国作战，除了防御京师和长江之外，还需要保卫山东省。与法国或者英国作战，除了京师和长江外，还需要防卫南方三省，其中广州是关键。

列强将来进攻中国将不再采用曾经使用过的方式——进攻北京——而是全面攻击中华帝国。尽管防御这个巨大国家在战略上是简单的，简单之中却潜藏惊人之处。它的必要条件现在完全不存在。

最必要的变化是全国军力国有化和统一管理。目前，所有军队都属于各省，与朝廷没有直接关系。它们只为拱卫各省而设置，用以应对侵略或反叛。

当本朝获得统治中国的天命之时，其拥有遍布全国的满洲八旗国家驻防军。这些部队只接受和执行皇帝谕旨，构成与现在的国民军类似的帝国军队。

各省督抚的职责是在各自辖区进行统治、维持秩序，绿营即为此目的而设置。现在，帝国防御的重任就落在了此种省级警察部队的肩上。这是由于250年的军事无作为使勇敢的满洲人萎靡了。他们仍分布在各大城市里；他们仍享有爵位和头衔，但他们的力量已经衰亡，只是那些曾经以一敌百征服大明朝的鹰眼骑士们可悲而破碎的遗绪。

满洲种族之腐朽与满洲人作为战士之堕落同时发生。八旗不再能够被视为国家军队，清朝却从未认真努力建立一支能替代其地位的军队。

现在，保卫中国免遭外国进攻的可能性要比50年前低得多。只有两个总督辖地对其驻军进行了现代化改造，两者加起来能上战场的还不到五个师之多。其他各省军队和欧洲军备比起来，要比75年前的情况更糟。在这五个师之外，即使望眼欲穿，中国再没有一团能够上战场杀敌的军队了。

中国当前改革和防御的计划尤其需要符合此类国家的特点：这个国家的尚武精神被摧毁甚久，该魂魄不再在其伟大战场上徘徊，也不再在其崩塌堡垒的破碎阴影里酝酿。保卫中国就是所有国家在战士的精神泯灭后要采用的防御方式：抵御逃避。因此，当清廷将力量和财富用于北直隶的军队时，不仅在逃避帝国真正的防卫职责，更是在充当自己的掘墓人。只要当前中国的军事政策，在数量和效率的军事能力方面达到能够成功阻止直接攻占北京的军力程度，帝国解体的最终时刻就近在眼前了。

帝国的相对延续要在两个极端之间进行二选一，其中之一是：突然向敌人投降，就如同过去在英法联军入侵、甲午战争和拳乱之时所发生的那样。以此种方式——比死亡更糟糕的选择——帝国被侵蚀也许会减缓，其灭亡之日也会苟延一时。

另一极端是智慧而有效的保卫全中国。

现在尽管只有包含北京的北直隶北部地区拥有可以被称为军队的部队，即使所有省份都有一支类似军队，总数达到五十万人，帝国依旧无法防御。只要军队还属于地方，没有准备，也没有制定周全的计划来对帝国每一处可以进攻的弱点同时进行防御，正如我们已经画出的五块战略区域所示；则中国人民在一段时间后，必定如同在蒙古牛尾旗帜下俯首的宋人和在满洲军旗下穿行的明人那样，在其他征服者的大旗下匍匐而过。

一国之防御或军事能力从不与其士兵数量或军械多寡成正比，因此，那种普遍性的错误是致命的，即认为中国的巨大人口能保障其安全。该信念正如沸腾的无知巨釜所扬起的轻飘而愉悦的泡沫那样随风四散，此风则在其轻浮虚无中将国家带入厄运。

中国的军事防御——防止其最终解体的唯一办法——是由与其军队数量完全无关的因素决定的。

1. 建立一支拥有合适军官和装备的国家军队。

2. 建设交通线路，它从某一共同基地向外发散延伸，并通过此基地将五大战略地域或防御战区联结起来。由此一来，不仅整个帝国的防御可以被同时执行，还能从某一战区快速转运部队到另一敌人准备攻占的区域，防范敌人在上述任意战略区域长期立足。除非有办法实现在某个最高总指挥的调遣下，在各个战略区域之间进行快速大规模军队调动，中华帝国尽管有无数兵力资源，尽管军队勇气比天高、比海深，其防御也只是纸上谈兵而已。

对中华帝国进行战略防御并非复杂。如今天所了解的，未来战区将会在宣战后形成，因此，对这些军事行动地区的防御主要在于清政府的勤奋准备和足够重视。

如前所述——不论哪个国家进攻中国——有两处是列强都会进攻的：北京和长江中游地区（Yangtze Valley）。第三个进攻区域自然将会与挑起战争国家在华势力范围或军事基地毗邻。中国相应会面对少则三个、多则五个战区的进攻。敌人军事行动的幅度将会由中华帝国的防卫能力来决定。防卫能力越大，侵略所需资金就越多。

例如，如果德国与中国开战，其首要行动将是占领山东和进军北京。如果中国军力足够强大，能够阻止这两方面的进军，德国将会尝试占领长江中游地区。如果成功，中华帝国的战力将会被削减至半数以下。德国陆军将会从长江流域绕经开封，从右翼和后方进攻没有防备的北京和山东。它同时也会在正面战场协同进攻。如果中国能够守住长江入海口，同时保有北直隶和山东，德国就会进攻广州和福州等地。

如果进攻方以法国代替德国，我们就有适当调整后的相同情形，即以广东、广西和云南诸南方省份代替德国的势力范围山东省。

但是，与法国作战，另一因素变得非常显著，即开战之时的两大战区彼此距离遥远：北京在帝国的极北部，前面所提诸省则在极南部。守军不仅被长距离和长江隔开，如果法国能够占领长江，就可以打破所有南北合作，使其在一定时期内只需要对付一翼即可。

如果是俄国或者日本，我们就有和德国一样的条件，只是用满洲代替山东而已。

考虑到上述情形，我们要阐明以下事实，不论其让人感到多么沮丧难受。

1. 中国军力越强，其战斗区域就越大；战区越宽广，战争持续时间就越长；如果战败，中华帝国遭到的破坏就越彻底。

2. 中国人民的安全整体上建立在两个军事极端之上；或者军力弱小到立即投降，或者军力强大到足以同时击退在距离遥远的五处地方可能发起的入侵。因此，会导致国家解体最确定的方式是，仅仅保护京师，而忽视帝国其余部分的安全。

总向进攻北京的敌人屈服，正如同清廷过去曾被迫做的那样，而没有全面持久的战争牺牲，这也预示着帝国不可避免的解体，尽管对其蚕食过程会缓慢，恐怖程度也并不明显。

如果只保卫北京而对国家其他部分不管不问，这就如同只保住脑袋却暴露心脏。脑袋保护得越好，敌人攻击心脏就会越猛烈。

考虑到当前海运所具备的能力和速度，对北京的防卫只能通过保卫全帝国来实现。中国主要的防卫点在长江流域，相比之下，外国军队在紫禁城黄色宫墙下点起营火，要比在这个大海之子的心窝旁好得多。

在汉水与长江交汇的谷地，汉口、武昌和汉阳构成了帝国的战略中心。

在战略战术方面，尽管有各个战斗同时爆发且相距甚远的行动区域，所有行动都必须由一个人来决策。如果没有各阶段战斗都必须依赖的唯一指挥，行动的统一性就会丧失，战斗的逐次发展即不可能，最后会走向毁灭。

此事在后勤方面甚为确实。除非指挥官某时某刻能够在某段战线上得到增援，他的洞察力就不需要以超越常人的禀赋来加以支撑。同样，在战略层面，如果总指挥不能将军队在战区之间进行快速调动，他的天赋、武力优势、士兵的勇气和能力都难以发挥作用。

因此，中国的安全基于对发生军事活动的五大分离战区的防御。如果中国军队的总指挥不能在防御区之间快速有效调动军队，敌人就能够彻底击溃清军。全国之防御遂成为军事行动一盘棋。尽管清军有百万人之多，在目前条件下，其国防战斗力要比此数量的1/5还弱。

武汉三镇是广大帝国的军事中心。其与五大防御区的距离几乎相同。这些未来战区其中的三个现在已经通过铁路或水路与武汉相连。建成粤汉铁路，修建从汉口到福州的铁路线，就能使五大战区的内部交通网完备。建设从广州经福州到杭州的铁路线，再使其与大运河平行延伸至天津，内部交通的第二条线路就能把这些外向型战区紧密联系在一起。

作为军事措施，如果清政府能够设法加固该国的无数河道，将其开发为政府运输线，再以密西西比河汽船运输的模式来建设，就能很快把这些河道建成军事运输的卓越的省际交通网。在应对法国侵略的南部防御区，包括广东、广西和云南三省，有从广州到百色，与东京湾（北部湾——译者注）大部地区海岸线平行的绵延千余英里的河流交通。法国若想进攻上述省份，将会从河内入侵广西并经过龚州（Kungchau），并利用新近建成的铁路进攻云南。

广州的防御基于对珠江入海口及其广大水道网的控制。防御战的胜利不仅依赖战士的军事素质，更在于清军指挥官在不同地点先后集中优势兵力的能力。如前所述，具备上述能力的唯一途径是建成浅水、快速和大容量的河流军事运输体系。只有这样才能防御广州，别无他法。广州的虎门炮台，尽管设计精巧且装备了现代火炮，仍难以使广州的陷落拖后哪怕一周；广州一旦陷落，三省命运即大定。

建设永固堡垒的时代已经过去了。它是机械运输不存在或初创时期的历史遗迹。很自然，许多国家依旧执着于铜墙铁壁的老观念，但一段时间后，老观念必定会从防御行动的战场和战略构思中消失，就如同城堡和古代城市塔楼围墙的废弃那样。未来时期各地的防御将会由运动军队的进攻来实现。

直到现在，清政府还没有为帝国的整体防御做出有效努力：所有军事变革都处于混乱状态，甚至与我们指出的、对抵御威胁国家完整和主权的列强应采取的那些必要措施截然相反。

尽管中国政府没有致力于我们认为必须采用的总体战略防御，却有一些零星断续的有关军事训练和士兵装备现代化的尝试。此项工作并非由清政府开展，而是由各地督抚推动的。就是在这些西方近来多予评价的半现代化士兵中，我们全面认识到中国军事的衰落及其对军事效率与能力的缺乏理解。这只是对欧洲军事垃圾堆的批发进口；都是些旧日的废铜烂铁。那些几乎不知何时制造的欧洲武器，带着数十年的锈迹被从昏暗、长满青苔的地窖里取出，再次虚弱地嘶吼一下，就在这个古老国度的黑暗深渊里彻底消失了。

中国士兵当前的训练就是各种业余军事训练方式的大杂烩。同武器一样，不仅军事训练体系在各省彼此不同，甚至在同一总指挥监督下的一省之内，操练方法也各异。这些接受外国操练的部队，最多只能说他们的训练尚未达到最低战术水平；在对抗欧洲和日本军队的战场作业方面，他们和刚征召的新兵差不多。只要他们掌握了最低战术，展示出与旧式省属军队的不同，就会被转交给缺乏哪怕是尉级军官知识的中国将领。那些军官仍然按照旧式贪污、科举头衔或官场庇护来获得报酬，当士兵们从外国教官的监督下脱离，受此类军官指挥后，就在两周内变得毫无用处。

尽管曾有在军中阻止官员贪污的努力，实际上除了北直隶之外毫无改变。

在京师所在的省份之外，可以说中国没有一支部队拥有现代意义上的士兵，或者在何种程度上堪称拥有军事效能或战斗力。

当我们从实际战斗而非战场演习造成迷惑性——其只能显示不足——的立场上来评估军队时，袁世凯陆军各镇对其所获之赞誉当属名不副实，此类阿谀奉承之词已经导致无数军队的毁灭。不幸的是，中国人自己也已经被这种从批评源生的虚假奉承所欺骗，如果确实没有其他动机的话，批评者宁愿说谎也不愿有所冒犯。

该军队守卫北京的价值已经由现状决定了。

在这支貌似整齐划一的军队的武备中，有三镇军队装备了不少于六种不同系统的轻武器，炮兵也由类似不同体系的火炮构成。仅此事实即显示出其指挥官对现代军事装备基本管理原则的无知，甚或侵吞公帑。而在大多数省份里，那些头脑简单的兵勇们仍然拿着刀、矛、扇子和鸟笼。

这些军官没有集体精神、没有武士道、没有骑士的荣誉感；普通士兵则未受忠诚感的洗礼。对这个冷漠麻木体系的异体移植并未培养起军事理想主义。他们穿上了新式军装，却并未将心中的旧式污垢荡涤；现代士兵使用的武器被强迫放到他们不知所措的手中，而洪武大帝的魂魄却未能在他们当中升起。此种缺乏尚武精神的现象在帝国各处的各个等级中蔓延，无论是广义的统一防御，还是在每个靠着破烂军衔混日子的士兵心中。

造成中国尚武精神堕落，以及哪怕是最原始和必要的自卫能力衰竭现状的原因主要有三。

其中之一是普遍的，各个时期、各个民族都有。另两者是：大清朝针对汉人的军事态度，以及反过来汉人对满洲人必须保持的非军事关系。

从250多年前首次占有龙椅时起，满洲人的军事态度就必须且一直是压迫。在有一千个满洲人的地方，汉人的数量有百万。结果，为了守住他们以勇气夺得的帝国，满洲人必须建立一种军事体系，不仅可以保留他们所有必要的特权，还可以控制和摧毁汉人的全部民族武力与尚武精神。他们视汉人为被征服民族，在军事意义上也采取同样态度。清朝统治下，汉人将军和汉人军队都从属于满洲军队。汉人军队与清朝的关系仅为地方附属性的，就如同菲律宾的警察或印度的本土部队那样。他们的作用仅限于弹压地方汉人。因此，他们执行最低劣的任务时，毫无军事爱国主义的崇高精神就不足为怪了，这很自然。

中国的福祉和灾难都与王朝盛衰密不可分。爱国主义的多寡同样由人民对统治王朝的态度决定。只要朝廷公正仁慈，就会被尊敬，人民的爱国主义相应高涨；如果不公，就会遭到嫉恨；如果衰弱，就会被摧毁。

在本朝过去百年间的衰落及其所施加之压迫和腐败中，爱国主义相应削弱。由于清朝对国民之态度以及人民对统治者缺乏信心，就有了我们所看到的全民军事爱国主义的彻底崩溃。

国家之解体毫无例外先从军事力量的衰落和军事理想的崩溃开始；在中国，我们发现仅有汉民族和清廷之间的奇特关系对此种衰败负责。其衰败的起源比帝国被满洲人征服要早得多。如果不是如此，满洲人现在仍只能居住在辽河河谷里，就如同蒙古人仍只能在沙漠凄冷的废墟中谋生一样。

在中国，尚武精神本质上经历了许多轮衰退与复兴。其生生灭灭由王朝盛衰所衡量。阳气之升降标志着中国的混乱与安宁，标志着社会动乱及其消灭，标志着版图的扩张与萎缩，标志着欢欣鼓舞或沉郁顿挫之声，后者正与怪异之静谧半相交织，半与深渊之咆哮融合。

曾统治中国人的二十五朝中，每一朝的创立与最终毁灭展示出两大不变特征。首先，总体上或多或少对尚武精神的完全摧毁，其后紧随的便是王朝衰落与官员腐败，最终以王朝被推翻结束，或者，军事火焰从某位无名氏的胸中燃起，并将新的壮举在汉民族心中点燃。

正如每个王朝都由一位士兵建立那样，它们都被文官们腐蚀，被蛀虫、理论家和政客们啃噬，直到每一朝代都变成装满蛆虫的囊肿，在国家愤怒的电击中颤抖一时，最终彻底永远沉沦。

在官僚腐败横行、爱国主义瓦解和王朝崩坏之前，毫无区别都有军队和军事精神的破坏。

12 世纪，第四轮衰败笼罩着中国，在太后致康王的悲伤书信中，我们发现了这个古老帝国今天承受严重灾难的原因：“二百余年来”，她抱怨说：“国人忘战”。此话可以用于描述中国每个衰落的时代。就此事而言，宋朝政府每天都致力于增加人民的幸福，尽管此类努力看似有益，但正如其他国家所忘却的那样，他们忘记了生存和自保的法则掌控着个人和帝国的命运。随着时代变迁，旧的理论被新的理论取代。民众中教育普及、商贸兴盛；产业发达却忘记了军备建设。

此时，猎人也速该正沿着戈壁雪地上白兔足迹来到旷野上一个女人的毡房前。他把这名叫作诃额仑，即“诸国之母”的女人带走了；不久，在鄂嫩河崎岖岸边的毡房里，她生下了成吉思汗——“千王之灾”（Scourge of a Thousand Kings）。

这位凸脸野人、这位钢铁飓风、这位废土神明把播散于各地的伟大中华文明无情践踏，就如同对待戈壁高原上细小的草叶一般。他们的文明并没有产生裨益，在成吉思汗战马的血红视野里，宋人的政治家和理论家们不过类似微尘而已。正如布伦努斯曾在罗马的黄金和说辞前狂笑一样，成吉思汗也对宋人所依赖的说辞和黄金发出了嘲笑。

汉人最后一次尚武精神的复兴起于五个半世纪之前洪武帝肇建明朝之时，这是在经历了300年之久的衰落后发生的。在16世纪，汉人的军事天赋再次衰落，到下个世纪的中叶，它堕落至深，以至于巨大的帝国被数千满洲骑士从北方刮起的小风暴所征服。

自满洲征服起，汉人军事能力的自然衰落被清朝的必要措施人为放大了；不仅不让汉人参与军事行动，还要通过法令来加以防范。汉人自明代开始的军事退化使其民族主权丧失殆尽，这又被清朝为自保采取的措施加强，以致在今日的汉人群体里，被称为种族尚武精神或个人军事天才的原始特征仍在休眠之中。

尚武精神，不论是民族的、种族的还是个体的，相对人类的其他特质而言，更不为人所周知，并经受更大更久的误解。尚武精神的真正定义很难给出，但绝不能——如通常那样——与勇气、坚韧或英雄主义混淆，而汉人作为同其他任何国民一样高度发展的民族，正拥有上述特质。这些特质不仅在全人类中很普遍，而且在某种程度上一直如此，也能在一个完全不尚武的民族身上得到高度展现。

当尚武精神张扬时，我们会发现某些特质开始从人们身上凸显，而在该精神消亡时，特质是不存在的。其中包含：所有的个人主义——包括其目标和雄心——均完全服从于国家或种族的理想主义。民族理想主义是无边宽广的，个人理想却是有限的；前者是有方向的，后者是自私的；前者使人升华，后者使人堕落。其中，骑士荣誉的崇高战胜了公证和契约的卑贱；后者的必要性仅仅是腐败的标志；当那种神秘而充满生命力的武德之火熄灭后，坏疽和腐蛆相应产生。因此，当整个国土都回荡着无尽的闲言碎语时，招魂社祭祀的灵魂却悲伤沉默，幽冥蜘蛛则在阴暗和被遗忘的角落里默默织网。

当一个民族发现了他们的圣杯并将其典当，当他们的集体精神变成逐利主义，当武士道变成当铺老板们的交易所，这个民族就几乎没有希望了。

为了将此类国家的军队训练到最高水平，只给他们提供最强力的武器和最精良的装备是毫无用处的，除非其领导者——不仅仅是军队统帅，还包括国家领袖——能够被军事理想主义所激励，达到使其自私和短视缩小到一滴眼泪就能将其淹没并消失在一颗沙粒里的程度，而种族的理想主义则得以被拓展为五洲擎天之柱，被传播到上天甘霖的所有普降之处。

中国的军事变革作为复兴运动，在过去50年里被宣布多次，调门甚高但毫无成果。异域的军事体系被引入帝国，却没有为建立该体系打下基础。如果没有复兴中华民族尚武精神的努力，外借而来军事体系的虚有其表对中国人来说只是折腾，再折腾，然后霉变腐败。

中华民族作为一个种族并不缺乏勇气和坚忍。他们在坚强与英勇行为方面与任何其他民族一样，但他们缺乏最原始意义上的尚武精神。除非采取措施填补这一空缺，将断裂的电线焊好，并以此将其坚强与英勇激发成军事爱国主义横扫一切的伟大力量，他们的武器将只能生锈，裹起来的战旗则只能在打开的蜡布套子里风干朽坏。只有实现此点，否则武装中国士兵、训练他们、教授战法和激励战斗都是无用的。他们会战斗和死亡，但其战斗只会失败，随其死亡而破碎的是其祖先珍爱、保护并存续的古老传统。

从实际角度说，一支军队各方面的效能均取决于其军官军事能力的高低和价值的多寡；因此，重建中国军队是为了构造一支在军事意义上能与欧洲或日本陆军作战的有效武力，这基于军官团的军事效能和忠诚。

如果部队军官拥有真正的武德和军事教育，并处于最佳年龄，其部属将会在一定时间内通过示范和训练汲取他们的精神和能力。正是普通士兵对其长官天赋的无意识吸收使他们大幅提升了军事效能。

此类条件的反面案例也毫无争议。就如志愿军官那样，非军事化的统帅，依赖直觉和训练的平民将会很快毁掉哪怕是恺撒的军团，或者是拿破仑的劲旅。

中国就是因为缺乏意识和能力分辨是什么构成了能征善战的军队，是什么构成了仅适合巡阅的部队，从而给她带来过去半个世纪的灾难。

如果中国想拥有足以自卫的军队，想夺回失去的省份，就必须到中国之外去寻找称职的军官。只有如此，才有可能发动如同驱逐蒙元鞑虏时爆发的那种全国大起义，并给汉人士兵再次输入真正的尚武精神，这种精神汉民族似乎在三百年前就已丧失了。

将军队暂时交付比他们更尚武的人来指挥，他们应理智看待此事而非反感。试图隐藏——其实是自欺欺人——汉人子孙武力的衰落只会招致持续的灾祸，直到帝国作为主权国家彻底消失，其祖宗丰厚的遗产则成为他们虚荣的牺牲品。

一个民族否认尚武精神发生衰落，实为逃避与隐匿。这种衰落自然降临，会导致所有国家的政治家们在消极抵抗的路线上放纵自我。只有勇敢承认这个事实，不管它对国家荣誉感而言是多么苦涩，才有可能防止最终毁灭。

当前，对中国最合适的军事体系要能够满足双重目标：一方面能够保卫帝国；另一方面，给帝国的汉人士兵和大众们灌输传统武德，这些武德在秦始皇帝、汉高祖、唐太宗、宋太祖、洪武、康熙或历史上成千上万风云人物称雄之日曾属于他们。当时，伏羲的子孙们在无数战场上挥舞着胜利的战旗。

军事建制应当根据英属印度所采用的体系，但要进行改良以适应与印度完全相反的政府架构。过去，大清朝采用了旨在维护其特权并防止动乱的军事体系，相对我们所建议的机制，这与英国体系更加相近。因此，我们的倡议绝非创新，而是理性对待不同的军事条件以保证军事效能。

最本质的区别是，军官在印度属于统治力量，士兵则属于被统治的民族——就如同满汉之间的关系——而我们想要在中国建设的体系里，军官和士兵则没有人为划分的区别。尽管军官应当是外国人，这仅仅是根据其出身而言。进入帝国军队后，他们要发誓向中国皇帝效忠，要服从帝国的民事法规和军纪。换言之，指挥军队的外国人必须被帝国吸收，从而不再成为外国人。但只要他们忠于职守，勇气和忠诚无可挑剔，其军事指挥权就不容侵犯。如果他们有所违犯，就应以帝国法律加以处分。

目前的情况是，在华担任军事教官的外国人只有学术权威，这弊大于利，盖因他通过技术训练和战术教导增强了中国人的非武力特性，使中国人误以为 19 世纪的军事失败源自缺乏此类教导。现在，本土军官指挥下的、经过良好训练的中国部队如果被派上对抗日本或西方军队的战场，即使在最有利的条件下也会迅速崩溃，这使任何没有见过此种军队的人士都大惑不解。

我们来比较两个类似案例。在印度大起义里，我们发现两支相互对抗的本土部队，每支部队都受到相同的训练，拥有相同的武器装备。一支受本土军官的指挥，另一支由英国人指挥。在每次战斗中，即使反叛者数量远超忠于英国的本土部队，他们的失败也不可避免。没有其他原因，而是由于本土军官缺乏真正的尚武精神，本土指挥官团队缺乏洞察天赋。指导英国军官的精神渗透了所属全部本土军队，这是英方获胜的唯一根源。

在义和拳战争期间，我们有类似的对比：一边是装备了最新式武器，由日本、德国和其他列强训练，但由中国军官指挥的中国军队；另一边是由同样的中国人组建的威海卫军团，他们为英国服务，在英国军官指挥下进入战场。受外国训练的军队在其本土军官指挥下作战却毫无战斗力，威海卫军团则表现了最高的战斗精神和作战能力。

可以肯定，如果中国军队被以同样的方式组织和指挥，联军要想抵达北京近郊，就需要投入至少五倍的入侵兵力。

在印度，我们发现，通过英国本土战斗体系，已经丧失数百年之久的尚武精神不知不觉在印度各种族里复兴。当英国再次为霸占东方发动战争时，就会发现一种也许比他们自身军队更强大的武力精神在鲜血滋养的土地上生根，这土地正是其作为统治者无意间耕耘的。

中国和印度引进采用这种体系的不同之处，将会使中国比印度展现出尚武精神方面的更大进步。这是由于在印度，该精神的成长来自其自身，而在中国则是由一支军队来实现此使命。

几年前，为推行此计划也为了进行调研，我们组建和指挥了一支中国兵团，由步兵和信号兵等构成。由美国人担任战队指挥官，中国人担任所有非战斗职务以及中尉职务，行使与英属印度军队苏巴达尔（Subadar）和杰马达尔（Jemadar——英属印度尉官级军官头衔，译者注）类似的职能。军团里的中国人都是志愿兵，由对祖国的忠诚和对国家前途的忧虑所促动。他们表现出了能够在中国发现的最高程度的天生尚武精神。

在我们亲身观察之下，这些人展现了某种鲜明特质。他们快速达到准确的训练要求，成为精准射手；他们严格遵守各种军规，他们军纪严明、忠于长官。这些都促使我们做出如下声明：在上述各方面没有哪个民族能够超越他们。换句话说，他们拥有一个伟大士兵必需的最高级别的特质——只缺乏一种——军事直觉，这就是中国不能将其防御构建于现代军事基础之上的秘密。

为了证明这个事实，我们从几个连队中撤掉美国军官。正如所料，结果是军力全面下降。

作为上述观点的进一步证明，我们有太平天国起义时期华尔和戈登将军及其"常胜军"的案例，有海军上将琅威理（Admiral Lang——其在北洋海军中官职为"总查"，译者注）和无数其他曾在中国诸省担任军事教官的军官的事迹为例。

在为中国军队选拔外国军官方面，应不要背离首先根据他们对中国的忠诚来决定其价值的原则。清帝国的解体从六十年前就开始了，这个进程将会持续，直到国家的全面分裂和消亡被帝国本身的内部力量所阻止——这就是中国的武力。

目前，正值日本、俄国、法国、德国、英国、葡萄牙及其盟国共同进行着对中国的鲸吞蚕食，如果让上述列强的国民掌握了中国军队的指挥权，就难以避免发生灾难。上述列强现在占领的中国领土是通过军队和战舰抢夺的，因此，也只有通过武力来收复领土，或者阻止国土沦丧的扩大。国土继续沦丧就是在吞噬秦始皇帝以出鞘利剑作为权杖在龙座上统治万邦时所传承下来的伟大与荣耀。

八 荷马·李未刊论文《新中国的红色黎明》（*The Red Dawn of the New China*）（1907 年修订版）[①]

《中国之前途》章节　　　　荷马·李版权所有

1907 年

人性之勇毅在其向未知发动进攻时最为显著。与上帝交谈，向无限和预示宣言，他做出上述行为时拥有的超凡勇气在其所属时代是多么匮乏。

① *Joshua B. Powers Collection*, 1876-1969, Box/Folder: 3 : 3, Hoover Institution Archives.

因此，我们希望能够被理解，我们所写的绝不是预言，也不能导向正确无误，而仅仅是我们所知的有关明日破晓黎明之事，它将打破笼罩着这块漫漫长夜里遭受高烧昏迷折磨的古老土地上宝塔和钟楼的寂静无声。

我们与先知、政治或其他因素无关，我们仅仅预见红色黎明破晓，发出炫彩华光，不仅仅穿透这个正在苏醒民族颤动的眼睑，更笼罩了全人类，使望楼警惕，使战舰复苏。

中国之前途奠基于该国之历史。我们要判断明天将发生什么，必须根据已存之状态，不是某时某刻而是无数时段，不是某个时代而是在所有时代，其间中国以奋斗而变得伟大。

长夜漫漫——就像中国正身处其中，辗转反侧、汗流浃背者——在中国成长和进化的每个时期被强加于其身，将被同样不可避免之红色黎明所承接，天亮之时，中国鼓足气力，将其沉沦病态与腐败甩却。

过去5000年里，从伏羲以至于今日，中国出现过六次沉沦与六次重生之轮回。在明日清晨的红色曦光中，她或将进入第七次复兴时期，或以比过去更加悲剧的方式沿着昔日王朝的墓道走向国家之消亡。

中国的演进几乎是独立的，未受到其他人类影响，就如同发生在另一个星球一般。因此，欲得出有关其近未来状况的公正结论，就必须详细和不带偏见地理解她拥有的某些特质。

按照因果关系，标志这个民族发展的沉沦与复兴之轮回之间尽管相隔数千年，却是相同的。这种同质性扩张，可以被比拟为向湖中止水里投入一块石头，必然激发层层向外扩散的涟漪和波纹。中华民族此种形式的进化是从盘古扔出他们的一小块碎片时开始。每一波峰都象征着一轮发展或复兴；每一波谷都象征着一段时期的没落。除了范围持续扩大外，每轮涟漪各方面的特征都非常相似。

因此，如果将当下的第六轮国家衰退与夏朝开始的第一轮衰退，或者汉朝崩溃时开始的第二轮衰退，或者唐朝衰亡时的第三轮衰退，以及其他此类衰世相比较，我们发现，每一轮衰退的末尾都存在类似情形，即处于红色黎明之中——毫无差异，只有两个例外，其后又再次进入同样的黑夜。

在这两个例外里，体现了李的反清思维和西方的中国（China）观。有鉴于此，由于中国被两次征服的许多标志性条件再次出现，并强化到可能导致中国失去国家主权的程度，我们必须认真思考其未来。

此轮衰退并非如西方通常认为的那样持续了很长时间。自嘉庆朝开始，帝国出现腐败，至今中国的伟大已经凋零了一个世纪，在那些变得腐烂溃疡之地，全体人民正因其引发的高烧而发出沙哑不祥的咕哝声：这正是从前此类长夜时期人们嘀咕的旧辞。

对当前时期中国国家解体问题的研究，并将其与过去不同时期存在过类似情形的更加稀少的细节进行比较，不仅能够给予我们对帝国未来命运进行推理的或多或少的切实基础。而且，在中国历史的苦痛中一再被重申的真理是：国家之幸福正如私人之幸福，乃基于自然之消极法则严格而无情的贯彻。

中国的国家衰败毫无例外缘起于同一个地方——朝廷。不知不觉地、悄悄地，在腐败兴起后一至三代的发展脉络里，我们确实发现它渗透并破坏着王朝与帝国的肌腱。

中国的官僚腐败毫无例外是王朝衰弱的直接结果。除非在此类条件下，这种现象是绝不会出现的；如果不是源于官场操守的逐步但全面破坏，此类条件也不会产生。只有王朝本身的毁灭才能使官场正义和品德回归统治机构。

中国某一王朝之终结尽管是悲剧性的，却绝非突然。其过程正如同癌症造成的死亡，漫长且充满痛苦。曾经统治黔首民族的二十六个朝代所有的病症、发展和死亡都相同。

中国的王朝衰弱直接缘于官员忠诚的败坏，间接起因于政府集权的削弱。正是离心现象导致地方势力的增长，后者决定王朝无法避免的终结。

帝国在衰落时期的离心现象是没有止境的。最初是地方政府权力渐长，以各种方式篡夺或取代中央政府的固有权力。在此阶段，帝国分裂成一个由州郡组成的松散联盟。在皇权旁落、被曾构成皇权的主要政治派系所篡夺后，我们就会发现，这些派系中，无论是总督辖区还是某一省，开始出现第二次分裂，一直持续到所有权威——不论是皇权还是督抚权力——均全部消灭为止。这是举国造反、天下大乱的阶段，只会在摧毁旧王朝、建立新朝后终止。

在本朝大清的衰败过程里，除了之前曾经发生过 25 次的诱因外，我们没有找到任何新东西，看似新的条件实际上和这个民族一样古老。

如前所述，本朝的衰败始于满洲第六代统治者嘉庆治下，一直持续到现在，已有一个世纪之久。如果不分种族，嘉庆帝之前的乾隆帝是最伟大的帝王之一，曾把帝国带到巅峰，开疆拓土使版图空前辽阔。与他去世时的帝国相比，在世界各地纷纷攘攘的其他国家不仅不重要，事实上也很野蛮。

自嘉庆皇帝登基起，降临于其阴云笼罩的王朝和帝国的灾难比一般王朝或国家要承受的多得多。

打响的七次对外战争均告失败。十一国军队曾趾高气扬开进清朝国界，他们火炮的轰鸣声在天坛里激荡，在皇陵的肃穆庄严中回响。

中国对安南王国的古老主权，以及东京（越南北部地区旧称——译者注）和柬埔寨被割让给法国。缅甸、香港、九龙、威海卫以及帝国对其内河与沿海的权益被割让给大英帝国；胶州和山东部分地区被割让给德国，这些地区坐落着孔林，不仅因其古老和伟大而重要，现实更彰显出那些应当保护万世师表的陵墓免遭亵渎之人的孱弱；澳门被割让给葡萄牙；满洲、蒙古和黑龙江流域部分被割让给俄国；对朝鲜的宗主权、对台湾和满洲大部地区的主权被割让给日本。在辽河河谷，满洲皇室的摇篮和陵墓之上飘扬着他们曾经鄙夷并贬斥为东洋倭寇的岛国旗帜。

其间，流动毒药的诅咒也降临中国，不仅由于英国商人的乖张跋扈，更主要源自朽坏了帝国及其军事能力的官场腐败。如果六十七年前，清军能够在珠江淡水区下游击沉英国舰队，毫不留情地摧毁和冲走它们，中国就不会在大烟鬼的迷梦中没落。

那时，这些灾难并没有给中国人留下深刻印象，这不仅由于他们没能对西方列强的武力和好战有所认识，更源自当时已经弥漫全国的苦难和恐怖。

嘉庆执政后即爆发了许多动荡和叛乱。皇帝夺取了大臣的财富，将其消耗在宫廷内斗（purple riot）之中。那时，衰变就从王朝和帝国的首脑那里发生。1800 年标志着北京腐败的开始。大众的不满增加。1803 年，皇帝在北京的街头遇袭。秘密会社在整个帝国各处蔓延扩张。以中国各个时代的诗人都大加称颂，且预言家视为不朽仙药的莲花为名的白莲教，肆虐帝国长江以北地区达八年之久。1813 年，天理教再次试图取皇帝性命。当时，南方沿海地区海盗组成大联盟，不服清廷管辖，控制了从东京到福州的沿海一带。

1826年，清政权在中亚被吉尔吉斯掠夺者击溃，尽管一支又一支部队被投入战场，中亚仍持续五十年无法安定。

在帝国各地，反叛此起彼伏。王朝和国家力量衰解的过程中，各式各样的腐败把持着这个广袤国家的每个角落。在西北边疆进行战争之时，台湾、海南和南方诸省的苗人纷纷造反。1839年，英国开始炮轰中国海港。即使上苍也似乎震怒了，开始惩罚这个不幸的国度。长江以北诸省因此遭受水灾和饥荒，百万人丧命。

当道光第四子登基成为咸丰皇帝，帝国的没落加速发展。到1850年，王朝和官场腐化彻底破坏了人民的忠诚。在中国的统治阶级中，再也无法找到荣誉和公平。富人把法度当作商品来买卖，穷人则承受他们的罪行。职位被用来卖官鬻爵，仅供榨取和剥削。大众对政府的冷漠结束了，被深仇大恨所取代。

此时，在19世纪中叶，正是清朝最后瓦解的逻辑时刻。从巨大帝国堕入的暴政深渊中发出奇异低语，这些声音或多或少含混不清，只有破坏、恐怖或憎恶的精神清晰可见。

那时的一份反清檄文说：“本朝为满洲专制。彼等虽为小国寡民，恃其武力，盗中国之天下，夺中国之衣食，此后好战者荼毒华夏；而贪官污吏，布满天下，使剥民脂膏。予取予夺，至为不公。满虏僭窃、盘剥诸省；卖官鬻爵、压榨百姓。而我中国之人，何甘其坐食我汉人之膏血？天命所归，宁有种乎？世间无百世王朝，得民心者得天下。”①

这就是人民的声音，是天下大乱的呼号。王公们的病症最终被接种到全国。病情激发的高烧从沙漠散布到广西的密林深处。某省的哀怨复仇者起事，新王们崛起四方。一个癫狂之人成为天王——新朝的天帝。

酝酿了几乎三代的太平天国起义在这块制造仇恨的土地上全面爆发。其恐怖程度和破坏力难以言表。无数城池在一日内被夷为平地，直到现在，附近荒草萋萋坟茔上的幽怨依然缠绕着它们。这场造反运动直接导致超过两千万人死亡，另外有多少人倒在荒芜的土地上，并无人知晓。

如果这些累达天际的亡者能够成为统治者的祭坛，这对中国乃是幸事。上天已经昭示——此乃天庭惯例——大清朝的最终离去。既然早晚会如此，

① 译者据荷马·李所引英文意译。

如果他们能够认同这道诏令，如果能够迅速登上御辇开始远行，这将对他们的名誉和荣耀有莫大好处。现在，由于他们并没有主动离开，死者又需要在帝国战火的硝烟中被累达天际，以成就其伟大、向世界致意而进入天庭。

持续了十五年的太平天国起义标志着本轮衰败的中期。我们已经特别枚举了该运动之前降临中国的灾难。内战结束时，人们可能会相信，朝廷胜利之后会出现中兴局面，从而让清王朝有数年时间使沉沦的帝国获得新的辉煌。

可悲的是，正如同从嘉庆朝到太平天国起义结束，以及英法联军占领北京和火烧圆明园时期的崩坏一样，清王朝在其后数年里，并没有表现出复兴康乾盛世的努力，而是向着那个曾一度闪避但最终无法逃脱的结局继续堕落。

除了中亚的50年战争外，在太平天国起义时期，云南爆发了持续十八年的回民起义，之后又是陕甘回民大起义。据说起义结束时，已没有足够的人来耕种土地以养活幸存者。

一次又一次的内战和外战在清帝国爆发。紫禁城里回响着列强粗鲁的狂笑之声。在朝廷仍处于统治地位时，辽河河谷的清帝陵遭受亵渎，亘古至今，这在中国从未发生过。

除了凄惨的南宋末年外，中国史书上还没有对此类降临于曾统治中国王朝的灾难的记载。

尽管不祥，事实是：太平天国起义结束后，清朝尽管仍被人力所维持，却已经比那时更无限接近灭亡了。

同样的官场腐败、同样的无法自保，这些情形在当下与半个世纪之前一样普遍。西方社会赞许有加的新政改革毫无意义、虚张声势、自欺欺人、不值一提。将改革这个词用在这些变化上是瞎扯。把引进某些西方传统和科学称为“改革”，只是西方自大虚荣的又一例证而已。只有采用他们的传统、工具和器械，西方人才能理解在缺乏此类因素的国家的改革。这就如同只有以西方宗教作为媒介，才能使人类悲伤的祷告进入上帝的耳鼓。

事实是：引进西方所有知识并不能改革中国。西方对中国的改革毫无关系。另一方面，即使完全没有引进一丁点西方思想，中国也能够被改革。引进外国传统与改革腐朽国家没有丝毫关联。

只有一种方式来改革中国。从前，中国人自己已经六次使用这种方式来从根源和枝节上剔除官场腐败了。把西方传统在中国官僚体系腐朽树墩上进行嫁接的尝试是愚蠢的，它是基于嫁接将会使虫蛀树心重生、净化和注入新活力的幻想，是拖延症里最愚蠢的。于是，今天在那个古老的帝国，我们发现，腐败的可悲表演将其隐藏在被西方所乐道的“改革”的最纤薄的伪装之下。

中国需要的——缺乏之曾导致其他帝国从人类社会彻底消失——正是统治者的诚实。只此一样即可拯救中国。今天，我们在借来的现代化的伪劣装饰之下，发现了与太平天国起义爆发之前一样可悲的情形。

然而，在这个王朝腐败和堕落的暴风骤雨之暗夜，仍然闪耀着一位君主暗弱的美德之光。正如同一颗星星就能够照亮一大片山谷那样，这为皇帝的变法尝试给其广袤帝国最黑暗的缝隙里注入些许希望的微光。

光绪皇帝是清王朝开始腐败后的第五位执政者。在这些君主中，只有他尝试带来旨在从某种程度上把帝国恢复中兴的变革。

在很多方面都非常奇怪的是，王朝沉沦已经持续了一百年，这位君主维新的尝试只持续了一百天。他被同族人控制并软禁于宫中，他在那里耐心等待重新登上顺治传给他父辈的龙椅，或者乘上神辇、飞越云河——他可能是大清龙椅上的末代皇帝。

慈禧太后之死现在成为一个问题，这只需要数月而非数年时间。毫无疑问，她的死亡将决定皇帝的死亡时刻。这不仅由于她想要确立继承人，还由于如果她死前没有这么做，皇帝将会重获权力。现在那些紫禁城内外的当权者肯定会被皇帝视为促成其被囚禁之人。皇帝复位，他们的官职则不保；因此，如果把复位一事交给彼等正在北京享受高官厚禄之人，将绝不可能发生。

皇帝和太后几乎同时死亡将使皇位空虚，引发各方争夺。争夺皇位将使整个帝国甚至是世界各国卷入其中。更甚之，这将导致全体汉族起义，旨在将满人彻底驱逐，就如同蒙元被皇觉寺出身的武僧摧毁那样。其后，如同大明那样的汉人王朝将会建立。明太祖在屠戮八万蒙古人的最后决战那天所说的话，将会在来日黎明应验。

自是以后，元之臣子，不遵祖训，废坏纲常，有如大德废长立幼，泰定以臣弑君，天历以弟鸩兄，至于弟收兄妻，子征父妾，上下相习，恬不为怪，其于父子君臣夫妇长幼之伦，渎乱甚矣。夫人君者斯民之宗主，朝廷者天下之根本，礼仪者御世之大防，其所为如彼，岂可为训于天下后世哉！及其后嗣沉荒，失君臣之道，又加以宰相专权，宪台抱怨，有司毒虐，于是人心离叛，天下兵起，使我中国之民，死者肝脑涂地，生者骨肉不相保，虽因人事所致，实乃天厌其德而弃之之时也。古云：胡虏无百年之运，验之今日，信乎不谬。当此之时，天运循环，中原气盛，亿兆之中，当降生圣人，驱除胡虏，恢复中华，立纲陈纪，救济斯民。①

没有哪个地方的国家力量比中国更基于其与人民的密切联系。的确，中国人民长于忍耐，受苦而无怨言，但在记载他们错误行为的年表上，总有某个时刻他们会如雷霆般揭竿而起，发出复仇的吼声，震动天庭。

毫无例外，当国家被卷入落潮之后，中华民族通过这些战争迎来复兴的轮回；落潮则通常标志着最后会出现一个国家；战争已经造成尸横遍野，不是成千上万，而是百万之众；据说其惨烈程度让上苍也怜悯垂泪。

唐朝亡国使三千七百万人暴尸荒野；二十六朝亡国时均是如此。

人们不敢揣测，在大清将要前行的漫长晦暗路径上，有多少亡魂会在路边窃窃私语。已经有四千万因战争而死的魂魄踟蹰于道路了。

然而，在这个日益觉醒的民族将要致力于净化其国家的、即将来临的战争中，他们将要直面那些此前从未威胁过其完整的危险，不仅是领土方面的，还包括黑发汉民族的整体性。

造成中华帝国绵延不绝的原因和条件明显不为西方所知，其他与之类似伟大的王国虽承受住时间的侵蚀，但与中国经历的发展岁月相比，仅仅宛如一代人之久。

常人有关中国悠久民族性的那些说法与之毫无关系。这些观念要么是异想天开，要么是投机取巧，或者都不是，但毫无价值。中国人作为一个民族，或者他们的法律或习俗，与他们的国家经受住时间的打磨和蛮族的

① 荷马·李对《朱元璋奉天讨元北伐檄文》引文的英文翻译与原文大意相同而文字颇有不同，姑从原文——译者注。

恣睢而得以保存并没有任何关联。

如果中国人在地理上被置入如同巴比伦、亚述、埃及、希腊、罗马或任何类似方位的帝国，他们会如同那些民族一样离去，现在与之同入亡者之数。

中华民族能够存续数千年的原因只有一个，即该种族发源的自然环境。这个环境以无法翻越的崇山峻岭为铜墙铁壁，以荒无人烟的沙漠和无边无尽难以航行的海洋为护城河。

北边和西北是戈壁沙漠。西伯利亚难以穿越的密林和中亚大草原之外是白色的愁云惨雾。西南是世界屋脊和喜马拉雅山脉蓝黑相间的峡谷。南方是雨林，之外是印度洋。东方是巨大而孤寂的太平洋，只是数年之前，人类的船只才找到方向穿过这紫色的寂寥之海。

直到十九世纪，中国在被包围的孤立中获得安全，在她的边界和欧洲诸国之间的地域似乎是无垠的。对其他地方的人类来说，中国只是坐落在珠光宝气的东海之滨的神秘的大契丹国（Kingdom of Cathay）。

因此，中国人及其政治体系与种族和古风的延续无关。只有孤立本身对其在超过五千年的风暴中绵延不绝负责。如果朝廷被其他强大的国族环绕，就像古代和现代的欧洲和中亚帝国那样，它也许同样会在一定时期内垮台，现在仅仅作为部落古老传说中隐藏的记忆而已。

中国在六次轮回的每一次衰退里都堕入病态的腐败中，其后便是这些恐怖的内乱破坏。这样一来，色诺芬的一万勇士就能征服整个中国。不过，幸运的是，当中国进入衰退之期，除了某些因素外，并未遭受他人攻击。这些因素包括饥荒、在北疆放牧的鞑靼和没有政府或君主的尖脸部族。不过，在每一轮衰退和王朝战乱时期，中国都会遭受这些边疆游牧人的攻击。在每一轮复兴初期，后续王朝最重要的使命是把这些手持牦牛尾大纛的掠夺者赶出帝国的边界。

中国人在第四轮和第五轮衰退中的自卫能力大幅下降，我们发现，广袤帝国被沙漠的抢掠部落所征服。在这两次国家解体期间，中国变成被征服的国家。因目前这一轮衰退与上述两轮相关且条件基本一致，我们必须研究之。

在第四轮衰退过程中，宋朝灭亡，蒙元创立；第五轮国家衰退以明朝瓦解和进入征服帝国清朝治下为顶峰。中国只能在其北部边疆嘶叫的马队的压迫下寻求自保。今天，在国家衰落时期，防御薄弱的程度与第四轮和第五轮国家解体时丝毫不差，这个不幸的民族现在第一次要面对各种敌人，不仅是北部边界上的，更有来自东方、南方和西方的。这些国家的征服意愿与曾踏平中国百千城池、使数十万顷良田化为废墟的蒙古和满洲部落并无不同，甚或更加强烈。

中国人作为一个民族能够挺过这场古老的内斗（现在即将大规模爆发），进入第七次涅槃轮回，还是会五雷轰顶，堕入等待着那些没落民族的结局，被世人遗忘？

第四轮衰退里宋朝最后终结时、第五轮衰退末期明朝崩溃时，中国成为被征服的国度。那时，汉民族抵御游牧骑兵进攻的能力，比今天抵抗在帝国边境蚕食鲸吞的欧日列强要高许多倍。

除了美国之外，列强都已在七十年前还是完整一体的中华帝国中占据了领土。他们的炮舰在中国的水道上巡弋；他们的战舰在中国的领海轰鸣；他们的士兵在中国的领土上骄横游行，毫不顾忌最基本的人权和主权。

过去六十年里，对中国的肢解一直在进行，所以我们所应对的不是可能性，而是列强的既定目标。该目标已经被它们冷漠地视为原则，这种原则早已是事实，几乎没有激起任何关注和评论，就如浮光掠影般无所谓。

对中华帝国的盗取一旦开始，就只能以武力来阻止。征服与入室盗窃几乎没有分别，就如同谋杀和战争之间的关系一样。正是普遍性使这种盗取行为堂而皇之呈现，并让其成为国际联盟理论的基本原则。这样一来，不证自明的是，没有力量去盗窃的国家很快会因虚弱而无法抵御盗窃者。个人之间存在平等是可能的，但放到国家之间就完全不可理喻了。人类的集群越大，其道德水准越低。最近的海牙会议是我们能想起的证实本观点的最典型例证了。一个被战争破坏的国家派出的代表团竟然被拒绝参与和会。国际演进的法则证明：弱国无主权；软弱即为军力衰弱。

的确，中国人民正在觉醒，但不是如西方想当然的那样，是通过介绍西方文明或对西方上帝的渴望所促发的，而是由此前已经唤醒中国人二十五次的红色复仇的黎明实现的。

我们能够发现有四种可能性正等待着这个巨大的睡狮站起。第一种是帝国解体。

此前，我们已经揭示欧日列强以最微不足道的借口篡取和占据中国领土的贪婪急切之心。当中国被内战和王朝斗争撕裂，尸体和残垣断壁从云南的雨林一直散布到北方秃鹰盘旋的鄂嫩河谷时，列强的态度又会如何？

带着和过去强盗行径一样的伪善，他们会以传播文明和宗教的名义在各自的势力范围进行干预，一段时间后，他们会将地盘并入自己的版图，开展一次又一次屠杀。

即使现在，之前夺取中国领土的列强之间也有条约，用以保障彼此在各自的势力范围内不施加干预。

这就是在中国摇摇欲坠城墙上的手书，其阴郁沉重如同西方上帝亲手刻成。

第二种可能性是，一位拥有军事和政治才能的人横空出世，他能够统一帝国，建立雄武王朝并使国家当前的边疆免受外国侵略。如果能有唐太宗、宋太祖赵匡胤和洪武皇帝那样的开国者，尽管仍会遭受兵燹，中国就能够胜利渡过来日之黎明。但此人现在为拯救中国必须克服之艰险和障碍，要远远大于尧舜的子孙们所曾经面对的。

旨在复兴帝国的秘密政治会社，尽管人数以百万计，其大者可被称为“大人会”，只是帝国一群数目庞大的乌合之众，他们正静静等待伟人降临，将他们从末日王朝的梦魇里、从举世腐败的诅咒下和从列强的虎口中解放。如果不是由于列强的因素，这就是中国第六轮国家衰败的逻辑终点了。

第三种可能性是，把下一位清帝变成一个日本幕府，如同朝鲜那样使日本帝国的疆土延伸至整个中华帝国。

如果如此行事，则绝不会影响欧洲列强在中国拥有的任何权益，它们也不会对日本兼并中国发出比其兼并朝鲜更大的反对之声。

如前所述，在慈禧太后去世前后谋杀光绪帝，将会给拥有最大军事支持的满洲王公留下一个空虚的帝位来填补。

日本在给列强的照会中告知，为了维护东亚和平，她将以全部陆军和海军来支持某人继承帝位的主张。任何满洲继承人都会接受日本的条件，这是由于成为日本幕府将军一类的皇帝要比根本无法当皇帝强。如此一来，新君将与其广袤帝国一同被纳入日本传统体制里——成为日本幕府。

一旦日本人控制了中国的政府机构，他们会很快取代满人——对汉人来说同样是外族——其方式和满洲得自明政权并统治中国达两个半世纪相同，因此，明天御用黄袍也许将会被从他们身上扒去，日本天皇将会以三重君主的身份来进行统治。

第四种可能性确实是非常脆弱的，其脆弱是由于其基于中国的和平，哪怕是暂时的，以及中国作为主权国家的安全。这些都是西方以其自夸的文明所不愿看到的，盖因这些国家表达的理想不过是抢掠罢了。

欧洲和日本都不愿看到中国拥有和平、帝国保持统一。门户开放政策只有美国认真对待。对欧洲和日本来说，该政策只是徒有其表罢了。门户开放不过是抢掠中国的国际婉辞。

由于他们只是按照主宰国家兴亡的自然律行事，在他们看来这并无不妥。我们所鄙视的是他们的虚伪。他们的外交比战争更为可怕，他们的承诺比战斗更令人恐惧。在战争中，一个国家至少可以向世界敬礼，带着荣誉走入永恒；但在国际欺诈的战斗里，尽管生命也许可以在失败后苟存，这实际上是痛苦的苟活，是一个种族静默和凄惨的挽歌。

尽管不确定，第四种可能性基于在慈禧太后去世之前，完全恢复光绪皇帝的权力。

光绪皇帝重获权力后，前文提及的另外三种意味着血腥和灾难的可能性会一度消失。如果皇帝未来会致力于他过去曾承诺之事，只要他在世，就不会出现民众起义。防止内部争斗可以使欧洲列强和日本都不会在近期以维护远东和平为借口尝试肢解清帝国。更进一步，皇帝复位能够避免他死后必然会发生的继位之争，那样就会给日本创造机会来通过扶植某继承人来建立一个幕府以统治中国。

然而，清朝灭亡必然会发生，其滞后最多一代人之久，而且要在一个明君治理之下，使国力增强以致列强在未来的任何内战中借机侵略中国边疆的企图不能得逞。

尽管世界各地对和平和各国裁军的呼声渐高，就如同布谷鸟云集那样吵闹，他们对这样的现实问题并无兴趣：将千万人从可能发生的第二次屠杀中拯救出来，以及世界上最古老国家的最终解体。

当美国的政治家们就美国在太平洋的主权喧嚣不休时，他们或者无视，或者不愿承担通过复兴中国以在远东重建平衡的任务，而复兴中国比其他任何因素都更依赖于美国在远东每项主张的切实存在。

美国总统主张制止战争，但如果他能够阻止那个红色黎明降临在三分之一人类身上，相较而言，前者的所谓伟业是多么微不足道？我们在人类历史上还没有见到如此重大之事。与把那个将要点红东方的黎明推迟相比，阻止太阳照耀吉比恩的传说显得多么无足轻重。

但这些希望无一能够被实现，因为世界各国充满野心和饥渴，就如同对驻足公牛的垂涎欲滴一般。它们有力量和脾性，只有中国如同风暴里的老人一样步履蹒跚。它们充满诡计，战争装备闪闪发光；中国则在迷宫中徘徊，其破落的国威被丢弃在黑暗之中。其他国家看起来正沿着预定的道路前进，只有中国仍处在晦暗混乱之中，在未知和幽暗的大海里翻腾，在礁石间随波逐流，似乎永不宁息。这与其他国家格格不入、完全不同。中国目前只有曾经的辉煌，不伟大、没有希望，未来已死，等待子孙们的是坟墓。

泰山崩塌、栋梁倾覆，古老的国度如同植物般枯萎。

九 相关政府文件[①]

1. 1912年4月16日美国众议院第50号共同决议案祝贺辛亥革命胜利

62D CONGRESS, 2D SESSION H. Con. Res. 50.

共同决议案

祝贺中国人民获得自治政府之权利、义务与责任。

众议院外交委员会主席威廉·苏尔泽（William Sulzer）

1912年4月16日——已获赞同

1912年4月16日苏尔泽先生在众议院提交如下决议案并获得赞同

共同决议案

1. 众议院决议（参议院赞成）
2. 美利坚合众国祝贺
3. 中国人民获得自治政府之权力、
4. 义务与责任，并表示如下信心：
5. 采用并维持共和政体后，

① *Joshua B. Powers Collection*, 1876-1969, Box/Folder: 1 : 68-69, Hoover Institution Archives.

6. 中国人民之权利、自由与幸福
7. 均得以被巩固，
8. 中国之进步亦得以确保。

十 容闳英文别名

- Yung Wing（容闳），1828-1912
- Jung Chun-fu（容纯甫）
- Jung Hung（容闳）
- Yong Koeng（容闳）
- Jung Kuang-chao（容光照）
- Jung Ta-meng（容达萌）

·名词表·

一　人名表

1. A. E. Ross（A. E. 罗斯）
2. Ada（埃达）
3. Admiral Lang（琅威理）
4. Adna R. Chaffee（莎菲中将）
5. Amos P. Wilder（维礼德）
6. Ansel E. O'Banion（安塞尔·奥班尼翁）
7. Bartlett Golden Yung（容觐槐）
8. Burton（伯顿）
9. C. E. Richards（C. E. 理查兹）
10. Carl P. Deichman
11. Charles B. Hill（查尔斯·B. 希尔）
12. Charles Beach Boothe（查尔斯·布思）
13. Charles Harvey Denby（田贝）
14. Chung Kok Po
15. Chung Mun Yew
16. David Starr Jordan（大卫·斯塔·乔丹）
17. Davy Crockett（达维·克罗凯特）
18. Dr. Kellogg（凯洛格医生）
19. Edw. T. Williams
20. Elihu Root（罗脱）
21. Ethel Lea（埃塞尔·李）
22. Francisco Madro（弗兰西斯科·马德罗）
23. Gen. Otis（奥提斯将军）
24. Geo. H. Skidmore
25. H. Snodgrass
26. Harry B. Miller
27. Henry L. Stimson（亨利·L. 史汀生）
28. Homer Lea（荷马·李）
29. Hsu Ping Chen

30. J. J. Hill（J. J. 希尔）
31. J. P. Story（斯托瑞少将）
32. James Cantlie（康德黎）
33. James Deitrick（戴德律）
34. Jas. C. McNally
35. John Fowler
36. John Pierpont Morgan（J. P. 摩根）
37. Jue Chockman（居埃·乔克曼）
38. Julian H. Arnold
39. Knox（诺克斯）
40. Lady Cantlie（康德黎夫人）
41. Leo A. Bergholz
42. Leonard Wood（伦纳德·伍德）
43. Li Ching Tien
44. Li Sum Ling
45. Lord Roberts（罗贝尔勋爵）
46. LSK Wing
47. McLachlan（麦克拉克伦）
48. Miss Sally（萨莉小姐）
49. Morrison Brown Yung（容觐彤）
50. Mr. Beach（比奇先生）
51. Mr. Chockman（乔克曼先生）
52. Mr. Duneka（杜奈卡先生）
53. Mr. Kennedy（肯尼迪先生）
54. Mr. Mitchell（米切尔先生）
55. Mr. Selden（谢尔顿先生）
56. Mr. Tierney（提尔尼先生）
57. Reed（李德）
58. Roger S. Greene
59. Sam'l L. Gracey
60. Samuel S. Robinson（萨缪尔·S. 罗宾逊）
61. Samuel Wells Williams（卫三畏）
62. Sarah Wheeler Boothe（萨拉·惠勒·布思）
63. Schmidt（施密特）
64. Senators Flint and Perkins（弗林特和柏金斯参议员）
65. T. Haynes
66. T. Samons
67. T. Schneider（T. 施耐德）
68. Theodore Roosevelt（西奥多·罗斯福）
69. Thos. E. Hunan
70. Thos. J. O'Brien
71. W. A. P. Martin（丁韪良）
72. Walter W. Allen（W. W. 艾伦）
73. William Howard Taft（塔夫脱总统）
74. William Sulzer（威廉·苏尔泽）
75. William W. Rockhill（柔克义）
76. Wm. Martin
77. 爱新觉罗·载治
78. 拜兹（Betts）
79. 布伦努斯（Brennus）
80. 陈璧
81. 陈锦涛
82. 陈其美
83. 成吉思汗
84. 池亨吉（Koki H. Ike）
85. 慈禧太后
86. 达寿

87. 大隈重信
88. 端方
89. 伏羲
90. 戈登
91. 光绪帝
92. 何永绍
93. 亨特（Hunt）
94. 洪武帝
95. 忽必烈
96. 胡汉民
97. 胡惟德
98. 华尔
99. 黄兴
100. 康同璧
101. 康熙帝
102. 康有为
103. 奎顺
104. 黎元洪
105. 梁敦彦
106. 梁启超
107. 梁如浩
108. 那桐
109. 欧榘甲
110. 培根
111. 溥儁
112. 溥伦
113. 溥仪
114. 荣禄
115. 荣勋
116. 容闳
117. 容开
118. 萨镇冰
119. 莎士比亚
120. 沈家本
121. 宋霭龄（Eling Soong）
122. 宋庆龄（Rosamonde Soong）
123. 苏锐剑
124. 孙科
125. 孙文（孙逸仙、孙中山）
126. 谭学衡
127. 唐景崇
128. 唐绍仪
129. 唐太宗
130. 田文烈
131. 托尔斯泰伯爵
132. 万先生（Mr. Wan）
133. 汪精卫
134. 王士珍
135. 望月先生（Mr. Mochizuki）
136. 威尔逊
137. 威廉皇帝
138. 尾崎先生（Mr. Ozaki）
139. 乌珍
140. 吴禄贞
141. 伍盘照（Ng Poon Chew）
142. 伍廷芳
143. 熙彦
144. 谢缵泰
145. 严修
146. 阎锡山
147. 杨度
148. 杨士琦

149. 姚雨平（Jung Juan Quai）
150. 伊藤博文
151. 奕劻
152. 袁世凯
153. 载沣
154. 载掞
155. 载漪
156. 曾海
157. 张謇
158. 张人骏
159. 张荫棠（Chang Ting Tang）
160. 张之洞
161. 赵秉钧
162. 赵构
163. 赵匡胤
164. 赵声
165. 周武王
166. 朱执信（Chu Shen Kai）

二 地名译名对照表

A

埃及 Egypt
阿特沃德街 Atwade Street
澳门 Macau
安南 Vietnam

B

巴比伦 Babylon
巴黎 Paris
巴拿马 Panama
北滨 Kitahama
槟榔屿 Penang Island
波士顿 Boston
百老汇 Broadway
贝克斯菲尔德 Bakersfield
贝尔蒙特旅馆 Hotel Belmont

C

长江峡谷 Yangtze River Canyon
长滩 Long Beach
潮州府 Chao-chou-fu
城市投资大厦 City Investing Building
赤坂 Akasaka
朝鲜 Korea

D

大阪 Osaka
大连（Dalry，达里尼）
德意志 Germany
东京 Tokyo
多伦多 Toronto
东京湾（今北部湾）Gulf of Tonkin

E

俄罗斯 Russia

鄂嫩河 Onon Gol.

F

法兰西 France

福州 Fu-chou

福瑞斯诺 Fresno

G

广东省港两地 Kuang - tung and Hongkong

广州 Canton/ Kuang-chou

广西 Kuang-hsi

甘必大街 Gambetta Street

龚州 Kungchau

瓜纳华托 Guanajuato

桂林 Kuei-lin

H

汉口 Han-kou

汉阳 Han-yang

汉水 Han River

海南 Hainan

哈雷街 Haley Street

哈特福德 Hartford

哈里森大道 Harrison Avenue

汉佛德 Hanford

河内 Hanoi

横滨 Yokohama

红海 Red Sea

洪都拉斯 Honduras

华盛顿哥伦比亚特区 Washington, D. C.

环龙路 Route Vallon

黄土高原 Loess plateau

惠州府 Hui-chou-fu/Wai-chow

虎门 Hu-men/Fu-men

湖南 Hu-nan

I

雷州府 Lei-chou-fu

辽河河谷 Liao River Valley

J

锦州 Chin-chou

杰拉德街 Gerrard

加利福尼亚州 California

加利福尼亚海洋公园 Ocean Park

加菲尔德大道 Garfield Avenue

甲米地省 Cavite

旧金山 San Francisco

嘉应州 Ka-ying-chou

K

凯尔·杨思宾馆 Care Youngs Hotel

康涅狄格州 Connecticut

卡吕梅大道 Calumet Ave.

卡尔加里 Calgary

坎卢普斯市 Kamloops

L

劳克林大厦 Laughlin Building
灵南阪 Reinanzaka
洛杉矶 Los Angeles
吕宋巷 Spofford Alley
旅馆街 Hotel Street
伦敦 London
罗马 Rome

M

莫雷山宾馆 Murray Hill Hotel
满洲 Manchuria
马尼拉 Manila
蒙特克莱尔 Montclair
蒙特利尔 Montreal
缅甸 Myanmar/ Burma
墨西哥 Mexico

N

牛庄 Niu-chuan
纽约 New York
纽约百老街 Broad Street
南帕萨迪纳 South Pasadena
南奥利弗街 South Olive Street
南京 Nan-ching
诺森伯兰大街 Northumberland Avenue

Q

大契丹国（中国）Great Kingdom of Cathay
秦皇岛 Chin-huang-tao

R

日本 Japan

S

萨金特街 Sargeant Street
萨伏伊宾馆 Savoy Hotel
沈阳 Shenyang
山东 Shan-tung
上海广东路 Kanton Road
上海宝昌路 Avenue Paul Brunat
上海同孚路 Yates Road
圣路易斯 St. Louis
斯普林菲尔德 Springfield
石头街 Stone Street

T

台湾 Taiwan
台町 Taimachi
太平洋电气大厦 Pacific Electric Building
檀香山 Honolulu
头山满宅 Toyama-Mitsuru's house

W

温哥华 Vancouver
温尼伯 Winnipeg
维斯塔德尔玛酒店 Vista del Mar
武昌 Wu-chang
武汉 Wuhan

X

希腊 Greece
西伯利亚 Siberia
喜马拉雅山脉 Himalayas
夏威夷 Hawaii
新加坡 Singapore

Y

亚述 Assyria
亚特兰蒂斯 Atlantis
英格兰 England
伊利诺伊州 Illinois
云南 Yun-nan

Z

直隶 Chihli
镇江 Cheng-chiang
漳州 Chang-chou
中国本部 China Proper
中央公园 Central Park
芝加哥 Chicago

三 报纸杂志、职务和组织机构名表

A

安纳波利斯海军学院（Naval Academy at Annapolis）

B

白莲会（Pakling Hwui）
兵部（Board of Military Affaires）
保皇会（Pao Wong Hwui）

C

财政部
参议会（National Convention）

D

大学士（Ministers of States）
代理总统（Acting President）
大刀会（The Broad Swords）
道台（Intendant de Circuit/ Circuit Judge）
《大都会杂志》（*The Metropolitan Magazine*）
《大同日报》（*Chinese Free Press*）

F

藩台
府台
副总统
《福莱特报》（*La Follettes*）
《范·诺登杂志》（*Van Norden Magazine*）

G

哥老会（Ka Lao Hwui）
革命党（Kah Ming Tong）
哥伦比亚大学巴纳德学院（Barnards，Columbia）
国会
国务卿
古根海姆勘探公司（Guggenheim Exploration Company）

H

户部（Board of Revenues）
皇帝
《哈勃周刊》（*Harper's Weekly*）
哈勃（Harper）兄弟公司
海军部长
洪门（Deluge Family）

I

理查兹·纽斯达特建筑公司（Richards Neustadt Construction）
临时政府资政会（An Advisory Board of the Provisional Government）

J

J. Y. 怀特公司（J. Y. White & Co.）
军政局（Grand Council）
军事委员会
教育专员
警务专员

K

跨大西洋电报商业电报公司（Trans-Atlantic Cablegram Commercial Cables）

L

六部
临时政府
联合会（Amalgamated Association）
陆军部
陆军部长
《伦敦时报》（*The London Times*）（即《泰晤士报》）

M

美国采矿精炼公司（American Smelting & Refining Co.）
美国众议院外交委员会
麦克卢尔出版社（McClure's）
美国棉纺织品协会（Cotton-piece Goods Association）

N

内阁总理
臬台
《纽约先驱报（*New York Herald*）》
《纽约世界报（*New York World*）》
纽约联盟俱乐部（The Union league Club，New York）

P

佩雷格里纳采矿公司（Peregrina Mining Company）
《帕萨迪纳新闻》（*Pasadena News*）
《评论回顾》（*The Review of Reviews*）

R

《日落杂志》（*Sunset Magazine*）
日本邮船会社（Nippon Yusen Kaisha）

S

枢密院
双日公司（Doubleday, Page & Co.）
圣达菲号铁路客车（Santa Fe Limited）
三合会（The Triads）
世纪编码公司（Century Code Co.）

T

太平天国

W

威廉·戴蒙公司（Williams Dimond & Co.）

X

西联电报公司（Western Union Company）
小刀会（Small Sword）

Y

邮政电报公司（The Postal Telegraph-Cable Company）

Z

中国同盟会（The Federal Association of China）
总理衙门（Board of Foreign Affairs）
正气会（自立会、Choe Chi Hwui）
中国国会（The Chinese National Association）
中国铁路总公司（The Chinese National Railway Corporation）
资政会（Advisory Board）
致公堂（Chi Kung Tong）
总检察长
《自由新报》（*The Liberty News*）

·后　记·

本书是我主持的广东省哲学社会科学“十三五”规划特别委托项目：清末北美粤侨“红龙—中国”革命史料整理与翻译（GD16TW08-22）的研究成果。本研究得到《广东华侨史》编纂委员会专家学者和工作人员的大力支持与指导。在此，向他们表示由衷的谢意！

本书档案的搜集和购买使用了吴义雄教授主持的“中山大学珠海历史文化重点研究基地”课题资金支持。近年来，吴教授一直指导我开展有关容闳的研究。我们一同搜集、整理、翻译、研究和出版了有关容闳的未刊资料。感谢吴老师对我的精心指导。

本书出版经费来自我主持的深圳大学中国经济特区研究中心“高水平大学建设项目”课题经费。我的领导、中国著名经济思想史学家、深圳大学中国经济特区研究中心主任陶一桃教授非常关心我的研究，对我的写作给予了宝贵的指导意见并为此书作序。受其导师、经济学家胡寄窗先生之影响，陶教授一贯重视历史研究法，认为必须从历史角度对中国的现代化之路进行理论总结。这对我的中国近代史研究有非常重要的指导意义，不胜感激之至！

此外，本书的研究和出版还得到珠海市博物馆唐越先生、斯坦福大学胡佛档案馆馆员 Carol A. Leadenham 女士、研究助理 Dina Melnychuk 女士和 Yuri Boyko 先生的大力协助。我的学生陈名熙、彭晓星和张宝婧参与了本书的校对工作。在此一并向他们表示衷心感谢。

恽文捷谨识

2021 年 2 月 3 日于深圳大学

图书在版编目（CIP）数据

“红龙—中国”：清末北美革命史料研究 / 恽文捷著译. -- 北京：社会科学文献出版社，2021.9
ISBN 978-7-5201-8801-2

Ⅰ.①红… Ⅱ.①恽… Ⅲ.①革命史-史料-研究-中国-清后期 Ⅳ.①K252.1

中国版本图书馆 CIP 数据核字（2021）第 162964 号

“红龙—中国”：清末北美革命史料研究

著　　译 / 恽文捷

出 版 人 / 王利民
责任编辑 / 袁卫华　范　迎
责任印制 / 王京美

出　　版 / 社会科学文献出版社 · 人文分社（010）59367215
地址：北京市北三环中路甲 29 号院华龙大厦　邮编：100029
网址：www. ssap. com. cn
发　　行 / 市场营销中心（010）59367081　59367083
印　　装 / 三河市龙林印务有限公司

规　　格 / 开 本：787mm × 1092mm　1/16
印 张：21　插 页：0. 75　字 数：336 千字
版　　次 / 2021 年 9 月第 1 版　2021 年 9 月第 1 次印刷
书　　号 / ISBN 978-7-5201-8801-2
定　　价 / 138. 00 元

本书如有印装质量问题，请与读者服务中心（010-59367028）联系

版权所有 翻印必究